全国教育科学"十一五"规划2009年度教育部规划课题"中小学教育管理名家培养的实践研究"（编号：FFB090606）研究成果

Jiaoyujia Banxue
Gaizao Xuexiao Zhi Lu

NAL
宁波学术文库

CB11.201301

# 教育家办学
## 改造学校之路

王晶晶 著

ZHEJIANG UNIVERSITY PRESS
浙江大学出版社

图书在版编目（CIP）数据

教育家办学：改造学校之路 / 王晶晶著. —杭州：
浙江大学出版社，2013.5(2018.5重印)
ISBN 978-7-308-11500-1

Ⅰ.①教… Ⅱ.①王… Ⅲ.①中小学－校长－学校管理 Ⅳ.①G637.1

中国版本图书馆 CIP 数据核字（2013）第 104064 号

**教育家办学:改造学校之路**

王晶晶　著

| | | |
|---|---|---|
| 责任编辑 | 田　华 | |
| 封面设计 | 春天·书装工作室 | |
| 出版发行 | 浙江大学出版社 | |
| | （杭州市天目山路 148 号　邮政编码 310007） | |
| | （网址：http://www.zjupress.com） | |
| 排　　版 | 杭州中大图文设计有限公司 | |
| 印　　刷 | 虎彩印艺股份有限公司 | |
| 开　　本 | 710mm×1000mm　1/16 | |
| 印　　张 | 13 | |
| 字　　数 | 240 千 | |
| 版 印 次 | 2013 年 5 月第 1 版　2018 年 5 月第 2 次印刷 | |
| 书　　号 | ISBN 978-7-308-11500-1 | |
| 定　　价 | 38.00 元 | |

# 自 序

## 一、缘 起

为积极回应社会发展要求,在政府倡导"教育家办学"和培养"教育家型校长"的号召下,2009 年,宁波市启动"宁波市中小学教育管理名家培养工程"。同年,"中小学教育管理名家培养的实践研究"获 2009 年全国教育科学"十一五"规划教育部规划课题立项,旨在促进工作与研究相结合,边实践边研究,进一步提升工程质量。

我市这项工程的寓意是显而易见的,就是力图通过工程推动我市的优秀校长往"教育家型校长"这条道路上发展,带动我市的中小学校长队伍努力走向"教育家办学"的境界。可以说,这项工程是极具前瞻性的,某种程度上说,也是在全国领先的,教育比较发达的江苏省,该省的人民教育家培养工程也是在 2009 年启动的。当然,其潜在的问题是,我们可资借鉴的,尤其在实践研究方面的成果是比较少的。

我们可以肯定,教育家不是培养培训出来的,历史上总是先有教育家,然后才有对教育家概念的界定。教育家也不是靠谁任命的,而是通过实践与时间的检验,得到社会与历史公认的。

但是,如果通过一项扎实的工程,立足于全面而深入的培养,目标明确,肯定会对名优校长产生一种启迪、明确一种方向,并在校长队伍中产生一种导向性作用,使更多的校长向"教育家型校长"看齐,努力践行"教育家办学"精神,这的确是非常好的导向。

本人作为该培养工程的执行成员,也是课题组的主要成员,工程实施与课题研究都是全程深度参与,虽然辛苦,但也很锻炼人,对自己的专业发展来说,是一个拓展视野的非常好的平台。

要做好这项工程,有一个问题是首先需要解答的,也是校长们普遍要提出的:我们要走向"教育家办学",那么,教育家到底是怎么办学的? 这个问题并不易解答,要找寻教育家留存下来的一套完整治理一校数据与历史的留存资料并不易。

作为教育工作者,我们都接受过专业理论学习和培训,但在这些环节,我们学得比较多的是教育家的教育思想,而这些内容往往被提炼为教育目的、学生观、教学论等等。而专门阐述教育家办学历程的课程或讲座则比较少,这是可以理解的,因为这个内容也是近几年才涌现的热点话题。

当然,对于教育家是怎么办学的?关于这个问题,相信我们大致有个了解,多少都能作一些回答,譬如有先进的办学理念、把整个身心献给儿童、按照教育规律办事、有创新开拓精神等等。

我们承认这些都对、有道理,但说这些高度概括的内容能够打动人、感动人,那还是有一定难度的。

教育是一门科学,但它更是一项培养人的社会实践活动,是心灵影响心灵乃至塑造心灵的过程。所以,我们非常需要把这些答案要点情境化,譬如教育家的创新,是怎么个创新法?是对旧教育的改进还是另起炉灶来做?

教育家们都是开时代之风气,为其时之先行者。我们的学习也不是简单的仿效,更是对一种精神的景仰。我们有时会想,被称为"教育家"的那些人,他们的"当年"是怎样的呢?他们最终能够超越世俗,其背后的力量是什么呢?如果我们能对教育家办学的情节、细节或情境,尤其是改造学校的心路历程进行还原,这较之一般的结论性内容更鲜活与具体,想必更能打动人心。

成都市一中学校长李镇西,我们现在也称他为教育家或者教育家型校长,他曾说,"回想我年轻的时候,首先不是因为理论而是因为情感被苏霍姆林斯基征服了。读苏霍姆林斯基,就是在听他与教育同行们谈心。他的著作中无疑有着丰富而深刻的理论内涵,但所有涉及教育学、心理学、教学论的重要原理,都是自然而然地融会、渗透于生动形象的夹述夹议之中了。"

这话出自他的一本书《追随苏霍姆林斯基》。我注意到,这本书"作者简介"的第一句介绍就是"校长兼班主任",我们知道这是真心被苏霍姆林斯基打动的结果,因为苏霍姆林斯基就曾担任过一个班的班主任,把这个班从小学预备班一直带到中学毕业,目的是探究这样一个问题:一个孩子是怎么从儿童走向青年早期的?显然,李镇西是苏霍姆林斯基的忠实粉丝,这是他被苏霍姆林斯基深深打动的结果。我们可以说,如果一个人能够打动另一个人,能够感动另一个人,那么,激发学习的力量会有多大!这和"亲其师,信其道"是一个道理。

所以,如果能把教育家实践其治校理想之经验较完整地叙述出来,把过程中蕴含的教育家精神呈现出来,相信能够更多地打动教育工作者的内心,对于大家的工作也就更具指导性。

这使我萌发了一种叙述的兴趣,就是撰写一本关于"教育家到底是怎么办学的"这样一个主题的著作,这也是我非常感兴趣的内容。我虽对教育家办学这个专题涉猎不深,但是有一段时间读过关于蔡元培先生改造北大的书籍,对蔡先生由衷感佩,曾发文《永远的北大校长——感怀蔡元培先生》、《大学的校格》等来介绍蔡校长的办学精神,也经常在为教师、校长培训开讲座时,时不时谈及蔡校长的办学理念和改革路径。蔡校长之于北大贡献,不仅可以打动我们心灵,更可以教给我们方法。我以为,这正是教育家之所以被称为教育家的关键所在。

## 二、着　手

要写关于"教育家是怎么办学的?"这样专题的著作,落笔的基本点是大致可以确定的,针对自身从事校长培训工作的特点,结合我们所承担的培养工程与研究课题的要求,我确定了这样一个题目:《教育家办学:改造学校之路》,也是打算以此来作为案例教学的教材,其目的是通过对教育家办学历程的解读,来感悟教育家的精神,学习改造学校的方法,进而在实践中努力接近"教育家办学"的境界。

关于这个命题,需要围绕以下几个关键词做好文章:一是办过学的教育家;二是改造学校与实施路径。首先,关于第一点,古今中外的历史上涌现过许多伟大的教育家,而本书要选择的必须是有过办学经历的教育家。其次,关于第二点,作为教育家,其很重要的特质就是创新精神与创新能力,能够在当时的背景下探索出一条新路来,所以,本书要着重表达的是:原有的学校教育是怎样的,存在哪些问题,教育家提出了什么新的观点,之后又是怎么实施改造的。这个叙述需要立足学校管理理论的角度来审视办学实践的展开,这对于校长办学而言,就非常有借鉴意义。

为了使本书更具指导意义,面对历史上的教育家群体,我作了以下设计:一是尽可能贴近眼下实际,年代不能太遥远,否则办学背景差异太大,而且资料细节内容也不会太多;二是尽可能顾及多个培训层次,使校长、园长、教师都能有阅读的兴趣;三是要体现过程与细节,便于大家学习借鉴。

在历史上,有过办学实践经历的教育家并不多,像孔子可以说是最著名的也是有过办学经历的大教育家,但是由于年代实在太久远,而且当时主要是个别化教学,并不能有更多的现实借鉴意义。

从这样的角度出发,我最后选择了五位教育家:蔡元培、陶行知、杜威、苏霍姆林斯基、蒙台梭利。这些教育家的改造学校的领域涉及大学、师范、中小学、幼儿园领域,而且中外、男女各有代表,可以说在精简的角度上达到了最大程度的信息量。而这几位教育家也是我们教育家队伍中的最有影响力的人物,无论是人物还是他们所处的时代,我们都有一定的了解,相信也是最容易引起共鸣的。

目前,国内外关于这些教育家的著作比较多,主要有以下几种:一是人物传记,如《杜威传》;二是针对某个人办学的剖析,如《杜威学校》、《跟蔡元培学当校长》;三是教育家的教育著作或选集,如《蒙台梭利幼儿教育著作精选》;四是回忆录,如蔡元培的《我在北京大学的经历》;五是教育史,如《中国教育史》、《西方教育思想史》,等等。但是把这五位教育家以"教育家怎么办学或者怎么改造学校"这样的主题汇集在一本书里,从学校管理学角度剖析教育家办学的历程,追溯他们改造学校之路,以凸显教育精神和办学路径的,则尚未发现。所以,本书无论是在人物数量、篇幅或者选材详略上,都将有别于上述研究,也因而能提供不一样的信息。

本书努力体现以下几个特点:第一,凸显专题性。着力挖掘教育家办学的精神和改造学校的路径,力求呈现深远的思想境界,细化办学过程的推进情况。第二,学术性与可读性有机结合。其实这两者并不矛盾,苏霍姆林斯基就能很好地做到这一点,学术不但可以介入实践层面,还可以多一些推广普及的空间,使深刻的思辨能"飞入寻常百姓家",这也是本书努力学习的表达方式。第三,针对性与普适性相结合。一方面,使我们的中小学校长、幼儿园园长都能在本书中有针对性地阅读,找到改革的思路与路径;另一方面,由于办学是一个共同的话题,无论在大学、中小学还是幼儿园,都是有相通之处的,对个体发展都应该有一个通盘的认识,懂得如何衔接与承上启下,这样的工作才会达到一个新的高度,所以本书也应该适合于普通的教育工作者和家长。

## 三、给读者

各位读者,本书是关于"教育家是怎么办学的"这样一个专题,书中介绍了五位教育家改造学校的过程,这五位教育家和学校在世界上都相当有名:蔡元培与北京大学、陶行知与晓庄学校、杜威与芝加哥大学实验学校、苏霍姆林斯基与帕夫雷什中学、蒙台梭利与"儿童之家"。

　　学校已经存在了好多年，这些教育家不是办一所学校，而是改造学校，是针对当时传统教育的弊端而打造的一所新型学校，也可以说是一所实验性的学校。这些学校为世界上无数的学校提供了示范和样本，也让无数的人为之惊叹，"原来学校可以这么办"！这样的学校不仅在当时，极具前瞻性和先进性，从现在看来，依然是富有启发性和指导意义的。这些教育家也通过各种方式，尽可能地协助世界上许多国家或地区建立了类似的学校，这些学校成为引导教育发展的旗帜。

　　所以，可以说他们使教育理念和实践探索大大地向前迈进了一步。

　　这正是本书力图呈现的内容。所以，一方面，它有一定的学术性、理论性，阐述了教育家的教育思想与管理实践；另一方面，又极具可读性，展示的是办学的故事、细节与过程、是清晰可见的办学路径，呈现的是一个个有血有肉的教育家形象，他们是可亲可敬可学的。

　　圣者，未必不食人间烟火，他们最终超越平俗，成为教育家的原因是什么，这正是需要我们体会和寻味的地方。做教育工作会遭遇太多的琐碎与繁杂，希望大家能在教育家这里寻求到一种安慰和力量，大家遭遇的，前人也曾遭遇类似的。改造学校从来不是轻松的事情。

　　这本书可以作为我们校园长的培训用书，当作学校管理与改革的参照，更可以从中感悟教育家的精神，使内心焕发出更大的力量。

　　这本书也可以作为我们一线教师的培训用书，感悟如何从一名普通教师成长为教育家的人生成长历程，学习他们的教育理念，为今后从事学校管理工作打基础，更是为自己的专业发展提供方向。

　　这本书还可以作为我们家长的家庭教育参考书，从教育家的先进理念来把握一个孩子从幼儿园到小学、中学乃至大学的教育方法，不同的发展阶段有不同的教育定位，这些教育家的教育思想与教育方法可以给我们很多启示。

　　就像有人评论《明朝那些事儿》一书，"原来历史可以写得那么好看"，我也希望能把我们的教育写得好看些、好懂些。教育家一定不是端着架子的，一定是可亲可敬的人，读他们的故事，离他们更近，感悟更多。

　　当然因为水平有限，不一定能达到这样的效果，而且由于专业水平的限制，对于教育家思想之精髓并不能吃透，所以解读有不妥不当之处，敬请大家批评指正。

　　也正因此，在本书里，附有这五位教育家的经典之作一篇，目的是让大家原汁原味地感受教育家的思想。如果大家因本书引发兴趣，对这些教育家产生更大的探究兴趣，进而去阅读教育家的著作，去了解他们的办学历程，那是我的荣幸。当然，那也一定会是非常有收获的阅读之旅。我相信。

王晶晶

2013 年 2 月 1 日

# 目　录

绪　言 ……………………………………………………………… 1

蔡元培：把"官僚养成所"改造成现代大学 ……………………… 8

　　一、永远的北大校长 ……………………………………… 9

　　二、改造北大第一步 ……………………………………… 13

　　三、打造一流的师资队伍 ………………………………… 16

　　四、建立现代大学的管理模式 …………………………… 20

　　五、强化大学的学术性与专业性 ………………………… 23

　　六、开创北大新风气 ……………………………………… 26

　　七、以大事记为例看改造步骤 …………………………… 30

　　八、改造之路困难重重 …………………………………… 32

　　九、蔡校长的辞职事件 …………………………………… 35

　　小结：教育家型校长之所为 ……………………………… 38

　　附录：蔡元培《就任北京大学校长之演说》 …………… 42

陶行知：建设适合乡村实际生活的活教育 ……………………… 44

　　一、一介书生立下教育救国的大志 ……………………… 45

　　二、中国的乡村教育走错了路 …………………………… 48

　　三、建设适合乡村实际生活的活教育 …………………… 51

　　四、创办晓庄师范学校 …………………………………… 53

　　五、探索新的乡村办学模式 ……………………………… 57

　　六、办学不是闭门造车 …………………………………… 62

　　七、在务实中求创新 ……………………………………… 66

　　八、教育家的人格力量 …………………………………… 70

　　小结：教育家办学的视野 ………………………………… 74

　　附录：陶行知《中国乡村教育之根本改造》 …………… 79

**杜威:把儿童从传统教育的阴霾中救出来**⋯⋯⋯⋯⋯⋯⋯⋯⋯ 81

　　一、为什么要改造学校?⋯⋯⋯⋯⋯⋯⋯⋯⋯⋯⋯⋯⋯⋯⋯ 82

　　二、大学教授办小学⋯⋯⋯⋯⋯⋯⋯⋯⋯⋯⋯⋯⋯⋯⋯⋯ 84

　　三、改造学校的基本思路⋯⋯⋯⋯⋯⋯⋯⋯⋯⋯⋯⋯⋯⋯ 87

　　四、学生的学校生活⋯⋯⋯⋯⋯⋯⋯⋯⋯⋯⋯⋯⋯⋯⋯⋯ 90

　　五、实验学校有什么不一样?⋯⋯⋯⋯⋯⋯⋯⋯⋯⋯⋯⋯⋯ 92

　　六、支撑学校试验的力量⋯⋯⋯⋯⋯⋯⋯⋯⋯⋯⋯⋯⋯⋯ 95

　　七、这种类型的教育无先例可循⋯⋯⋯⋯⋯⋯⋯⋯⋯⋯⋯ 98

　　八、理论与实践的高度⋯⋯⋯⋯⋯⋯⋯⋯⋯⋯⋯⋯⋯⋯⋯ 102

　　九、杜威之于中国⋯⋯⋯⋯⋯⋯⋯⋯⋯⋯⋯⋯⋯⋯⋯⋯⋯ 105

　　小结:从杜威看教育家办学的精神⋯⋯⋯⋯⋯⋯⋯⋯⋯⋯ 106

　　附录:杜威《我的教育信条》⋯⋯⋯⋯⋯⋯⋯⋯⋯⋯⋯⋯⋯ 113

**苏霍姆林斯基:把乡村学校打造成世界实验学校**⋯⋯⋯⋯⋯ 121

　　一、"活的教育学"的作者⋯⋯⋯⋯⋯⋯⋯⋯⋯⋯⋯⋯⋯⋯ 122

　　二、担任战后重建学校的校长⋯⋯⋯⋯⋯⋯⋯⋯⋯⋯⋯⋯ 124

　　三、什么是"合理的教育"?⋯⋯⋯⋯⋯⋯⋯⋯⋯⋯⋯⋯⋯⋯ 127

　　四、以人为本的学生管理⋯⋯⋯⋯⋯⋯⋯⋯⋯⋯⋯⋯⋯⋯ 133

　　五、让教师走上幸福的研究之路⋯⋯⋯⋯⋯⋯⋯⋯⋯⋯⋯ 137

　　六、学校管理是集体管理⋯⋯⋯⋯⋯⋯⋯⋯⋯⋯⋯⋯⋯⋯ 143

　　七、科学定位校长角色⋯⋯⋯⋯⋯⋯⋯⋯⋯⋯⋯⋯⋯⋯⋯ 145

　　八、想象一下这样的学校⋯⋯⋯⋯⋯⋯⋯⋯⋯⋯⋯⋯⋯⋯ 148

　　小结:期待这样的校长和学校⋯⋯⋯⋯⋯⋯⋯⋯⋯⋯⋯⋯ 149

　　附录:苏霍姆林斯基《教师集体的创造性工作中的研究因素》⋯⋯⋯ 152

**蒙台梭利:让我们的儿童自己生活**⋯⋯⋯⋯⋯⋯⋯⋯⋯⋯⋯ 159

　　一、医学博士走上教育改造之路⋯⋯⋯⋯⋯⋯⋯⋯⋯⋯⋯ 161

　　二、创办"儿童之家"⋯⋯⋯⋯⋯⋯⋯⋯⋯⋯⋯⋯⋯⋯⋯⋯ 163

　　三、幼儿教育新思路⋯⋯⋯⋯⋯⋯⋯⋯⋯⋯⋯⋯⋯⋯⋯⋯ 166

　　四、"儿童之家"的环境改造⋯⋯⋯⋯⋯⋯⋯⋯⋯⋯⋯⋯⋯ 170

　　五、创新日常生活安排⋯⋯⋯⋯⋯⋯⋯⋯⋯⋯⋯⋯⋯⋯⋯ 173

　　六、"儿童之家"的纪律管理⋯⋯⋯⋯⋯⋯⋯⋯⋯⋯⋯⋯⋯ 176

　　七、重新定义幼儿教师角色⋯⋯⋯⋯⋯⋯⋯⋯⋯⋯⋯⋯⋯ 178

八、不断扩大的影响力 ……………………………………… 181

小结:我们怎么学习蒙台梭利? ……………………… 187

附录:蒙台梭利《教师的任务》 ……………………… 189

**结束语 追随教育家足迹 践行教育家办学** ……………… 195

**参考文献** ……………………………………………… 195

**后 记** ………………………………………………… 197

# 一、关于改造

## （一）对改造的理解

改造，两个动词组成，是一个比较"有力量"，但也比较"复杂"的词语。

什么是改造？如果我们简单地理解，就是先要改，然后要造。改了，没造，不行；不改，只造，那只能叫仿造或者闭门造车。

这个改，为什么要改，凭什么要改，能不能改，怎么改？改到什么程度；这个造，怎么造，是重起炉灶，推倒重来，还是修修补补、查漏补缺，对原有的事物加以修改或变更，使其适合需要。这些都是需要解答的问题。

改造与创造、改进、改善、改变又有所不同，改进、改善是在原有基础上的改动，调整的幅度要小些；创造是发明制造前所未有的事物，当然是很伟大也很有难度的。但也应该看到，有时候改造的难度也很大，因为它还要面对根深蒂固的传统的东西，如果你对此提出异议，是需要极大的勇气和魄力的，因为可能遭遇各种非议与阻拦；而问题还在于世人要看的是，你否定了，你能不能拿出更好的来，这个更好能不能让大家信服，如果做不到，那就变成一场笑话。

这样的改造，意味着思想上和实践上的艰苦努力，甚至要从头再来。绝对不是激进地采取一些新做法，或者"旧瓶装新酒"。显然，改造是一个需要艰苦努力的过程，必须要经历"山重水复疑无路"的过程，但又一定要到达"柳暗花明又一村"的境地，这个改造才算完成。

## （二）推进改造的关键

改造的完成需要取决于以下几个方面的因素：

首先，有没有想改的意识。这需要来自以下几个方面的支撑：一是要有敏锐的洞察力，能感觉到问题之所在；二是要有深入的剖析能力，能找到导致问题的原因；三是要有足够的勇气与胆魄，产生改的愿望。这一点很重要，因为我们会发现，有的人能找到问题乃至问题的症结所在，但也就是说说而已，接下来并没有什么动作。这种情况分析起来有如下原因：任务难度太大，退缩了；事不关己,袖手旁观;个人牺牲太大,割舍不下。所以,使命感、社会责任感在其中的作用很大。

其次,有没有可造的基础。有了想改的意识,能不能付诸行动,还需要有一定的基础,这个基础来自以下几个方面:一是要有扎实的功底,有深入的思考研究,提出造的完整构想。而一个好的构想是无法凭空捏造的,必须建立在综合的分析上,也就是说,要把眼下的问题、世界的发展趋势等等都研究透了,把改造的目的、目标、内容、形式都梳理清楚,才能有正确的思路。二是能找到突破口。传统的东西已经形成很多年了,基本已经自成体系,要找一个突破口是不容易的,而这个突破口,有可能是别人提供给你的,更多的情况,是需要自己寻找,当然如果有了强烈的使命感,肯钻研、愿付出,总是能找到的。三是要有一定的群众基础。改造一定不是单枪匹马就能成功的,这个群众基础,一部分是与你有差不多想法的人,他们会是你的同盟军;另一部分是与你有同感的人,虽然没有改造的勇气,但是通过争取,可以成为你的支持力量;还有一部分是旁观的人,可能会在你的引导下,成为你的合作伙伴,也可能成为阻力。

再之,有没有改造的执行力。改造是一个极具实践性、行动性的活动,如果没有实践来作证明,那么改造也就不成其为改造,只能算是纸上谈兵。从理论、构想到具体实施,这一步要跨出去,是非常难的,所谓万事开头难,虽然之前已有充分的思考与准备,做了大量的工作,但是某种程度上讲,这一步就是改造的开头。

所以,第一,要有坚定的信念和乐观的态度。因为之前是准备工作,不大会引起他人的注意,而一旦付诸行动,周围有可能被惊动,会有反对的声音、旁观的冷眼、不屑的态度,还有可能是没什么反应,也就没有支持,所以容易开局不利,这些困难都可能会遭遇到。所以要做好充分的思想准备,要对改造充满信心,保持乐观的态度,而这应是贯穿整个改造过程的心态。第二,要有不断宣传讲解的耐心。改造是对传统的反动,动的不会是一丝一毫,可能是局部,也可能是整体。观念、行为都要有改变,甚至涉及自身利益,局内人、局外人表示不理解、反对、疑虑,都是正常的反应,是人之常情。所以需要不厌其烦地用对方能够听懂并易于理解的语言讲解、宣讲,争取他们的理解与支持,这是非常重要的,否则改造就会失去群众基础,变成空中楼阁。第三,要有扎实推进的智慧。改造要落实在实践中,是需要一砖一瓦、一步一个脚印来做的。一方面,是可以按照预先的规划来做,叫谁来做、怎么做,都是要细细推敲,对的事情还要选择对的人,才能做出对的事情;而另一方面,会遇到无法预料的困难和问题,考验着改造者的智慧,这就需要改造者判断问题的轻重缓急,并寻找解决问题的对策。

之所以分析这些,就是想说明一点,改造是一件相当有难度的事情,其中需要付出非常多的心血与汗水!

# 二、关于学校

## (一)学校是个什么地方?

学校这个词语是大家再熟悉不过的了。现在儿童一到了适龄阶段,就是按部就班地进去那里。一般来说,一个儿童自从进去之后,需要在里面待上十多年,而且进去以后,一般都是一级一级往上升,极少有停顿个一年半载或者中途退出的。

就个体而言,学校占去了人生最初的也是最活泼、最青春的宝贵时光。所以如果在那里过得不好,按正常情况的话,那么起码就是一生的 10%~20% 过得不好,而且这个不好,会对后来的人生产生影响,甚至影响一辈子。而就社会而言,这些学校里的学生,他们直接影响社会的未来,他们就是未来的社会。他们怎样,社会就会怎样。

正因如此,所有的人无法不对学校这个地方高度关注,甚至"牵一发而动全身"。

学校到底是干什么的?我们经常会这样通俗地对孩子说,你要到学校读书去了。学校是读书的地方,在知识被极少数人掌握的时候,到某个地方集中起来学习是最经济高效的了。学校是将一个浓缩了数千年人类文明,在这里通过妥当的方式传递给学生。

这里面有很多问题需要研究,我们也不妨用通俗的方式提问:为什么要读书?读了书有什么用?读哪些书?怎么读?读到什么程度?谁来教?怎么教?等等问题。

这些探究的结果,往往会对学校产生很多疑问,所谓的调整、变化、改革、改造,经常就在这个问题之后发生。

## (二)学校的瓶颈

我们应该承认,学校自从出现之后,随着社会的发展而不断地完善,逐渐形成一个严密的运作系统,它有很多的合理性和科学性。但它是一个有生命的系统,不断发展变化是它的特点,不断需要改革调整也是它的特点。

学校出现的问题主要有两个方面:一是不符合社会发展的需求;二是不符合儿童发展的需求。这个不符合可能会这样:符合了社会,没满足儿童;符合了儿童，没满足社会；而最严重的，就是两者都不符合。

不符合社会发展的需求，主要是体现在：一是人才数量不够；二是数量够了，质量跟不上。不符合儿童发展的需求，主要体现在教育引导的定位把握不准：一是从外面去强迫儿童；二是完全随儿童的兴趣走。这都是陷于根本性错误的做法。学校教育本身是外在的东西，但是如果要对儿童起作用，这就必须激活儿童内在的东西。

如何在满足社会与个体之间寻找平衡点，怎样通过教育促进儿童积极主动的发展，这是教育界一直在力图突破的瓶颈。如果我们考察学校发展史的时候，就会发现，这两个是改革的主要内容。教育改革就像钟摆一样，在这两者之间来回摆动，难以找到一个完美的平衡点。

找到这个平衡点是教育面临的一个最难的题目。当然，从主观上说，学校总希望能找到一个很好的平衡点。但是最后可能会偏离方向，这其中有很多的因素。为力图使学校教育达到一个最好的效果，首先，出发点一定要正确，就是我们通常所说的教育目的、目标要符合社会和个体发展的要求，如果没有这样，接下来肯定是成问题的。其次，要保证过程的每个环节都以此为中心，就像做一篇文章，确立了中心思想，谋篇布局都要围绕这个中心思想展开。这也就是当我们开展教育改革的时候，最后一定会牵涉到方方面面的改革，从教育理念、课程设置、教学方法、教师角色定位等等，都会作一系列调整，来保证最后能达到这个预定的目的地。

之所以分析这个内容，是想提示在关注教育家改造学校的时候，这是一条很好的追踪线索。

# 三、关于教育家

## （一）办学的线索

教育家，顾名思义，就是在教育领域成了大家、大师级的人物。教育家是通过历史的检验得到公认的，不是靠什么机构或者权威人物任命的。

古今中外的教育家有很多，虽然我们不一定能熟知他们的事迹，但并不妨碍我们对他们存有敬仰之情。如果我们能够深入去了解教育家，我们会非常感动。

圣者，未必不食人间烟火，他们最终超越平俗，成为教育家的原因是什么？世有所谓"立德，立功，立言"之说，当我们去追溯教育家办学的历程，我们就会发现，他们在这三方面均有非同寻常的建树。而在这个历程中，也正是他们从普通人走向教育家的过程,他们的思想、精神、成就,就在这个过程中结晶,熠熠生辉。

教育家之办学,其改造学校总是有迹可循的。第一,教育家是带着怎样的动机或使命,去办学或接任校长职位,就是说,他是带着什么想法去当校长的?他为什么要去,为什么要改造,意欲何为;第二,他的办学愿景是什么,就是说,他对改造学校是怎么构想的;第三,为实现愿景,他采取了哪些策略与路径,就是说他是怎么改造学校的;第四,办学绩效如何,也就是说改造的结果到底怎样。

研究这个,对于我们改造学校、提升管理水平是大有裨益的。而更重要的,在这些线索后,隐藏着教育家的伟大精神与高贵品质。

与一般从事教育工作的人不同,教育家不仅有投身于教育事业的热忱,更是把教育当做国家前途、人类命运的大事,所以他们一定有着对教育的深刻思考和高瞻远瞩的见解。从这个角度看,教育家就是哲学家。有些教育家本身也是哲学家,或者有着深厚的哲学功底。这也是对我们教育工作者的一个很好的提醒,自身的哲学素养直接影响办学的境界。

对于教育,没有一个人是天生热爱的,而是因为一些经历而逐渐萌发的。而这个萌发,往往是从对人、对儿童的遭遇产生同情开始,力图为他们做点什么,然后凭自己的能力,不断地研究学习,进而深深地感受到教育的力量,为教育着迷,为自己能够为更多的儿童提供帮助而感到义不容辞。对儿童的真心热爱,对人类命运的深深关切,是一个教育家必不可少的情怀要素。

考察教育家的轨迹,我们可以发现,他们往往从一所学校出发,然后通过大量的演讲或培训,通过不断反思研究积累的丰厚著作,把他们的思想与实践的成果播向世界各地,使人们对教育的认识大大向前推进,唤醒更多的人致力于教育改革,进而让更多的儿童受益。所以他们一定是开教育风气之人,甚至影响着社会风气。

办学是一项巨大的工程,具有类似建造大厦的宏观与微观要求,从蓝图描绘、图纸设计到一砖一瓦的堆砌,既衡量一个人的思想境界,又考验一个人的毅力和忍耐力,更体现一个人的实践执行力。

教育家面对的一切可能是令人生畏的,他们所处的环境是落后的,基础是薄弱的,他们还无一例外地遭遇办学经费短缺的问题,或者根本就没有学校,一切全靠白手起家,非常寒酸,学校规模微不足道,甚至只有十位数;或者学校里有非常强大的反对力量,如同黑洞可以吞噬外来的一切。但是他们义无反顾地走进去,立志改造,厉行推进。

正因为教育家能够站在人类命运、国家安危的角度思考问题,所以个人的安危、得失就显得微不足道。他们在面临选择的时候,都是义无反顾,绝无反悔,在教育家身上,我们无一例外地能够感受到这种精神,这正是他们最伟大的地方。

### (二)在教育家的学校

教育家一定是开时代之风气,为其时之先行者。他们办学一定不是为了办一所学校,或者满足于办一所学校。办学,不过是他们改造传统教育的一个实验田,他们力图在这里通过自己的不懈努力,探索教育的发展方向,研究课程设置,研究一切能使教育更好发展的因素,力图在儿童发展和教育之间架起桥梁,来为每个人的美好未来找到一个突破口。

在教育家的学校里,我们能够深切地感受到,他们对儿童的爱,对儿童发展深怀敬意,能看到儿童潜藏的发展能力。他们的爱不是停留在口头上,而是以他们的实际行动表现出来,从他们设计的课程、教室布置、生活安排中表现出来。他们虽是成人,但从不以成人为尊,从不居高临下为成人说话。他们全力为儿童代言,呼吁儿童要得到应有的尊重和理解,获得发展的自由空间。如果说,他们把儿童从封闭死板乃至令人窒息的阴霾里解放出来,也是毫不为过的,如果我们设身处地为当时儿童的教育处境想一想的话。

在教育家的学校里,我们能够深切地感受到,他们的工作一定是创新的,一定是有别于当时同类学校的,是令人惊奇的。但他们的创新一定是建立在务实的基础上,并不是花样翻新或者标新立异,是基于对教育现状的深刻剖析和对学生发展规律的深度研究,他们的创新一定是有推广价值和指导意义的。所以,他们的教育理论与实践即使从现在来说,也有着鲜活的生命力,也是能够很好地指导与观照我们现在的工作,并将一直发生很好的影响作用,这就是他们非常伟大的一点。

在教育家的学校里,我们能够深切地感受到,他们对教师工作的尊重与理解,他们高度重视教师的作用和影响力。正因为如此,他们对教师倾注了大量的心血,来为教师的发展提供发展平台。他们无一不看到教育之于社会的影响,所以高度重视促成教育的合力,通过多种切实有效的途径,使学生家长、社会各界成为学校的合作共同体。

在教育家的学校里,我们能够深切地感受到,他们作为校长,一定是身先士卒,率先垂范的,他们的生活是简朴乃至艰苦的,他们的追求是高远的。他们孜孜不倦地工作学习,殚精竭虑地为学校发展想方设法,他们遇到了很多的艰难险阻,但是他们的精神是乐观的、坚毅的,他们对于心中的理想从未动摇过。他们具有"春风化雨"的人格魅力,他们是如此强大,足以带动身边的人,影响所处的时代,并一直是我们教育工作者的楷模。

有位教育专家曾说:"教学是一种需要谨慎的职业,但是一旦在一代人中产生了一个杰出的人物,就必将带来一种新的生活气息,激发人们去作出新的努力和新的行为。这些人就是教育史上的伟人。"①

教育是辛苦的,十年树木,百年树人。但教育一定有它美的一面,有它钻石的光芒。潜心学习与深刻感悟教育家的办学生涯、心灵历程,是教育工作者很重要的一课。

---

① 刘华编著:《蒙台梭利》,科学出版社 2009 年版,第 147 页。

# 蔡元培:把"官僚养成所"改造成现代大学

> 大学为纯粹研究学问之机关,不可视为养成资格之所,亦不可视为贩卖知识之所。学者当有研究学问之兴趣,尤当养成学问家之人格
>
> ——蔡元培《蔡元培全集》

## 【教育家简介】

蔡元培(1868—1940),浙江绍兴人,中国近代民主革命家、教育家,他的教育思想对民国初期的教育产生了极为重要的影响。

蔡元培在青年时期学业有成,连续中举人、取进士、点翰林、授编修。他认识到,变法维新运动所以失败,在于不先培养革新人才。为此于1898年弃官南下,开始从事教育工作并励志改革,他的一生由此发生重大转折。

蔡元培学识渊博,中西贯通。他多次赴欧洲留学和考察,并在德国莱比锡大学攻读哲学、心理学等学科。1921年,被法国里昂大学、美国纽约大学分别授予文学、法学博士荣誉学位。

1921年,蔡元培就任南京临时政府教育总长,致力于清除教育中的封建专制主义因素,苦心规划民国教育的未来。他发表《对于教育方针之意见》,顶着巨大压力,宣布废除忠君、尊孔、读经,改革学制,修订课程,实行男女同校,推行社会教育。他主持制定的一系列教育政策、法规,在全国临时教育会议上通过,确立了其法定地位,可以说奠定了民国教育的基本框架。

1916年,蔡元培受命担任北京大学校长。他提出大学的性质在于研究高深学问,"大学者,研究高深学问者也"。他主张推行民初制定的新教育方针,"循思想自由原则,取兼容并包主义"。为使学术昌盛,必须提倡学术自由,科学民主。

因此,他立志改革,多方网络人才,大刀阔斧地整顿校风和改革教学。他主张学与术分校,文与理通科,改"学年制"为"选课制",并设立研究所,组织各种学术活动,聘请国内外专家讲学,在校内实行学生自治,教授治校。还在北京大学办校役班和平民夜校,首招女大学生。"兼容并包"不仅

包容不同的学术和学说流派,也包容男女生同校就读,包容旁听生随班听课。

一系列举措的扎实推进,使北京大学从一所陈腐萎靡的官衙式学堂一变为生机勃勃的现代大学,面貌焕然一新,并成为中国新文化运动的中心和"五四"运动的策源地,其影响远远超出了教育领域。

蔡元培还曾担任过国立中央研究院院长,兼任交通大学、中法大学、国立西湖艺术院等多所高等学校校长或院长,积极参与推进高等教育和各项文化教育事业的改革。

蔡元培在民国历史的几个关键时期被委以教育要职,对民国教育的大政方针和宏观布局产生了重大影响,他的教育思想贯穿着对民主、科学、自由、个性的追求,在教育实践中,他锐意改革、敢于创新,尤其是对北京大学的改革,包容博大,影响深远。

蔡元培被公认是理想主义很浓的教育家,但他富有魄力与领导力,因此教育理想与教育现实的落差能较好地被克服或者拉近,可以说凸显了作为一名杰出教育改革家所应具有的优秀品质。

蔡元培的主要著述被收于高叔平编的《蔡元培全集》第一至第七卷;另有《蔡元培教育论集》等。

# 一、永远的北大校长

## (一)教育家:在人生的路口

中国的现代大学虽然起步比较晚,但是起点并不低,并且能够很快和西方大学接轨,北京大学尤其受到世人的称道。在这个称道之中,所有的人都会追想蔡元培先生,追想他之于北大的巨大贡献。

可以说,蔡元培被称为伟大的教育家,是最没有异议的一个。北大教授陈平原先生说:"百年中国,出现过无数英雄豪杰,但要讲对于北大的深刻影响,至今没有可与蔡校长比肩者。"[①]100多年来,北大的校长走马灯似的换了很多人,但是只要一提起北大校长,让人首先想起的还是蔡元培。

那么多年过去,无数的人,包括他的师生都在怀念那个时候,就是蔡校长的时代。虽然他在北大的成功绝非一日之功,但耗时其实并不算多,这就不能不让人感叹:在不到6年的时间里,北大被办成了在全世界、全中国影响很大的学

---

① 陈平原:《北大精神及其他》,上海文艺出版社2000年版,第23页。

校,他到底有什么能量?他为什么能成为首屈一指的校长,北大为什么会成为首屈一指的综合性大学呢?这其中有什么奥秘吗?

我们经常用先进的办学理念、伟大的人格魅力、杰出的治校能力,来描述"教育家",这些词汇比较抽象,可以说是教育家群体的特质,但如果"教育家"就剩下这些词汇,显然不足以感召后人。

所以,我们不妨来看看,蔡元培这个北大校长是如何改造学校的?

### (二)名声显赫,前路莫测

在入主北大之前,蔡元培就是一个名声显赫、颇有造诣的人物。首先,他是从清末的"应试教育"路线中过来的,秀才、举人、进士、翰林,"一路绿灯",然后做到北洋政府的教育总长,又两度留学欧洲,放眼看世界,学术功底极为扎实,更因全面体悟了中西方文化与教育的优势与弊端,由此孕育出极为开阔的教育视野。

1916 年秋,正在法国的蔡元培接到时任教育总长范源濂的电报,聘请他出任北京大学的校长。相信这一刻,蔡元培的内心既是欣喜的,也是纠结的吧?一方面,人毕竟是有思乡之情的,再说受到他人的推崇,也是让人高兴的;但另一方面,这欣喜肯定也会被矛盾所淹没。

去还是不去?不同的选择,自然会导致截然不同的人生方向。因为这个工作还真是一个"烫手山芋"!

去——前路荆棘重重。首先,当时北京大学这个学校名声很不好。它的前身是 1898 年百日维新期间创立的京师大学堂,封建旧教育的思想和力量具有相当的势力和影响。譬如学生求官心切,喜欢官员来上课,因为这有利于今后"就业";学生中拉帮结派,以便于以后相互提携,多一条升官发财的路子;学术气氛淡薄,哪个教员要是严格一点,学生就要罢课什么的;不少师生品行不检,甚至有些师生以逛妓院为乐。国学大师顾颉刚回忆他当初求学北京大学时说,1913 年,他考入北大预科时,学校像个衙门,没有多少学术气氛,学生们多是官僚和大地主子弟,一些有钱的学生,带听差、打麻将、捧名角,拉帮结派以便于今后分个一官半职做。可以说,真心求学的人寥若晨星,而热衷功名利禄的人却是趋之若鹜。①

这样的地方要把它变成读书求学问的地方,真是谈何容易!大家都知道,要改变学校的硬件结构不难,但要改造旧有的风气,或者说是学校传统,这可是撼动根基之事,难度可想而知。而事实也证明了这一点,一些闻名遐迩的学者,

---

① 萧夏林编:《为了忘却的纪念——北大校长蔡元培》,经济日报出版社 1998 年版,第 183—184页。

如严复、马相伯等人,都曾担任过北京大学的校长,但就是改变不了北大官腐习气,只有黯然退出,可见北大积习之重。

显然,这种前车之鉴肯定会给蔡元培的内心笼上一层阴影。

不去——实在不合蔡元培的品性。从蔡元培的人生履历中可以看出,他是一个执着有闯劲的热血男子。在阅读民国时期的知名人物时,有一点令人深有感触,就是那个时期的知识分子群体有着极为强烈的社会责任感和使命感,出过国、留过洋,并非自觉"高人一等",而是开了眼界,更觉有献身祖国发展的必要,"读书不忘救国,救国不忘读书",可以说是他们的信条。这一点,在蔡先生身上,体现得尤为明显。

面对这个人生的重大选择,想必蔡元培也征求了朋友们的意见和建议。权衡利弊,"友人中劝不必就职的颇多",他们的理由是,北大腐败,颓风难挽,这个"大染缸"说不定会带坏了蔡先生你的好名声,他们向蔡元培介绍了一番北大的情况之后,都以"慎重"一语结尾。

当然对于去或不去,蔡元培其实心里是早有结论的。有机会做事,他是不计较其他的,这是他的心愿和一贯做派。抛下眼前悠闲的游学生活,投入一场似乎见不到结果的"持久战",的确算得上是人生的重大抉择。但是终究抵不过满腔的抱负与爱国激情,朋友们的话只是让他有更充分的心理准备而已。"北京大学虽然声名狼藉,然改良之策,亦未尝不可一试","就是失败了,也算尽了心"。真是掷地有声的回答!

这个决定,现在读来也就几句话,但是对于一个人的抉择而言,想必也是经过辗转难眠,苦苦思索之后定的。因为这一去,不是花费一时半刻的事情。改造一所学校,那是需要数年的心血,或者可能要把人生最美好的时光全部放进去。而问题在于,这样努力的结果,并不能确定有胜利的答案。

显然,蔡元培的话带有浓重的悲壮色彩,但也表明了他去北大的态度,就是去"一试""改良之策",绝不是去做官的。而支撑他接手这个"大难题"的精神力量,则是他"教育救国"的宏愿,从推进祖国高等教育入手达到改良社会的目的。如能从教育入手,力图使国家转危为安,这的确是一个历史性的机缘,所以他没有理由回绝这来自故土的召唤。

蔡元培自幼接受封建传统教育,有着深厚的旧学基础,并且一直顺风顺水地中秀才、进士,官至翰林院编修,可以说是传统社会中层次最高的知识分子。甲午战争之后,深感清廷腐败无能,从此努力研修西学,并辞去高官厚禄,踏上教育救国之路。在接手北大之前,他已经有在多个学校任职并致力改革的经历,并曾担任民国教育总长之职。但是这些艰辛经历,仍然使他颇有"壮志未酬"之痛感,所以,他愿意接受北大"这个烫手山芋",作此一搏。

### （三）当官为办事与干事为当官

当一个人已经拥有相当的名气与地位，要去面对新的困境，迎接挑战，显然需要极大的勇气。成功则罢，不成功的话，可能就进退两难，举步维艰，甚至会毁了"一世英名"。

张维迎在《大学的逻辑》里说："当官为办事与干事为当官是完全不一样的。"而蔡先生显然就属于前者，他入主北大，有着强烈的使命感，并非为了功名利禄。他希望以自己的才学见识，推动北大创出一条新路来。正因如此，蔡先生之后在北大的作为，就格外的大刀阔斧，毅然决断，以身示范。

学贯中西的蔡先生对办学有着清晰的认识，自然也能清楚地认识到，他的北大愿景与学校现状的出入有多大！这个"出入"可以表明即将开始的改革难度，所以他早做好了"就是失败了，也算尽了心"的心理准备！

所以，当我们现在回味这句话，就更能理解蔡先生后来为何能顶住这么大的压力，"大刀阔斧"地改造北大，因为他根本就不存功名之杂念。

不同的人生目标会导致不同的行为方式。如果是为了做官，那肯定要想着怎么让给你官做的人满意；如果是为了办学，那就是要看学校发展好不好，师生满不满意了。所以，当遭遇现实难题，压力再大，但如果心中的目标明确，那就没有后顾之忧，反而会增强情绪韧性，不会轻易被打倒。就像我们有的校长很通俗地说，"大不了我不做校长"！以此表明自己的决心一样。

显然，在做北大校长之前，蔡先生就已经是彻悟的、想明白的：虽然这个难度是非常之大的，但要努力振兴北大，那就要目标明确，始终做自己，完成教育救国之夙愿。

在我们常人看来，去北大当校长，无论怎样，总是去做"大领导"了，是值得高兴的事情。但在当时的氛围下，却似乎产生"奔赴前线"的悲壮，实在也是令人匪夷所思。由此可见，北大校长之难当！

可以确定，当蔡校长站在北大的门口，他已经作了最坏的打算，他所面对的不是一个人、一件事，而是长期积淀下来的封建传统与做派，但大不了不做校长就是了，所谓"置之死地而后生"。当然，他也知道，接任北大，也有很多人是高兴的，怀有期待之心的，希望借他的能量，让北大有大的改观。想必这样的热情也是给了蔡校长极大的精神力量的，至少他知道，他绝不孤单。

所以，从蔡先生身上可以看出，能够称为教育家之人，对教育必然有着神圣的使命感，对社会有着强大的社会责任感。如果说我们要修炼这种精神，那么，"热爱教育事业"、"为教育事业而奋斗"，就绝对不是一句口号或者虚话，换个时下流行的说法，"那是必需的"。

# 二、改造北大第一步

## (一)给北大的"见面礼"

1917年1月4日,蔡元培以校长身份莅临北大。

俗话说:"新官上任三把火。"估计所有与北大有关的人都对此深怀期待或担忧,毕竟是曾经的教育总长。如果我们知道一个国家的教育部长来大学当校长,不知我们会有什么想法?

蔡校长来到北大,校门口站着一排毕恭毕敬的校工。校工们按照礼节,向新校长行礼。在他们眼里,校长真的是高高在上的"大官"了,何况他还做过政府的教育总长呢!

令校工们惊讶的是,蔡校长走近几步,摘下礼帽,非常郑重地向他们回礼,鞠了一躬。

一个看来似乎很普通的举动而已。但当时北大是一所等级森严的官办大学,校长职位可等同于内阁大臣。学校里监督及教员被称为"大人",那些学生是被称为"老爷"的,也确实就如官老爷的做派,自然,地位低下的校工是很不被放在眼里了。所以,蔡校长的这个举动出现在当时等级分明的社会里,这就很不一般了。即使现在,我们作为校长,能如此平等、谦逊地对待每一个人吗,包括学校的每一个清洁工和门卫?!

当时有很多人在校门口等着看蔡校长,后来在怀念蔡校长的文章里,很多都提到"新官上任"这个细节。显然,这个举动对于人们的冲击力实在不小。在当时高低尊卑、长幼有序、等级分明的社会里,这个举动是何等的不易!

如果说,蔡校长是来改造北大的,那么,从这一刻起,就已经开始了:平等待人,以身作则。这个谦逊就是一个决心,向环境挑战,向旧习挑战。

按时下人们的心态,也许会怀疑这是"作秀",估计当时旁观的师生中也会有这种怀疑的目光。但如果说,有些人当场就受到触动的话,还有一些人在起初的冷眼旁观之后,最终也不得不信服蔡校长的为人品性,所谓"日久见人心"么。后来,师生们都意识到,这就是蔡校长一贯的处事风格,并非刻意为之。"他这样谦让和蔼,温良恭俭,纯是发乎自然,而不是要拿这些道德来引起人家好印象、好感想。"①

---

① 蔡建国编:《蔡元培先生纪念集》,中华书局1984年版,第65页。

### (二)北大定位与愿景

彼得·圣吉在《第五项修炼——学习型组织的艺术与实务》中说:"若没有一个伟大的梦想或愿景,则每天忙的都是些琐碎之事。"

一所学校的建设,首先是要明确办学目标或者学校愿景:"要办成一所什么样的学校"? 而这一点最终都将指向并以此为基础:"到底要培养什么样的人?"这就像是写作文,首先要确立中心思想,然后再谋篇布局。而这个中心思想的确立,又不是凭空确定,或者一拍脑袋定下的,而是要根据形势分析、社会需求来定的,这就需要大智慧与大胆识。

而这一点,正是当时很多人对蔡元培深怀期待的原因。因为在当时教育界中,在声望、资历以及实际的办学经验等方面,显然无出其右者。他在封闭的环境中奠定了中国传统文化的坚实基础,又走出国门,放眼世界,接受了欧美教育的熏陶,对中西文化的精髓进行过深入的思考和探索,颇有择善之睿智与世界之眼光。

关于北大的定位,蔡校长显然是深思熟虑的,在他心里,做北大"这篇文章",从中心思想到谋篇布局,早就有了通盘考虑。当然,这一切都植根于北大的学校脉络之上、对未来时代趋势及社会变迁趋势的推断中,怎样善加消化并吸收中国文化与西方文化问题,蔡校长内心已有较为成熟的观点。

他首先给学校作了定位:"大学者,研究高深学问者也。"读大学,不是作为升官发财的敲门砖,而是来做学问的,而且是高深学问,这就表明了要彻底与北大作为"官僚养成所"这一旧习决裂的决心。"大学为纯粹研究学问之机关,不可视为养成资格之所,亦不可视为贩卖知识之所。学者当有研究学问之兴趣,尤当养成学问家之人格"①。蔡校长是想把"学"与"术"两者加以分校,即"治学者可谓之大学,治术者可谓之高等专门学校"。所以要做官发财的就不必来北京大学。

在蔡校长心目中,新北大展现的面貌应是这样的:拥有一群"以研究学问"为终生旨趣的教授,以及一群"以研究学问"为专一目的的学生。

而"学问"到底是什么样的? 蔡校长在北京大学二十二周年开学式上就进一步给这个"学问"作了诠释,"大凡研究学理的结果,必要影响于人生。倘没有养成博爱人类的心情,服务社会的习惯,不但印证的材料不完全,就是研究的结果也是虚无"②。

所以,北大的"学问"不是升官发财的垫脚石,最终是指向服务社会、奉献社

---

① 高平叔编:《蔡元培全集(第三卷)》,中华书局1984年版,第191页。

② 吴家莹:《跟蔡元培学当校长》,首都师范大学出版社2010年版,第45页。

会的。这一点，与我们现在常说的"构建服务型教育体系"的表述是非常接近的。

而要研究高深学问，则需要大师级的教师引领，所以蔡校长提出要"囊括大典，网罗众家"。提出这一点，应该是与蔡校长的人生阅历密切相关的。因为他自身就是从博览众家中过来的，深知其对于个人学养积淀的价值和作用。他从自己的人生阅历中感悟很多，深知广泛涉猎知识对于一个人发展的意义。每个人的观点各有不同，理论可能各有所长，但是如果不了解，那么也就根本谈不上辨识与筛选。

很多时候，我们发现，一个人的教育观是在人生的阅历中逐渐形成的，与自己的人生成长经历有着深厚的关系，某种程度上说，每个人的教育观就是他的人生观。所以，我们常说，教育观是很难被灌输的，正如人生观是各不相同的。

要网罗众家，使个性各具的人才安心留在这里，这不是容易的事情。蔡校长就提出"思想自由，兼容并包"的原则。严加管束和横加干涉，只会使人"噤声"或者"出走"。蔡校长认为，"人才至为难得，若求全责备，则学校殆难成立"。所以蔡校长不但要"网罗"，而且要把"百花齐放"作为理想大学追求的目标，并贯彻在教育教学的各个层面，竭尽全力去宣扬和维护。

### （三）让更多的人认同学校愿景

北大要办成什么样的学校，要培养什么样的人才，这个办学思想和学校愿景只有让每个师生员工认知并认同，才能有被落实的可能。所以，蔡校长到任的首次公开演讲，包括后来的几次开学式上，都再三强调了大学的定位与价值，"本校的宗旨，每年开学时总说一遍，就是'为学问而求学问'……"

蔡元培的演讲非常多，"就任北京大学校长之演说词"、"在南开学校全校欢迎会上的演说词"、"北大成立二十五周年纪念会开会词"、"北京大学校役夜班开学式演说词"、"浙江旅津工学演说词"、"在旧金山华侨欢迎会的演说词"等等。人们在不断的聆听与阅读中，不断思考并感悟着蔡校长的办学思想。

大量的演说、宣讲，阐明其中的因果关系，这较之简单直接的文件下发，更具渗透力。五年一贯的强调，不厌其烦的重申，就是要大家树立一种信念，而贯穿始终的办学理念——"思想自由，兼容并包"，终究成为北大的精神和旗帜。

我们可还以发现，蔡校长的言辞中，并不是言必称德国或者美国，他有机吸纳了国外的先进经验，但是又不用外来的语汇来表达观点和看法。譬如他用"兼容并包"、"囊括大典，网罗百家"、"万物并育而不相害，道并行而不相悖"来阐述他对办学思想的解释，这种以中国传统文化为基点的表达方式，的确更能令国人接受。

教育家在推进改革的过程中,会遭遇很多反对声,或不理解,或不合作,这都是正常的,因为你看问题的视角与别人看问题的视角不在一个层面上。所以要取得舆论的认同与支持,宣讲就显得相当重要。

这对于我们做校长的也是一种很好的启示,就是要善于把自己的教育思想整理出来,用公众能够听懂和理解的话语表达出来,而且在各种场合尽可能地传递这些信息。通过学校各种仪式与场合,反复地、重复地用大家听得懂与易于理解的语句来阐述与表达,使学校愿景能较好地传播到全校师生心目中,并逐渐内化为自己的自觉认知,这是一名校长应具备的能力,也是必须选择的办学策略之一。

我们有勇气改革,但一定不能贸然推进,甚至一意孤行,教育改革不是靠勇气就能成功的。我们都能感受到教育家锐意改革的大勇气,但是一定不能忽视他们改革的大智慧,譬如如何取得社会舆论的支持与整个团队的赞同。尤其像蔡校长之改造北大,借鉴的是德国高等教育的办学经验,要在当时封建氛围颇浓的中国落地生根,尤其是在旧京师大学堂的基础上"嫁接",这就非常考验作为一名校长的智慧与强大的执行力。

教育改革,从来不是一个人的事,一个人没有那么大的力量。我们在看教育家办学的经历的时候,一定要意识到这一点。

# 三、打造一流的师资队伍

## (一)不拘一格"降"人才

一所学校有了明确的办学理念和目标,接下来就是"谋篇布局"了。

首先要"网罗众家",就是组建高水准的教师队伍。这是一个很大的难题,一要辨识谁是"大家"? 二是如何"网罗"?

蔡校长对此做了大量的功课,他向北京教育界的权威人士请教,加以阅读大量的刊物、文章,从中进一步辨识和确认。虽然蔡校长的学术专才不如其他许多学者,但像他学识广博,通晓古今中外,哪怕这些学问只是各专门知识的常识,也是非常难能可贵的。因为这个知识背景足以使他对各科人才具有相当的辨识能力。

蔡校长曾说,培养一个专才容易,培养一个通才不容易。他本人就是一个通才。从这个角度来说,要成为一名教育家,业务过硬是一条途径,成为一名通才也是一条途径。

蔡校长素来不赞成董仲舒"罢黜百家,独尊儒术"的主张,他认为这个造成了两千年中国学术文化的停滞落后。他反对用一己之学束缚他人,也不赞成以他人之学来束缚自己。他认为大学之大,就应该包容各种学术派别并存,只要"言之有理"、"持之有故",都可以存在,进而达到"和而不同"的境界。蔡校长希望借此培养学生独立思考的能力,在民主的学术氛围中质疑辩难,拓展视野。

所以,蔡校长聘请教师的主要标准在于学问知识,除此之外,他一概不问,不论教授的思想派别如何,都一视同仁。这一点,从我们现在来看,有点不可思议,因为我们总是特别强调"师德"。但如果从当时的情况来看,也是可以理解的:一方面,这是办一所大学,培养对象都已是成年人,有的已经有一定社会阅历,基本形成人生观和价值观,有自己独立见解,教师的一般问题影响不到学生;另一方面,当时处于新旧交替的时代,保守派、维新派和激进派,各种流派、思想活跃而纷呈,如果非要划定一个统一标准,估计有不少高水平的人才就要被拒之门外了。而且当时真正通晓中西文化、有深厚造诣的人,本来就不多。因此,蔡校长对这一点也作了说明:"夫人才至为难得,若求全责备,则学校殆难成立。"

当然,蔡校长眼中的教师学问也是大有讲究的,"不但是求有学问的,还要求于学问上很有研究的兴趣,并能引起学生的研究兴趣。不但世界的科学取最新的学说,就是我们本国固有的材料,也要用新方法来整理它"①。

所以,蔡校长理想中的大学教师:一要自己有真才实学;二要有浓厚的研究兴趣;三要有激发学生兴趣的水平;四是要能站在科学的最前沿,善于吸纳与创造。

相信这样的看法,会得到很多校长的赞同,尤其是第三点提得非常到位,估计会"于我心有戚戚焉"。因为我们在实际工作中,会发现能不能点燃学生的学习热忱,这一点真的非常重要。有的老师很有才华,但是并不善于激发学生的学习兴趣。这样做个学者是不错的,但是作为教师而言,是不合格的,因为教师的目的就是培养学生。

### (二)"三顾茅庐"请来学科带头人

我们对这一点深信不疑,就是学校的学科带头人非常重要,可以带动整个学科团队发展的速度。蔡先生到了北大,就四处物色各科学长,这个职位类似于现在分院院长之职。

但既是高端人才,到哪儿都抢手,而且也一般自命甚高。所以即使能找得到,也不一定愿意被"网罗"。蔡校长求贤若渴,并且以实际行动表现出他的真

---

① 马燕编:《蔡元培讲演录》,河北人民出版社 2004 年版,第 132 页。

心诚意。

为了请陈独秀出任文科学长,蔡校长天天去看望陈独秀,有时去早了,就在房门口静静地等,求才的渴慕与急切可见一斑。也许就是因为蔡校长"三顾茅庐"的诚意吧,终于劝动了陈独秀留居北大,并把《新青年》编辑工作放在了北大,还由此聚集了一批锐意革新的文化勇士。蔡校长选了陈独秀做文科学长,李四光主持地质学等等,他们来了之后,又引进了很多教授。

陈独秀个性独特,处事不羁,算是狂人一个,以至引起校内外很多敌意,也算让蔡校长操够了心,替他挡了许多明枪暗箭,使得他能在北大工作三年多,也实在是蔡校长爱才心切所致。这是后话。

在办学过程中,蔡校长显示了他强大的人格魅力,不仅仰慕他的人继续仰慕他,连一些站在对立面的人都由衷信服。固守旧学的黄侃甚至对人表示:"余与蔡子民志不同,道不合,然蔡去余亦决不愿留。因环顾中国,除蔡子民外,亦无能用余之人。"①这口气够张狂,但这样的话让人着实感动,黄侃真是够坦荡,也说明蔡校长够了不起!

### (三)"兼容并包"的教师队伍

"以学诣为主",只要有真才实学,不问其政治倾向和学术见解。在这样的要求下,北大的师资筛选呈现以下特点:第一,只论学问不论年龄;第二,只论学问不论资历;第三,只论贡献不论地位;第四,只论学问不论品行;第五,只论学问不论国籍。为此北大组建起一支独特的大学教师队伍,估计具有"前无古人,后无来者"的效果。

大部分教授都只有 20 岁到 30 多岁,像胡适只有 20 多岁;梁漱溟只是个中学毕业生,投考北大落选,却因对印度哲学的研究深度而引起学术界注意,而被聘为北大讲师;做过国务院总理的王宠惠也就做个讲师;兼课教师就只能做个讲师,鲁迅也不例外;说什么"中国女儿裹小脚是国宝"之类、留着长辫子的辜鸿铭,如果用现在的词汇讲,似乎很"Out"的人,但因其精通多种外语,擅长英国文学,照样被聘为北大的教授。

在这种办学思想的指导下,北大教师队伍流派纷呈,北大真的很快成为百家争鸣,盛极一时的高等学府,令世人瞩目。当年北大教师戏称蔡校长为"古今中外派",颇为贴切地说明了其"兼容并包"的风格。

当然,北大虽以学识为重,个人品行该由自己负责,学校没有多加干涉,但是学校处事当然有底线,对于那些即使有学术声誉,但素行不检、带坏学生的教

---

① 张晓唯:《蔡元培评传》,百花洲文艺出版社 2010 年版,第 80 页。

师，也予以坚决解聘。蔡校长再三"敲警钟"说："主张学术研究自由，可是并不主张假借学术的名义，作任何违背真理的宣传，不只是不主张，而且反对。"他希望学生能明辨是非，懂得"为我所用"，他对学生表明态度说："我希望你们学辜先生的英文和刘先生的国学，并不要你们也去拥护复辟或君主立宪。"

但这些人是真有水平，谁都承认，尤其后来的人看得更清楚。蔡校长所请的这些教授，都是在历史长河中留下辉煌业绩的名人。其中一些人后来还做了其他大学的校长，北大也算是大学校长的"黄埔军校"了。

就从这一点来讲，蔡先生的"伯乐"水平，那是相当了得！梁漱溟在《纪念蔡元培先生》一文中说："因其器局大，识见远，所以对于主张不同、才品不同的种种人物，都能兼容并包，右援左引，盛极一时。后来其一种风气的开出，一大潮流的酿成，亦正孕育在此了。"①

国内各方面的名流硕学及后起之秀逐步汇集北大，不仅带来本学科最新的资讯，更带来一批同道高手，一下子把北大带到一个很高的学术起点，学风日新。

### （四）坚决清退不合格外籍教师

师资队伍建设既包括引进人才，当然也要劝退庸人。引进优秀教师不容易，清退一些不合格的教师更是有难度。

我们不难发现，当一名校长调任到一所学校，满怀激情准备大干一场时，会发现来自学校内部的阻挠有多大。它看不见、摸不着、道不明，但确确实实使你的改革质量大打折扣。如果改革改到把别人的"饭碗"打破了，那引发的后续问题就更大了。

蔡校长也同样面临这个"历史遗留问题"。譬如当时北大各科都有外籍教师，资格老，学问实在不怎么样，加上当时国力衰弱，外籍教师更有些趾高气扬。蔡校长发现，"那时候各科都有几个外国教员，都是托中国驻外使馆或外国驻华使馆介绍的，学问未必都好，而来校既久，看了中国教员的阑珊，也跟了阑珊起来。我们斟酌了一番，辞退几人，都按着合同上的条件处理"②。

显然，在蔡校长眼里，能否成为北大教师，其中只有"学问"这一属性，不带其他附加物。所以，这些"阑珊"的外国教员，自然成为被清退的一部分。

这一点显然勇气非凡。因为面对外国人，我们总是怀有一种不恰当的谦卑之心，譬如现在学校聘个外国人当英语教师，就能成为招生的招牌，仿佛办学的

① 梁漱溟：《纪念蔡元培先生》，漓江出版社1987年版，第324—325页。
② 蔡元培：《我在教育界的经验》，转引自吴家莹：《跟蔡元培学当校长》，首都师范大学出版社2010年版，第50页。

层次就一下子得到提升；有个把外国人参会，这会就变成"世界大会"一样。而当时中国一贯受欺压的背景，导致洋人更是"高人一等"。蔡校长的这一番举动，其压力可想而知。

英国驻华公使自然感觉非常没面子，他亲自出马，对蔡校长软硬兼施，一看没效果，就扬言要对簿公堂。"有一法国教员要控告我；有一英国教习竟要求英国驻华公使朱尔典来同我谈判，我不答应。朱尔典出去后，说：'蔡元培是不要再做校长的了'。"①而这个结果是，连教育部也顶不住这个外交压力，来指责他处置失当。

但这个老外显然对蔡校长的"能量"估计不足，蔡校长既然不是为做校长而来，这样的威胁自然对他不起作用的。何况，在走向教育理想的过程中，蔡校长从来就不是容易受屈之人。譬如他在浙江、上海等地做过中学校长，就被国民党警告，甚至还杀了他的助手来威胁他，他还是置之不顾而斗争到最后。如果不能按照已定的蓝图和构想来做，他是宁愿离开也不愿屈从的。

当然，我们应该承认，蔡校长能够大刀阔斧地改革，说明当时高等教育还是有相当办学自主权的。但无论如何，北大能够脱胎换骨，蔡校长的坚定决心与不可动摇的意志力是起了很大作用。

而蔡校长辞退外籍教员，纯是从其学问水平而定，并非出于狭隘的爱国或者民族精神而产生的敌对或者偏激情绪。所以后来，蔡校长又请了英国的罗素、美国的杜威、印度诗人泰戈尔等著名学者来北大讲学，也曾赴欧考察时拜访居里夫人、爱因斯坦，邀请他们来中国讲学。在他眼里，学问高才是"硬道理"。

为了对得起来到北大的初衷，蔡校长刚柔相济的作风表现得淋漓尽致。

# 四、建立现代大学的管理模式

## （一）"民主管理，教授治校"

在有限的时间里要落实新愿景与新策略，对校长的执行力是最大的考验。不少校长有很好的构想与考虑，但是缺乏领导力，使思想难以执行并转化为行动，所以改革经常不了了之。

时间稍纵即逝，稍一松懈，可能就会陷入什么事都没办成的窘境。而蔡先生的领导力显然是非常强的，他既雷厉风行，又循序而耐心地践行着预定之策略，逐步推进。

---

① 吴家莹：《跟蔡元培学当校长》，首都师范大学出版社 2010 年版，第 73 页。

蔡校长对于北大的教学体制和行政管理的思路大致参照德国,也借鉴了美国大学的现行做法,其中心主旨是学术至上和教授治校。他希望学校管理是这样的:"民主管理,教授治校"。学校管理到位,规章制度健全,进而学校逐步过渡到像我们常说的"校长在与不在一个样"。他竭力主张借鉴德国高等教育制度,就是校长和学长都只有一年的任期,不赞成终身制,校长由各科学长轮流担任。

按他的改革设想,就是针对学校的行政、教务和事务方面分别设立各种相关的委员会,由有关教授分别领导,统一管理。他认为:"照此办法,学校的内部,组织完备,无论何人来任校长,都不能任意办事。即使照德国办法,一年换一个校长,还成问题吗?"①这就是说,要通过制度和组织的不断完善,来保证民主制的实施并防止个人专权。

从这个思路出发,蔡校长开始着手构建学校管理队伍。

我们常说,学校中层干部的作用很大,实际上校长的办学思想能否落实,关键就是这些中层的执行力。也就是说,校长能否找对人,并能否使这些人充分发挥作用。

蔡校长对教务长和总务长的地位很看重。他认为,这两位都要由很好的教授来当,而这两个职位需要慎重定位。首先,教务长不能是任命的,应是民主选举的,这样才会有群众基础,把学校各项制度很好地落实下去;其次,教务长和总务长不能总揽学校工作,校务不能由少数人包办,一定要民主管理。

为达到这个目标,学校又采用了三个步骤:一是组织评议会,这是全校性最高的教授代表组成的立法会议,解决立法问题;二是组织各门学科的教授会,就是教务会议,由教授与所公举的教授会主任分管教务事项;三是组织行政会议,就是事务会议,把教务以外的事务都通过合议制来落实。

此举是把推动学校发展的责任交给教授,让真正懂得学术的人来管理学校。而另一方面,教授成为学校重大决策的主体,将有助于良好学术环境的构建,并进一步体现学校的学术特质,也能使教授们感受到"当家作主"的地位,并增强归属感。

所以,从这一点来说,蔡校长是在尝试我们现在常说的"扁平化管理"模式,这是真正民主的管理,就是学校决策不以校长一人说了算,而是让更多的人参与到学校管理中来,参与到重大事务的决策中来,使学校管理走上自主管理、有序管理的轨道。当我们现在强调这一点时,近百年前的蔡校长已经在切实开展了。由此,我们不能不佩服他办学的前瞻性和先进性。

---

① 中国蔡元培研究会编:《蔡元培全集》(第3卷),浙江教育出版社1997年版,第693页。

当北大自治的管理框架搭建起来、运转起来之后,就真的可以做到"校长在与不在一个样"了。所以后来蔡校长的几次辞职,也确实没对学校产生什么负面影响。这是蔡校长的高明之处。

### (二)"校长"职位也是改造的一部分

蔡先生名义上担任了十多年的北大校长,实际在校时间不到六年,不在校时由蒋梦麟代理,即使这样,对学校也没有产生多大的冲击。这正说明这套管理模式的价值所在。当然,蔡先生善于选才也是一个重要因素,蒋梦麟把蔡校长的管理理念贯彻落实得非常到位。

显然,这才是真正意义上的好校长,就是"当校长离开,还是一所好学校"。而不仅仅是"一个好校长,才有一所好学校",什么都靠好校长撑着,好校长一走,什么都没了,这还是算不上是高层次的管理水平。

后来有人对蔡校长的这种领导方法称赞道:"先生长北大数年,以政治环境关系,在校之时少,而离校之时多。离校之时,校务不但不陷停顿,且能依计划以进行者,则以先生已树立评议会及各种委员会等之制度。此制度之精神,在以教授治理校务,用民治制度,决定政策,以分工方法,处理各种兴革事宜。然而非校长之清公雅量,则此制度不克成立;非师生绝对信赖校长,此制度不易推行也。"①

蔡校长自己对这种分工协力的民主治校方式也很满意。1920 年 10 月,他赴欧洲考察教育与学生话别时表示,他这次出去,如果是学校不免发生困难,他一定不去。但是现在看到校中组织很周密,职员办事很能和衷,职员与学生间也都是开诚布公。所以,他也就没有什么不放心的事了。这就是他所期望的,不因校长的去留而影响校务的进行。

蔡校长仿行的是德国大学"教授治校"的制度,显然他不希望校长大权独揽,而是将学校各种重要组织的职位让学有专长的教授担任,所以把校长职位也作为改革的一部分,力使学校管理真正民主化、自主化,希望学校即使"一年换一个校长",也不至于给学校带来什么冲击。后来他看看学校进入良性运转轨道,一直要辞去校长这个职务,虽然师生们总是不肯同意。

这一点就很令人佩服,说明蔡元培从来就不改初衷,他之来北大,开始不是为做官而来,后来也不为职位或待遇而恋恋不去。我们有的校长对学校进行这样那样的改革,但唯独把自己排除在外,把学校当改革的对象,把自己游离于学校之外,"怎么改都改不到自己头上",这就很容易使人不服气。所以,要成为教

---

① 顾孟余:《忆蔡子民先生》,《大公报》1940 年 3 月 2 日。

育家,那就必须要有大气度、大胸襟,唯有舍小我装大爱的人,才能成就大事业。

### (三)建立畅通交流渠道

在日常管理中,蔡校长发现,原来的学校管理有点像衙门作风,学生有事和学校接洽,要写呈文,然后等校长批示。而管理部门、教员、学生之间也基本不通信息,都是"上完课走人",彼此联系很少。蔡校长认为这不该是一所大学的风气,他发现这个问题之后,就派人贴出布告,通知学生此后应用公函,稍后又出版《北大日刊》,专门用于发表校中消息,并发表学术论文以引起论辩,活跃校内空气。学生对于学校有所建议,也往往将其发表出来。

蔡校长还发现北大有个很不好的传统,就是学生生活自由漫散,互不相干,偶尔发生什么矛盾问题,就写揭帖贴在墙上,其中不乏无中生有、匿名攻击之词。蔡元培很反对这种风气,他强调师生之间、同学之间,应开诚布公,互相尊重,反对匿名揭帖、彼此攻讦。他曾说:"种种揭帖,教人看了难受。要是看的人信了他们的话,那对面的人几乎不能做人了。设身处地,又当如何?"他多次在日刊上布告,"禁止匿名揭帖",要求"攻讦同学,以后一律除去";对于教员,"诸生无论有任何意见,随时均可与教员正式通信或面谈,绝无写匿名信之必要"。[1]

蔡元培作风民主,学生可随时向学校或他本人去函,提出自己的建议或要求;但对不具名的或只笼统写某系某年级全体学生的,则一般不予受理。由于蔡元培的提倡和引导,原先盛行的匿名揭帖逐渐销声匿迹了,代之以师生和同学之间的坦诚相见,互相切磋,逐步形成了友爱融洽的气氛。

"五四"运动中,北大学生被逮捕后释放,当时蔡校长率北京大学的学生及职教员,全体在校门外迎候,大家见面,激动万分乃至痛哭,显见关心之切,感情之深厚。北大人际关系之融洽,可见一斑。

我们常说,和谐的人际关系是一个学校发展良好的软环境,学校管理中的沟通相当重要。虽然当时的沟通渠道不像现在那么便捷,可以采用手机、网络QQ、校园网之类的即时交流手段。但蔡校长已尽力创造了沟通的渠道,而且从效果来看,也证明是非常适用有效的方法。

## 五、强化大学的学术性与专业性

### (一)重构北大的科系框架

当我们一步步阅读蔡校长的做法时,并没有太深的感触。但是如果把这些

---

[1] 引自:《北京大学日刊》,1919 年 12 月 19 日。

片段联结起来，我们就会发现，蔡校长所做的一切，并非起因于当下，见什么问题改什么问题，而是早有了深思熟虑，在心里形成了系统宏观的想法，搭建了完整的框架，他有他的通盘考虑。有些人、有些事并不是"撞在他的枪口上"，而是蔡校长的北大蓝图里本来就没有这些，所以，很自然地就被删减掉了。

这一点对于我们校长应该有很好的启示。就是我们着手学校改革或者改进时，预先一定要形成系统而科学的框架，要反复论证，而不是仓促上阵。有位校长就自信地说，学校出台规章制度，事先会做很多调研和改进工作，而一旦出台，那肯定是成熟的，也是能够保证落实的。未雨绸缪才能水到渠成，这是一种成熟的学校管理的体现。

同样，蔡校长对于教师队伍的调整，实际上也是基于改革学制的考虑，故以此为参照来精简教员，并非跟谁过不去。在这里，蔡校长因博学而孕育的辨识能力就显现出来了。他对人才、对学术研究的基础有着正确而科学的理解，所以在考虑学科设置上，这个优势又一次显示出来。

蔡校长对人才培养有独到的见解，他虽然出自清朝翰林，但并不赞成尊孔读经。他考察了科学演变的历史及其发展趋势，把握了学科之间互相渗透和相互交叉的特点，进而着手教学改革。

蔡校长提出要把"学"与"术"两者加以分校，即"治学者可谓之大学，治术者可谓之高等专门学校"，所以像北京大学既以"研究学问"为指向，那么就应保留与"学"有关的文、理两科并加以重点建设。

所以，学校改变"轻学而重术"的思想，强调基础理论的地位，致力于扩充文理，把文理法三科的界限统统打掉，汇合起来，平等地分为 14 个学系，把历史、政治、经济合成一体，成立了历史学系。学校注重美学教育、重视军事训练。为了促进中西文化的交流与融合，在课程设置上，还设立了中西文化比较课程，以拓展视野。学校取消了经学科，把其各部分合并到群体系科去，这个改革在当时力度够大，可谓惊世骇俗，蔡校长也因此得罪了一些"老古董"、"老顽固"。

蔡校长极力主张仿效当时美国大学的选科制，为文、理科学生相互选修课程提供方便，以落实"尚自然"、"展个性"的教育思想。所以在北大，不仅教师可以自由讲学，学生也可以自由选择、自由听课。这在当时的中国是相当创新的做法。

### （二）建立教师培养制度

在教学上，蔡校长要求，除了介绍中国的传统文化精髓外，还要积极介绍国外最新的研究成果。为使教授们保证专业水平的持续增长，虽然学校经费日见窘迫，但学校还是决议，出台"在校连续任职五年的教授，由大学派遣出洋留学一至二年"的制度。另一方面,北大设立了名誉博士学位,以吸引世界有成就学者来华讲学。北大曾聘请美国教育家杜威来校任教,等于为北大教授树立了一个学术标杆。

这个教师培训制度实在是相当有前瞻性,就是我们现在都很少有这样的大手笔。但是,从我们身边的例子就可以看得出来,教师连续工作五年,无论其专业水平停滞还是职业倦怠的情况都非常容易产生,所以学习进修是必需的。但进修并不仅仅是完成规定的学分任务而已,大学要站在学术前沿,保持与世界顶尖高校的紧密联系是必需的,所以到国外名校留学是最便捷最高效的一条途径。

蔡校长对于师资队伍建设的举措,我们会比较有熟悉感,譬如新加坡南洋理工大学、香港科技大学这些新办大学一跃而成为世界知名高校,都是这么在做的,高端人才的大批量引进、不惜代价加强教师培训等。而蔡校长显然捷足先登,可见其视野的开阔与前瞻。

另一方面,为了确保教授的教学品质,学校对此作了明确的规定,其中有几点非常明确:一是本校专任教员不得再兼他校教课;二是教员中为官吏者,不得为本校专任教员,以确保北大教员更能专心于教学和研究。

蔡校长自己也致力教学工作,在北大开设美学课程,并编写《美学通论》一书,再次突出了他着力抓好教学质量的办学思想。

### (三)营造浓厚学术氛围

蔡校长认为,大学既然是研究高深学问之地,所以浓厚的学术氛围非常重要。

为此,北大率先设立了各科研究所,培养了一大批研究人才,研究成果斐然。为了建造北大图书馆,他请了李大钊教授兼馆长,还曾到美国去请华侨捐款推进图书馆建设。经多方努力,北大图书馆在全国大学享有盛名,比其他图书馆的影响要大得多。

为增强学校的专业性,促进学术交流、检验与传播,营造积极进取的研究氛围,为北大学者提供发表研究心得的刊物,是相当必要的。为此,北大创办了自己的"学术期刊"——《北京大学月刊》,来作为学术交流平台。蔡校长高度重视这项工作,从月刊的发刊词、征稿启事、出版合同等具体事项,他都事必躬亲,亲自起草。《北京大学月刊》也是我国最早的大学学报。

为使学者们的研究成果转化为社会文化,在蔡校长的推动下,商务印书馆着手印行"北京大学丛书",分批出版教师的学术著作。蔡校长还亲自为一些青年学者的著作作序,大力扶持他们迅速成长。这些对于振兴学术都产生了极大的作用。

蔡校长就像"燕子筑窝"一样，衔来一根根草，啄来一点点泥，殚精竭虑地打造出一个具有浓厚现代气息的大学。

# 六、开创北大新风气

## （一）全国第一所男女同校的大学

汇集全国顶级学术水平的教师队伍，一切以培养人才为中心，推行"教授治校"的管理模式，构建现代科学的科系设置，坚决去除陈腐封建的陋习。至此，北大已基本完成蔡校长的构想，一所现代大学初具雏形。接下来就是为这所新兴大学注入活力和生气了，蔡校长继续加大推进改革的力度。

北大首创招收女学生之风，开始实行男女同校。这句话的言下之意是——原本大学里是没有女生的。蔡校长知道，男女同校在国外司空见惯，但在当时封建卫道士看来，不啻是"伤风败俗"之举，他因此被封建军阀盯上，差点"看管他起来"，为减缓矛盾，免生意外，他被派赴国外考察。由此可以想见当时大学改革之压力，有时竟到了校长无立足之地的地步。

事实上，这个招生也有点"偷偷摸摸"的意味，就是说，蔡校长采用了先斩后奏的方法，事先不向教育部请示，等到木已成舟才让对方知道，使之没有办法。这是蔡的聪明之处，知道教育部多是老顽固，如果事先请示，肯定办不成。而在谈到"大学开女禁"时，蔡校长巧妙地说，"因教育部所定规程，对于大学学生，本无限于男子之规定。"这个回答就相当智慧，类似于"未禁止即允许"这一法律原则。虽然女学生的招生数以个位计，但显而易见，其社会意义和冲击力是巨大的。这种做法的意义，如果说是为女性的发展打开了一扇通向新时代之门，也毫不为过。以北大在当时中国地位之高、影响之大，其表率作用不可估量。

## （二）丰富健康的社团文化

学生文化是学校文化的重要组成部分，而蔡校长对此尤为重视，这主要基于两个原因：一是北大作为研究高深学问的地方，需要师生终日伏案，孜孜以求，这是也是非常辛苦甚至难熬的，所以除了引导学生确立志向外，还要有各种措施孕育其"活泼的精神及摒除纷心嗜好的能耐"，以使学生保持昂扬的精神风貌。二是要以学校健康文化的力量来消除旧有陋习。以前学校里有"嫖赌"之陋习，现在要改变这个陋习，那就不能靠简单的封堵，必须要把学生引到另一条健康的道路上来。

蔡校长对此说得很清楚:"外人能进步如此,在科学以外,更赖美术。人不能单纯工作,以致脑筋枯燥,与机器一样。运动、吃烟、饮酒、赌博,皆是活泼脑筋的办法。但不可偏重运动一途,酒、赌博,又系有害的消遣,吾们应该求高尚的消遣。"①

整饬北大的风纪,改变这所高等学府在社会上的腐败形象,这是蔡校长出任校长之初就定下的目标。1917 年 1 月 9 日,蔡校长在校内发表就职演说时,就对全校一千余名学生提出三项要求:一是抱定宗旨;二是砥砺德行;三是敬爱师生。他希望学生们认清这一点:大学是研究高深学问的地方,要为求学而不应是为求官或寻欢作乐而来。

蔡校长认为,要当一名学问家,至少在道德戒律修养层次上,须作相当程度的提高,才能确保研究有成。所以,他努力在师生中提倡道德修养。在他的大力推动下,北大特成立进德会,以切实提升北大学生的人品,他自己亲任会长,立志开创学校健康风气。为了进一步活跃学校文化,激发学生学习兴趣,北大还组织了大量的学生组织,如书法研究会、音乐会、武术会、卫生学会、健身会等,类似于我们现在的学生社团,以丰富学校文化,陶冶道德情操,进而厚植学生研究学问的旨趣。

所以在这里,我们不得不佩服蔡校长的识见远大,他的目的很明确,一切学校文化建设是围绕办学宗旨来做文章,所以学校文化尽可能丰富多彩,形式多样。而我们有时讲学校文化建设,仅仅是从丰富学校生活而言,甚至把它当做是目的而不是当做途径或策略,所以比拼的是学校有没有特色项目、是否搞得热火朝天,而不去关注这个内容到底对学生发展起到多大作用。有的学校搞"一校一品",其目的是打响学校品牌,但是对于学生的发展却是值得商榷的。就是学生进了这所学校,基本只能培养这个特长,这对于学生是不公平的,因为学生现在上学基本是"零择校"的,这种只有"一品"的文化导致学生别无选择,无疑是成为"被文化"的一部分了。

为发展社团,蔡校长还亲自兼任新闻研究会的会长,以其办报感悟及见解,数次发表演说,以培养学生的新闻意识与能力,社团还邀请著名报人、《京报》社长邵飘萍来校开设讲座,传递捕捉新闻的经验与技巧。

凡此种种,学校生活变得丰富多彩,学生们乐此不疲。由此,健康的追求逐渐取代了低级趣味,多层面的活动更极大地拓宽了学生的学习视野。

### (三)竭诚为社会服务

北大做得相当了不起的一件事是引导与鼓励学生全面服务社会,譬如组织

① 吴家莹:《跟蔡元培学当校长》,首都师范大学出版社 2010 年版,第 36 页。

平民讲演团。蔡校长希望北大师生明白,北大虽是"研究高深学问之地",但绝不是高高在上的象牙塔,服务民众依然是大学的任务之一,他希望大家要"相互敬爱"。

在这里,蔡校长的平民意识再次显露无遗:工作性质不同,但人人平等。他在进北大时,对校工的脱帽鞠躬还礼,并不是"作秀",既是他内心想法的自然流露,更是他对学校管理的理解,"在校之人,人人与本校休戚相关"。

在蔡校长的大力推动下,北大开办了"校役夜班"、"平民夜校",平民夜校从管理到教学工作,都是由北大学生义务担任。这也是北大准许平民进校的开始,扫地的、拉养车的,从此都可以在北大做个夜校生。

校役夜班开学典礼,意义非凡,热闹隆重。230多人,均身着长衣,胸佩花朵,齐集文科第一教室,蔡校长亲自到场发言,为大家鼓劲。他说:"一种社会,无论小之若家庭、若商店,大之若国家,必须此一社会之各人,皆与社会有休戚相关之情状,且深知此社会之性质,而各尽其责任。故无人不当学,而亦无时不当学也。"面对校工们没机会没条件读书,他打比方描述内心的想法,"看见一家的弟兄姐妹都饿着,心里就会很苦"。蔡校长一点没有大官的架势,把自己放在和学员一样的角度,非常亲切平和地劝导大家:"诸位看我年纪亦已不小,事情亦颇忙,然我当暇时尚不废学","教职员既然拿出全副的精神教我们,我们进去一两天后,觉得没有什么新奇,于是就不去了。要是这样,仿佛也对不起教员的一番热心"。[①] 他还作了一番动员,希望大家带动亲朋好友去附近的平民夜校学习。

这样煞费苦心,于己是平添了很多责任与工作量,但是蔡校长这样努力去做,都是为着民众,其心诚可鉴!

通过大学的知识力量,自由、平等的空气由此迅速向社会传播。为了使教育为更多的普通民众受益,北大除了改革招生制度外,还尝试学校的学术活动和课堂的教学活动都向社会公开。听讲的除正式学生外,还招收一定数量的旁听生、选科生,使更多的人能受到高等教育的熏陶。

这样,一些知名教授的讲座,许多其他学校的学生都跑到北大来旁听,教室里经常爆满。在这里,特别让人感动的是,除正式办了手续的旁听生外,还有一些是没有办手续"溜"进来听讲的,有时候,旁听生甚至超过了正式生。他们当中有中小学教师、政府公务员、报社编辑和失业青年,他们或是慕名而来听某教授的课,或长期和本科生一起听讲。这些"溜"进来的旁听生一样不被歧视,一样堂堂正正地坐在讲堂上听课,只要言行没有影响到任课教师的正常教学就可

---

① 马燕编:《蔡元培讲演录》,河北人民出版社2004年版,第90页。

以。教室里人坐满了,他们就站在窗下或教室门口,照样饶有兴趣地听讲。当时每门课多发有讲义,这些讲义或是放在图书馆里,或是放在教室门口,他们同样可以取用。柔石、胡也频、李伟森、沈从文以及曹靖华等人都曾是北大的旁听生。

中国当代著名翻译家曹靖华后来回忆说:蔡先生"在北大办学民主,首倡学校为社会开门,教授为社会服务的作风,是最值得纪念的。社会上的各行各业人士都可以进入沙滩红楼(北大)听课。那些求知欲望甚为强烈,但由于贫困而上不了学的青年,诸如商店的营业员、工厂的学徒等,都可以随意进入北大讲堂听课,学习文化知识。这在中国教育史上是空前绝后的"①。

### (四)开出一种风气

由于蔡元培的大力扶植,北大校内社团有如夜空繁星,刊物宛似雨后春笋,各种学说竞相争长,而学生们也在校风的带动下,不断深入社会,为民众服务。这种学术思想自由的原则,使北大成为当时全国唯一的一所百家争鸣的学校。

虽然我们常提及,职员文化、社区文化就是学校文化的有机组成。但北大这样的做法,就是我们现在的教师也不一定会赞同,让校工、周围民众自由出入学校学习,这不是"没事找事"么?再说,学校安全问题怎么办?学校卫生问题怎么办?那些缴了费的学生又会怎么想?

一所大学,似乎做了并不是分内的事;一个大学校长,也做了并不是分内的事。但我们可以确定地说,这才是真正高贵的大学精神之所在!这所学校,犹如火炬,照亮了她的四周。

梁漱溟对蔡元培的功绩说得非常到位:他"一生的成就不在于学问,不在事功,而只在开出一种风气,酿成一大潮流,影响到全国,收果于后世"。

现在我们看到国外的很多大学就是如此,没有围墙,甚至就是坐落或分散于城镇之中,市民、游客可以自由出入,参观、学习或者听课,而这对于正式学生而言,也没有什么不公平,就是你已经注册,可以拿到学位,而对方没付费,自然也没有学位与文凭。

我们现在不少知名的大学,争着办"富二代"班、总裁班,相比之下,差距有多大!我们经常说,要培养教育家,但是如果以蔡校长的境界为衡量标准,我们会忍不住感喟,我们实在还需努力太多太多!

我们不妨再来阅读一下蔡校长在北大二十二周年开学式上的演说词,这样对于北大的学校文化建设会有一个更通透的理解:"研究学理,必要有一种活泼

---

① 《蔡元培先生纪念集》,中华书局1984年版,第200页。

的精神,所以本校提倡体育会、音乐会、书画研究会,来涵养心灵。大凡研究学理的结果,必要影响于人生。倘没有养成博爱人类的心性、服务社会的习惯,不但印证的材料不完全,就是研究的而结果也是虚无,所以提倡平民讲演、校役夜班与新潮杂志等,这些都是本校最注重的事项。"[①]

# 七、以大事记为例看改造步骤

当一名校长到一所新的学校上任,尤其是身负改革创新之命而去,总是会面临这样的两难问题:去了马上着手改革,打算"新官上任三把火"? 还是少安毋躁,先观察一段时间再作动静? 相对而言,后者会得到更多的赞同,因为学校是个复杂的系统,贸然推进,不知水之深浅,可能会"死"得很惨。如果要对学校管理"大动干戈",又是从哪里入手比较好呢? 我们不妨来看看蔡校长入校两年半的操作路径,也许会给我们很多启示。

蔡元培自 1917 年 1 月 4 日正式就任北大校长,实际投入的时间大约就五六年。

## (一)第一学期大事记(1917.1—1917.7)

(1)1 月 9 日,就任北京大学校长的演说词,阐明他对北大的愿景构想与期望。

(2)1 月 9 日,就任北京大学校长的演说词、4 月"以美育代宗教说"的讲演、5 月 23 日的天津南开大学欢迎会及 7 月 6 日"浙江旅津工学"修业式的讲演,都专门阐述对学生发展与学校文化构建的看法。

(3)1 月 27 日,国立高等学校校务讨论会,提议改革大学学制,为北大学校制度改革寻求支持。

(4)1 月,公布《北京大学教员担任教科钟点办法六条》,对教员在外兼课等情况作出规定。

(5)3 月,停聘外籍教员多名,5 月 9 日、14 日,6 月 7 日分别复外交总长、教育部及外交部函,说明其中原委。

(6)1 月 15 日,聘陈独秀为文科学长,1 月 18 日,敦请吴稚晖担任学监主任,4 月聘周作人为文科教授。

(7)3 月 17 日,北大评议会进行评议员改选,并将各评议员履历及评议会简章报教育部备案。

---

① 马燕编:《蔡元培讲演录》,河北人民出版社 2004 年版,第 133 页。

(8)7 月 2 日，因张勋复辟而辞职，7 月 23 日回校。

显然，从这一点可以看出，蔡校长到任的第一年，是对学校大的框架作了改革。一开始就把学校愿景向全体师生作了详细的阐述，表明今后改革的方向与内容，之后在学校管理框架、教师队伍建设方面作了全面部署。

蔡校长之所以一开始就进入改革状态，有几点是值得我们关注的：第一，北大师生包括社会舆论都知道请蔡校长来的原因，所以对蔡校长的改革是早有心理准备的；第二，蔡校长在改革之前，已经把自己对于学校发展的态度与看法公之于众，虽然说一下子不能统一思想，但至少为之后的改革奠定了良好的群众基础；第三，蔡校长德高望重的地位与良好的扎实诚恳的处事作风，能迅速赢得师生的认可，也能获得较多的外界支持，像辞退外籍教员，一般的人还真做不了这个事。

所以，当我们校长一到新学校，如果教职员工没有改革的期待，或者对现状还算满意，如果校长又没有说出个所以然来，却按照自己的想法立马对学校"动刀割肉"的话，遭到教师抵触甚至抵制，也就不难理解了。

## (二)第二学年大事记(1917.8—1918.7)

(1)12 月 17 日，北京大学二十周年纪念日讲演，进一步勾勒北大未来的发展蓝图。

(2)11 月 16 日公布《研究所通则》，启动研究所工作。

(3)10 月，专门以上各学校校长会议，提出《关于大学组织问题》的建议案，其中包括大学课程的改订、大学规程的修改皆获与会代表通过。

(4)多个学生社团成立，包括书法研究会、音乐研究会等，还有重点推出的进德会。

(5)更多学者到校任教，如胡适、钱玄同、李大钊等，他们都有出国留学经历。

(6)12 月 8 日学校召开评议会，议决：在校连续任职五年的教授，由大学派遣出洋留学一至二年，并规定了学费、旅费、成果等事宜；设立各部的教授会，让更多教授成为北大主体。

(7)11 月 16 日，出版《北京大学日刊》。

(8)1918 年 4 月 14 日，开办校役夜班。

(9)提出兴建游泳池、北大苑囿的规划。

大凡学校改革，有的从小处入手，先作尝试性的改动，看看反应如何，然后逐渐渗透开去；有的则抓住重点予以突破。蔡校长的改革，可以说是动了根基的，学校宗旨、教师队伍、课程设置等都作了根本性的调整，这是非常大胆也是比较危险的做法。当然,这是因为原来学校过于陈腐,只靠小打小闹是解决不了问题,这也是把德高望重而经验丰富的蔡校长请来的缘故。

我们大致可以作个比方,蔡校长的改造是:先勾勒大树的大致形状,然后把组成大树的主要枝丫画好,再开始画叶添色。就是说先定基本框架,再增加与丰富细节。

**(三)第三学年大事记(1918.8—1919.7)**

(1)进一步统一思想。在开学典礼与二十一周年校庆等场合,回顾与阐释学校革新事项的目的与意义;为沟通文理两科的各科改革计划定案统一思想。

(2)为教师发展提供支撑与平台。拟定"教员出国研究"、建立"学余俱乐部"、游戏部,如文艺部、台球、诗社等;亲自主抓《北京大学月刊》;邀请美国教育家杜威来华讲学。

(3)实行文理科教务处组织法。筹组教务处,投票选举各门主任。

(4)继续推进社团建设。亲自发起卫生学会、健身会。

(5)"五四"运动中营救被捕学生。

在之前的一年半,改革推进的速度还是比较快的,所以在第三学年,我们能够感受到,蔡校长进一步做沟通师生思想的工作。作为一所现代大学该有的元素,也进一步得到补充,尤其是对于师资队伍建设的举措,蔡校长的确相当高瞻远瞩,不仅提供专业发展平台,而且为教师的健康和谐发展提供支撑。而他的决心也进一步明确:"自今以后,愿与诸君共同尽瘁学术,使大学为最高文化中心,定吾国文明前途百年大计。"

由于篇幅关系,这里不再叙述后面几年的工作。但是我们已经大致可以找到一条线索,对于学校的改造,应该从哪里入手,如何突破。虽然背景与形势不同,但总可给我们很多启示,无论是理念还是路径。[①]

# 八、改造之路困难重重

表面上看,蔡校长改造北大的工作是比较顺利的,组建教师队伍、搭建科系结构、打造学校文化等等。可能大家会说,那时办学的自由度真大啊,蔡校长可以对学校"大动干戈"。但"每家都有一本难念的经",如果从过程细细地来看,这条道路同样有很多不平坦,并遭遇困境,蔡校长也曾几次辞职不干了。

---

① 关于这三年大事记参见吴家莹:《跟蔡元培学当校长》。

### (一)强大的舆论压力

蔡校长在北大成立二十五周年纪念会开会词里有这样的话:"回想从前二十周年的时候(刚接校长的那一年),也曾开过一个纪念会,当时抱了种种计划,要想在这五年内积极进行。不料中间经过许多困难,所抱的计划还有不能完全实现的顾虑。"

这些话里的"困难"实际上可以说是无所不在的,尤其是当时处在政局不稳、社会更替的背景之下,北大积累了二十年的文化传统,又处在封建气息浓郁的北京城里,要大动干戈,何其不易!

当时虽然校长有一定的自由度"组阁新大学",但是改革势必牵涉到方方面面的利益和传统,这就时不时地使北大处于社会舆论的"中心"。譬如对于北大的诸多改革措施,像"男女同校"就是惊世骇俗之举。还有陈独秀、胡适等人汇集北大之后,迭发抨击旧思想旧学术,倡行白话文的言论,在社会上引起很大反响。有人就把这些"离经叛道"的原因归到蔡校长身上,认为是蔡校长惯纵了这些人。两下纷争不休,导致当时的教育总长、大总统都来过问这些"新旧两派冲突"之事,自然,校长"管教不力"总是不容否认的。再加上北京政局的动乱,处在其中的北大可谓不胜其烦,蔡校长想要"教育中立"实在也是勉为其难。他曾在文中提到这个压力,"于是教育部来干涉了,国务院来干涉了,什么参议院也来干涉了。世界有这种不自由的大学么?还要我去充这种大学的校长么"。

但是,虽然郁闷恼火,但蔡校长总把这些压力担在自己身上,"这些事我都不怕,我忍辱至此,皆为学校,但忍辱是有止境的。北京大学一切的事,都在我蔡元培一人身上,与这些人毫不相干。"

### (二)无以为继的办学经费

校长既要应对外来舆论的压力,还要操心经费的问题。由于连年的穷兵黩武,导致教育经费短缺的阴影始终驱之不散。譬如政府曾积欠北大教职员三个月薪资未发放,购买书籍、仪器乃至一切用品都没有钱,搞得师生难以安心教学,惶惶不安。1922年4月,蔡元培在向全校教职员报告筹划经费的情形时,曾沉痛地说:"一次一次地来报告,简直是绝望了。我不敢对诸位先生敷衍、唐塞,所以据实报告。但是诸先生所受经济的痛苦,已经达到极点,我任校长的,还不过这么一种绝望的报告。我个人对于诸位先生的歉仄、惭愧,真非言语所能形容了。"①作为一所大学校长,话说到这个份上,把自己当作学校的"罪人"来检

① 马燕编:《蔡元培讲演录》,河北人民出版社2004年版,第205—206页。

讨,真是令人一掬同情之泪! 后来到了 8 月份,蔡校长等人为催讨经费一事在交通部不但遭遇推诿,还横遭意外侮辱,导致他和其他各校校长联名,发出辞职通电。

的确,在任何时候,我们都不得不承认,校长实在是个劳心劳力的辛苦工作,是有许多两难问题要面对的,经常要遭遇"内忧外患"之事,教育理想的实现真的是一个曲折起伏的过程。过去有过去的压力,现在有现在的苦恼。任何时候,教育都会遭遇不同的挑战和困境。

### (三)校内的不稳定因素

如果只应对外来的压力,校长还是能够承受的,尤其像蔡校长,来北大本来就不打算取悦于外界的,也不是为做官而来,所以社会、政府的压力尚可以置之不理。但是如果内部生出一些事端来,譬如讲义费风潮,少数学生对教职员谩骂、恫吓等破坏校规的行为,蔡校长称之为"越轨举动"的,还有一些教师的外出兼职问题,都让蔡校长非常痛心。

蔡校长就职北大的最后一个学期,是在十分困难的境况下度过的,一直都在与政府进行交涉,以求解决教育经费问题。在无奈的情况下,校方向学生征收讲义费,并打算把收取的讲义费全部拨付图书馆,专门用于购买参考书。但问题在于,如果原本收费,现在不收费,那是皆大欢喜之事,而现在从免费到收费,自然变得要多了额外的支出。所以学生大不高兴,采取了直接抵制学校的举动,有的学生冲到相关教师办公室谩骂恫吓,后来还闹到校长室,双方形成僵局。这不是学校提倡的沟通方式,而且如此目无纪律的越轨举动,令宽厚的蔡校长非常气愤。

对于学校面临的"内忧外患",蔡校长心里看得明镜似的:"本校现真在最困难的地位,不是全校同仁齐心协力来维持他,怕的终不免有破坏的一日呵! 破坏的原因,起于外界的,还容易对付;起于内部的,对付较难。内部破坏的原因,在物质方面的,尚易挽回;若在精神方面,就不可救药了。精神方面的破坏,原因最大的就是感情隔阂。……总要大家保持一种良好的感情,不要多所猜疑,就别的都容易解决了。"[①]

作为校长,背负着大学这么大一个摊子,一方面要全力推进改革,对外要抵挡明枪暗箭,对内还要"愁吃愁穿",连教师的工资都要操心,还得经常这样苦口婆心地劝导,这样的身心压力,想想都累死人。但即使在这样的重重压力之下,蔡校长还是有这样的能力与水平,使北大没有偏离愿景与方向,将关键的内容

---

① 马燕编:《蔡元培讲演录》,河北人民出版社 2004 年版,第 210 页。

逐一落实了下去。

虽然北大迅速声誉鹊起，但离蔡校长的理想还是很有距离，他曾感叹："只可惜这些理想，总没有完全实现。可见个人或少数人的力量，终是有限。"如果细细地品味这句话，想必能读出其中壮志未酬的酸楚与无奈。

# 九、蔡校长的辞职事件

在我们原先的想法中，总以为教育家应坚定执着，一往无前的，而"辞职"是把一众人与事都撇下，似乎总带有"一走了之"的无情和退缩。我们常以"不抛弃，不放弃"作为座右铭，显然蔡校长的几次辞职似乎与我们心目中的教育家形象有点差距。在这里，蔡元培作为北大的校长，有过几次辞职事件，是很值得我们进一步探究的，这有助于我们对"教育家办学"这个概念的理解。

## （一）多次辞职为何故？

蔡校长第一次辞职是在 1917 年 7 月，因为张勋拥护溥仪复辟，为北大改革带来阻力而辞职；第二次在 1918 年 5 月，因为学生游行，劝止无效而呈请辞职；第三次是 1919 年学生爱国运动，蔡校长一方面用自身作保以使被捕学生释放，然后请辞，"以保全此等无辜之学生"。要注意蔡校长到北大是在 1917 年 1 月，也就是说，任职短短一年半就出现两次辞职。有人曾作过统计，说蔡元培一生辞职了 24 次。在北大曾七辞校长而未获准。

"五四"运动中，三十余名学生遭警方拘捕，蔡校长要与政府周旋，奔走营救被捕学生还要安抚学生，劝他们复课，"学生尚抱再接再厉的决心，政府亦持不作不休的态度"，作为一校之长，真是压力巨大。他是校长，是学生的校长，理当保护学生；但他也是政府任命的校长，也不得不对政府有所交代，所以这勉为其难的心境想必很多校长极会感同身受。而更关键的是，当有些问题连校长都没法解决、无法苟同的时候，只好选择最后的方式——辞职，来表明自己的态度。

蔡校长大概也知道世人对他辞职的揣测与费解，1919 年 6 月，在他手写的辞职声明里，他有一段话很有意思，"我想有人见我这一段的话，一定要把'我不入地狱，谁入地狱'的话来劝勉我。但是我现在实在没有到佛说这句话的时候的程度，所以我只好谨谢不敏了。"[①]言下之意，自己不是个圣人，没那么伟大。不粉饰自己，坦率得可爱。而另一方面，也表明这个改造北大之路，自己已经感觉到撑不下去的地步。

---

① 高平叔编：《蔡元培全集（第 3 卷）》，中华书局 1984 年版，第 297—299 页。

1922 年 12 月，北京大学创建二十四周年。蔡校长在校内纪念会上发表讲话，回顾和总结了北大的发展历程。1923 年 1 月 17 日因"罗文干案"提出辞职，以此抗议北洋政府干涉司法，蹂躏人权。他随后发表著名的《关于不合作宣言》，向世人表明心迹。事实上，这也是蔡元培长期以来郁积在内心的情绪的总爆发，实在不屑与这些政客为伍。

蔡元培在自己写的《关于不合作宣言》这篇文章中，他开篇引用了《易经》的话，"小人知进而不知退"。他不是小人，是君子，所以他知"退"。他提出在黑暗恶劣的时局面前，知识分子要懂得进退。所以他以告退的形式维护自己的人格自尊，也是抗议和示范。

蔡校长真正在北大的时间不过五年半，当挂名校长却有十年多，"综计我居北京大学校长的名义，十年有半；而实际在校办事，不过五年有半，一经回忆，不胜惭悚"。到后来，他想辞职都辞不掉，大家不让他走。而这个走不成，可见北大师生对他的挽留有多深厚，全然不是一般的客套。他的辞职一直没有得到批准，一直由蒋梦麟代理校长一职。直到 1927 年，试行大学区制，他的校长名义才取消。

### （二）蔡校长并没离开

我们大致可以概括蔡校长的辞职原因：一是蔡元培到北大的任务就是来改革的，如果没法推进改革，他就觉得待在北大也就没意义了，他是抱着"合则留，不合则引去"的自由信条，至于高官厚禄并不足惜。辞职后，他就以老学生身份向欧洲的大学注册入学，回到自己心爱的学术研究领域；

二是他本来就认定校长应一年一任，并非终身制。如他在辞职后回任时，就在全体学生欢迎会上说："不但一年换一个校长，就是一年换几个校长，对于学生研究学问的目的，也是绝无妨碍。"[①]这正是他着力构建教授治校的原因。"北大此后亦当组成健全的教授会，使学校决不因校长一人的去留而起恐慌"，"照此办法，学校的内部组织完备，无论何人来任校长，都不能任意办事"。

一直以来，可能我们把校长的职位看得太重了，仿佛没了校长就没了主心骨。在蔡校长的理念中，北大得以发展的根基在师生，而不是校长。这样说起来，就像我们读中学时老师说的一样，"教是为了不教"。使学生培养出自理自立的能力，进而能达到自律的程度。学校也是一样，管理到一定程度，当已形成规范运作时，也就不用校长来管理了。所以，他并不以为辞职就是容易引起民心动摇的事情。

---

① 马燕编：《蔡元培讲演录》，河北人民出版社 2004 年版，第 131 页。

三是出于对政治的反感和事务缠身的压力。因为身为"公立"的北大校长，总是要经常与政府及相关人员打交道，学校改革、内忧外患，这最后的压力总要由一校之长来承担，而无暇回到自己喜欢的学术上来。"回国后，看北京政府的情形日坏一日，我处在与政府常有接触的地位，日想脱离。""自从任了半官式的国立大学校长以后，不知道一天要见多少不愿意见的人，说多少不愿意说的话，看多少不愿意看的信。想每天腾出一两点钟读读书，竟做不到，实在苦痛极了。"所以，只要不对北大造成影响，总还是想离开。

值得关注的是，蔡校长表面上虽有一段时间离开北大，但并非弃之不顾，所做的一切依然围绕着北大。他在出国期间，深入考察哥伦比亚大学、纽约大学、哈佛大学、芝加哥大学以及国会图书馆、卡耐基研究院等学校和机构，还通过在旧金山华侨欢迎会上的演讲、在洛杉矶组织的"北大图书馆"集捐队，努力募捐或筹措经费。

他还与欧洲各国的知识精英和教育行政官员进行了广泛的接触，到巴黎会晤居里夫人，邀请她到中国讲学；到柏林访问爱因斯坦，有意思的是，爱因斯坦这位伟大的科学家，表示甚愿访华，但说自己英语不好，蔡元培安慰说可用德语，配备翻译。可以说，无论身处各地，蔡校长都在尽心尽力地为北大的发展添砖加瓦，并使中国教育界与各先进国家建立了高层次的广泛联系，对二三十年代中外文化交流产生了积极影响。

蔡校长对北大的继续运作表示放心，"近几年来，在校中设立各种机关，完全倚几位教授为中坚，决不至因校长问题发生什么危险了"。诚如他所料，在他离开之后，北大还是保留了可持续发展的势头。一方面，正是印证了他当时改革的初衷，就是这个管理要达到"学校自治"。另一方面，蔡校长的水平还在于他找了一个得力的助手——蒋梦麟。蒋梦麟是美国哥伦比亚大学的教育学博士，曾在北大一系列组织系统中担任过许多重要角色，这使他对于各层面的管理有着深切的了解和把握。蔡校长不在校期间，均由蒋代为处理一切行政事务。

傅斯年有这样的评价：蒋梦麟的人格魅力不如蔡元培，学问不如胡适，但办事却比他们高明。蒋梦麟也曾说："在职之年，但知谨守蔡校长余绪，把学术自由的风气，维持不堕。"对自身的工作定位非常明确，谦逊言辞之下的坚定显而易见，读来也着实令人感动。自然，蒋是非常认同蔡校长的办学思想和策略，这也使得北大的改革成果有了很好的保留与持续发展。

这就是蔡校长的办学水平，还真能做到"校长在与不在一个样"。

# 小结:教育家型校长之所为

当我们谈起教育家,总会有很多理论或者提纲来概括,不过这一些常因过于理性而显得有些平淡。而那些纪念蔡元培的文章,字里行间流露出的由衷敬仰之情,令人动容,使蔡元培作为教育家的形象如此鲜活而感人。

如果从校长角色这一角度去感悟蔡元培的伟大,我以为,有以下几点是必须要学习和深思的。

## (一)作为校长的品学

北大学生蔡尚恩在总结蔡先生的成就时谈到,第一,他的民主思想和民主作风是一贯而且很突出的,那么多知名学者与专家能甘心在他手下工作,可见其能量之大;第二,行为上正派带头,什么"裙带风"、家族观念都没有;第三,一心爱护学生,如学生被警察局抓走,他亲自去保;第四,学识渊博,学术上有多方面的专业知识,清末做过进士翰林,后来到西欧留学,从社会科学到一部分自然科学,都有广博的知识;第五,教育上的丰富经验和崇高地位。他当过清末时的中国教育会会长,民国初的教育总长,地位是很高的。而北大能够走向现代大学,这些是至关重要的。

## (二)作为学者的精神

即使学识广博,但蔡元培的好学精神历久弥坚。第一是从书中学,"我自十余岁起,就开始读书。读到现在,将近六十年了。中间除大病或其他特别原因外,几乎没有一日不读书的"。他一心向学,早年浸濡与儒学经典,中年以后又以极大的毅力求索西学新知。第二是游历考察,他断断续续在欧洲游历近十年。基本是工作几年,出国几年,这样的好处就是既不脱离中国教育实际,又领略了最新的世界发展趋势,类似经历了观摩学习、借鉴应用、不断修正的过程,北大改革就更有成效了。蔡元培留学德国,已经年过四十,一边补习德语,一边听课学习、还要编译书籍、教国学,非常用心用功。期间,他对欧洲大学制度的考察也颇有收获,为他后来接手北京大学奠定了很好的基础。

所以,对于我们校长的启示,就是校长要有热爱学习、不断学习的热忱与习惯,保持对学术和社会发展的敏感性,再者,读书更是一种精神生命的滋养;另一点,就是要有休整时间,譬如有培训机构提供的各种考察游历机会,当然,不要走马观花,几天了事,最好有数月或数年的时间,静下心来观摩与思考。

蔡元培只要条件许可,就锲而不舍地钻研学术研究,他的学术兴趣相当广泛,着力最多的是哲学、伦理学和美学,并以此为其教育实践提供理论依据和养分。

### (三)教育家的为人处世

蔡元培为人和平敦厚,富有人格魅力,即使面对对方用刻毒语言攻击与诋毁,他也能平心论理,丝毫不假辞色。在一次北京大学的宴会上,率直的钱玄同对蔡校长提出一个问题:你的字写得这样蹩脚,为什么可以点中翰林?而蔡校长并不以为怪,反而笑笑解释说,因为那年主考官最喜欢黄庭坚的字,自己在少年时刚好学过黄体,所以能中试。其涵养可见一斑。

蔡元培是谦和的,但是在大是大非面前,他就"刚强之性立见"。"五四"前后的北京大学,如果没有蔡校长的全力担当,学校前景难以想象。蔡元培的多次辞职也表明了他的"临大节不可犯"的态度,他始终不失书生本色,几次辞职是抱着"合着留,不合则引去"的自由信条,合与不合的尺度就是他所信守的价值观,从来不是为了高官厚禄作想。他做官多年,但是清廉奉公,洁身自好,生活简朴,以至于晚年仍赁屋居住,以至于他的朋友和学生要做为他"赠屋祝寿"的举动。

### (四)一生的贡献

很多人说,蔡先生是个理想主义者。但也可以说,他是真正务实之人,他的北大愿景是切实可行的,卓有成效的。蔡校长有深厚的旧学功底,有较高的鉴别能力,有融会中西的智慧。从蔡校长推进北大改革的过程中,可以看出,他对于自己所做的都了然于心,胸有成竹,包括传统教育之弊病、老北大的问题、世界现代大学的发展情况等等,有着相当清晰的认识、思路与策略,这是他改革成功的关键。当然,在这个过程中,还是有意料不到的种种难题出现。再说,北大旧有老传统的力量是根深蒂固的,不是那么容易动摇的。但还是无损于改革的进程与速度。

蔡元培的一生,可以说是献身教育的一生,而这个教育,是一个大教育的概念,他的工作重心始终不曾偏离文化教育界。在他的人生履历中,我们就可以看到,譬如担任绍兴中西学堂监督、南洋公学经济特科班总教习、创办《外交报》、组建爱国学社、光复会会长、民国首任教育总长、"华法教育会"、国民政府大学院院长、中央研究院院长等职务,北京大学的改造可以说集中体现了他对大学教育的理解,是他的教育思想在实践上的直接反映。他的一生推动的不仅是一所学校的改造,更是以自己的不懈努力和学识才情对当时整个中国的教育都产生了相当的影响。而在当时政局动荡、办学艰难的情况下,他七十四年的人生历程,先后经历了清政府、南京临时政府、北洋政府和国民党政府等时代更替,这是一个痛苦反思、重新抉择、更新过渡的时代,一路经历风雨,对教育可谓付出了难以想象的努力。

每个人都有自己的弱点与问题,我们也不可能把蔡元培上升到"圣人"的高度,事实上这也不利于我们对他的学习。

他有很多优点和品质,是我们完全可以学习和仿效的。这头一条,就是他的扪心自问:我到北大来做什么?显而易见,他对这个问题是想明白的,想透彻的,就是为北大的发展尽力而为。当一切以此为基点,很多事情虽然很难,但也变得简单了,所谓置之死地而后生。如果我们瞻前顾后,被各种利益、关系所纠缠和困扰,那么改造学校就难办得多。就像有位办学卓有成效的校长所言,我自问没有私心,都是为了学校,这还有什么好担心的?!但求无愧于心,就是这个意思。

我们今天景仰蔡元培,不是要把他当做圣人来顶礼膜拜,而是他改造了一所学校,孕育了一代学人,更培育了一代风气。

中西文明大潮的冲撞与交融,在今天仍是巨大的历史课题。蔡先生致力于移植和培育一种融合中西文化精华的大学理念,并以此来引领中国现代大学的萌生和发展。他虽提倡"兼容并包",但并不是开"杂货铺",而是精挑细选的,而这个代表学校主旋律的,则是进步的、先进的。当年的北大学生冯友兰对此有很精到的见解说:"所谓'兼容并包',在一个过渡时期,可能是为旧的东西保留地盘,也可能是为新的东西开辟道路。蔡元培的'兼容并包'在当时是为新的东西开辟道路的。"[1]

美国著名教育家杜威的评价相当高:"与牛津、剑桥、哈佛、哥伦比亚等顶尖学校的校长相比,蔡的专业知识比不过他们;可在教育上,他们比不过蔡。以一个校长身份,而能领导那所大学对一个民族、一个时代,起到转折作用的,除蔡元培而外,恐怕找不出第二个。"[2]

这个塑造是成功的,今天的人们一谈起北京大学,就不由得想起"兼容并包",想起自由和民主,因为它代表了北大的精神和气质,而这种精神气质正是蔡先生在北大着力营造的大学理念。

让我们在周恩来同志领导的重庆《新华日报》1943 年 3 月 5 日社论《怀念蔡孑民先生》一文中,"回到"蔡校长领导的北京大学,感悟他的学校管理理念:

> 北大是中国革命运动史上、中国新文化运动史上,无法抹去的一个名

---

① 冯友兰:《三松堂自序》,上海三联书店 1984 年版,第 325—326 页。
② 冯有兰:《中国现代哲学史》,中华书局 1992 年版,第 57 页。

词。然而,北大之使人怀念,是和蔡孑民先生的使人怀念分不开的。蔡先生的主办北大,其作风,其成就,确是叫人不容易忘怀,确是对于中国的革命事业有很大的贡献的。他的所以使人景仰不衰,同时也就是他的所以办学有成就,一由于他的民主作风,二由于他对青年的热诚爱护;他的民主作风,重要的在于他对各种学术,各种思想的兼收并蓄,也在于他确能使学有专长的学者,办事有创造性的干部,在他领导之下,发挥其才能,施展其抱负。他创造了各种会议制度,如校务会议,教务会议,教授会议等等,凡事都让大家有机会尽量发表意见,提出办法。他对各院各系负责人以及各教授,以学问及才干为主,不问其他;一经聘定,就信任他,把事情全都交给他,不去多加干涉。因此,那时的教授和职员,都一心一意做事教书,竭忠尽智的要把事情做好,书教好,做出成绩来。沙滩文科大楼的第一院、马神庙公主府的第二院和骑河楼译学馆的第三院,办得各有特色,自成一格。踏进公主府,既富丽,又清幽,使人心旷神怡。跑到文科大楼(按即沙滩红楼),左一间政治学会研究室,右一间"新潮社"办公室,楼底下在赶印教授、学生们所办的各种定期刊物,楼上面是分门别类的各种图书阅览室,门房内则堆满着各种各样代售的杂志,使人应接不暇。译学馆里呢?那个顶大顶大的大礼堂上,不是今天有什么学术演讲,名人演说,就是明天有什么学生大会,纪念大会,使人兴奋,使人振发。蔡充生长校时的北大师生,真有如鸢飞戾天,鱼跃于渊,既活泼又愉快。这种气象,这种生活,那得不令人怀念无已。

# 附 录

# 就任北京大学校长之演说

## 蔡元培

（一九一七年一月九日）

　　五年前,严几道先生为本校校长时,余方服务教育部,开学日曾有所贡献于同校。诸君多自预科毕业而来,想必闻知。士别三日,刮目相见,况时阅数载,诸君较昔当必为长足之进步矣。予今长斯校,请更以三事为诸君告。

　　一曰抱定宗旨。诸君来此求学,必有一定宗旨,欲求宗旨之正大与否,必先知大学之性质。今人肆业专门学校,学成任事,此固势所必然。而在大学则不然,大学者,研究高深学问者也。外人每指摘本校之腐败,以求学于此者,皆有做官发财思想,故毕业预科者,多入法科,入文科者甚少,入理科者尤少,盖以法科为干禄之终南捷径也。因做官心热,对于教员,则不问其学问之浅深,惟问其官阶之大小。官阶大者,特别欢迎,盖为将来毕业有人提携也。现在我国精于政法者,多入政界,专任教授者甚少,故聘请教员,不得不下聘请兼职之人,亦属不得已之举。究之外人指摘之当否,姑不具论。然弭谤莫如自修,人讥我腐败,而我不腐败,问心无愧,于我何损? 果欲达其做官发财之目的,则北京不少专门学校,入法科者尽可肆业法律学堂,入商科者亦可投考商业学校,又何必来此大学? 所以诸君须抱定宗旨,为求学而来。入法科者,非为做官;入商科者,非为致富。宗旨既定,自趋正轨。诸君肆业于此,或三年,或四年,时间不为不多,苟能爱惜分阴,孜孜求学,则其造诣,容有底止。若徒志在做官发财,宗旨既乖,趋向自异。平时则放荡冶游,考试则熟读讲义,不问学问之有无,惟争分数之多寡;试验既终,书籍束之高阁,毫不过问,敷衍三四年,潦草塞责,文凭到手,即可借此活动于社会,岂非与求学初衷大相背驰乎? 光阴虚度,学问毫无,是自误也。且辛亥之役,吾人之所以革命,因清廷官吏之腐败。即在今日,吾人对于当轴多不满意,亦以其道镕沦丧。今诸君苟不于此时植其基,勤其学,则将来万一因生计所迫,出而任事,担任讲席,则必贻误学生;置身政界,则必贻误国家。是误人也。误己误人,又岂本心所愿乎? 故宗旨不可以不正大。此余所希望于诸君者一也。

　　二曰砥砺德行。方今风俗日偷,道德沦丧,北京社会,尤为恶劣,败德毁行之事,触目皆是,非根基深固,鲜不为流俗所染,诸君肆业大学,当能束身自爱。

然国家之兴替，视风俗之厚薄。流俗如此，前途何堪设想。故必有卓绝之士，以身作则，力矫颓俗。诸君为大学学生，地位甚高，肩此重任，责无旁贷，故诸君不惟思所以感已，更必有以励人。苟德之不修，学之不讲，同乎流俗；合乎污世，已且为人轻侮，更何足以感人。然诸君终日伏首案前，芸芸攻苦，毫无娱乐之事，必感身体上之苦痛。为诸君计，莫如以正当之娱乐，易不正当之娱乐，庶于道德无亏，而于身体有益。诸君入分科时，曾填写愿书，遵守本校规则，苟中道而违之，岂非与原始之意相反乎？故品行不可以不谨严。此余所希望于诸君者二也。

三曰敬爱师友。教员之教授，职员之任务，皆以图诸君求学便利，诸君能无动于衷乎？自应以诚相待，敬礼有加。至于同学共处一堂，尤应互相亲爱，庶可收切磋之效。不惟开诚布公，更宜道义相励，盖同处此校，毁誉共之，同学中苟道德有亏，行有不正，为社会所訾詈，已虽规行矩步，亦莫能辩，此所以必互相劝勉也。余在德国，每至店肆购买物品，店主殷勤款待，付价接物，互相称谢，此虽小节，然亦交际所必需，常人如此，况堂堂大学生乎？对于师友之敬爱，此余所希望于诸君者三也。

余到校视事仅数日，校事多未详悉，兹所计划者二事，一曰改良讲义。诸君既研究高深学问，自与中学、高等不同，不惟恃教员讲授，尤赖一己潜修。以后所印讲义，只列纲要，细微末节，以及精旨奥义，或讲师口授，或自行参考，以期学有心得，能裨实用。二曰添购书籍。本校图书馆书籍虽多新出者甚少，苟不广为购办，必不足供学生之参考。刻拟筹集款项，多购新书，将来典籍满架，自可旁稽博采，无漠缺乏矣。今日所与诸君陈说者只此，以后会晤日长，随时再为商榷可也。

（蔡元培全集（第三卷），浙江教育出版社 1997 年版）

# 陶行知：建设适合乡村实际生活的活教育

> 我们办乡村教育是一件大事，也是先天下之忧而忧，也必须要登高一望，望尽那天涯路！要放开眼界，纵的看看，横的也要看看。从纵的方面，看看中国几千年的历史背景是什么？世界几千年的历史背景又是什么？再从横的方面看看，今天中国的社会背景是怎样？现在世界的潮流背景又是怎样？我们都要把它看得清清楚楚。
>
> ——陶行知《怎样办乡村教育——同百泉师范校长的谈话》

## 【教育家简介】

陶行知(1891—1946)，安徽歙县人，中国现代伟大的人民教育家。他毕生从事教育，勇于批判和改革旧教育，他的教育思想是一种极具创造性并不断发展的教育思想，而生活教育思想则贯穿始终。

陶行知出身贫寒，在他人资助与自己努力下，以优异成绩从金陵大学毕业，获江苏省教育当局奖励。并在金陵大学校长的帮助下赴美留学，从市政专业转入哥伦比亚大学师范学院攻读教育，师从杜威、孟禄等。回国后，先后任教南京高等师范学校、东南大学。

近代中国积危多难，"教育救国"成为许多知识分子的梦想，陶行知正是其中最为杰出的人物之一。可贵的是，他不仅在理论上进行探索，又以"甘当骆驼"的精神努力践行。

他离开高薪厚禄的大学教授生活，先后发起和组织中华教育改进社、中华平民教育促进会、乡村教育研究会、山海工学团、国难教育社、重庆育才学校、社会大学等。虽然名称和形式在变，但其中心思想始终围绕如何使教育普及，如何通过教育使更多的民众受惠。1926年，在他起草的《改造全国乡村教育宣言书》中，振聋发聩地发出了"筹募一百万元基金，征集一百万位同志，提倡一百万所学校，改造一百万个乡村"的倡议。

1927年，陶行知创办南京市试验乡村师范学校(后改名晓庄学校)，以"教学做合一"指导学校实践，希望从乡村教育入手，矢志为中国教育和社会寻求发展之路。晓庄学校是我国近代乡村教育运动的最早试验场和发源地，著名的生活教育理论即发轫于此。

生活教育理论是陶行知的教育基本理论，理论体系奠定于晓庄学校的办学实践中。他的理论受杜威的实用主义教育学说影响很大，但针对中国社会现状，他把杜威的学说改造成"生活即教育"、"社会即学校"、"教学做合一"。其实质是适应时代和社会需要，科学地遵循教育和教学规律，使教育与生活和社会实际紧密联系，建立一种与社会生活实际密切结合的新教育。

陶行知热爱人民，热爱儿童，诚心诚意为劳苦大众及其子女能获得教育而殚精竭虑。他的教育活动是在当时民族危亡、国难当头的社会环境中进行的，其办学历程无比艰辛，办学经费极端困难，靠四处募捐艰难维持，"晓庄事业，我要用整个的身子干下去"，致力使更多孩子获得教育机会。

陶行知的生活教育理论立足于中国社会实情和中国教育实情，致力于从乡村教育入手，寻找改造中国教育和社会的出路，努力为中国教育改造开出一剂良方。他的理论是针对教育中的实际问题创立的，不是坐而论道的说教。他以持续不断的艰苦实践完美诠释了他对"第一流的教育家"的定义：一要敢于探索未发明的真理，不怕辛苦，不怕失败，一心要把奥妙的新理一个一个地发现出来；二要敢入未开化的边疆，要晓得国家有一块未开化的土地，有一个未受教育的人民，都是我们未尽到责任。他的一生真的做到了"捧着一颗心来，不带半根草去"，呕心沥血，鞠躬尽瘁。

陶行知不仅对中国教育事业作出巨大贡献和产生深远影响，更以他的信仰、人格树立了道德丰碑，为后人所敬仰。1991年，陶行知因对中国和世界教育的卓越贡献而被联合国教科文组织列为20世纪世界四大名人之一。

主要著述被收于《中国教育改造》、《陶行知全集》、《陶行知文集》、《陶行知选集》等。

# 一、一介书生立下教育救国的大志

## （一）留洋博士回国了

1917年，26岁的陶行知因南京高等师范学校之聘回国。

他的头上有许多光环，即使现在看来也毫不逊色：南京金陵大学优秀毕业生，美国伊利诺大学政治硕士，哥伦比亚大学师范学院攻读教育，师从杜威、孟禄等大教育家。

陶行知曾在哥伦比亚大学和胡适等同学合影，西装革履，神情沉静，很有书卷气，一副青年才俊的模样。

"海归"派，学术功底扎实，手里有一大把的好去处。他的前景之美好，应该不难预测。他的生活本来可以过得很安逸，而且可以一直比较安逸，他先后被聘为南京高等师范学校的教授、教务主任，东南大学教授、系主任，月薪达400元。

同是在1917年，被聘为北大教授的26岁的胡适，在写给母亲的信中提到，他的月工资是260元，房租6元，与人合租只出3元即可，而每月生活费花费几十元，小日子就可以过得相当不错。

在这里，并非羡慕当时教授的待遇。而是想说，每个人都是凡夫俗子，没有一个人天生是伟人，如果要放弃这样安逸富足的生活，应该不是一件非常容易的事情，就是来自亲朋好友的压力也会不小吧？

不说小时候出身贫寒，就是在18岁，陶行知流落在苏州的时候，还有过和他的表兄把衣服当了，换三百文过一日的时候。从什么都缺乏的生活过来的，即使后来好了，但还是会特别的害怕失去，因为比谁更懂得钱的好处吧？

但陶行知显然不是这样的人。他没法安心，因为这不是陶行知人生奋斗之理想。"我本来是一个中国的平民，无奈十几年的学校生活渐渐地把我向外国的贵族的方向转移……经过一番觉悟，我就像黄河决了堤，向那中国的平民的路上奔流回来了。"[①]

### (二)虽是一时一刻也不能忘记他们的痛苦

当时，20世纪二三十年代的中国，连年战祸，民生凋敝，人民苦不堪言，尤其是乡村遭到重创，这一切不能不使作为农家子弟的陶行知痛彻心扉。

陶行知出身极为贫寒，来自安徽的一个偏远山村，自幼聪明好学。邻村一位塾师认定这孩子长大后必能成就大事，就让他免费前来读书。有一天下大雪，他赶到私塾时，老师已经开讲，他就一直站在门外，直到老师把课讲完。然后，靠着种种帮助，艰难地从私塾到教会学校再进入大学。陶行知非常优秀，在金陵大学考试中总分名列第一，又在爱才的校长的帮助下去美国留学。

自然，他比一般人更深切地知道乡村农人之苦痛，"中国以农立国，农民要居全国百分之八十五。他们所尽得义务最多，所享的权利最少。稍有心肝的人，虽是一时一刻也不能忘记他们的痛苦。"[②]

他也比一般人更深刻地感受到教育之于社会与民众的价值，因为他自己就

---

① 陶行知：《陶行知文集》，江苏教育出版社2008年版，第15页。

② 徐莹晖、徐志辉编：《陶行知论乡村教育》，四川教育出版社2010年版，第18页。

是教育的受惠者,而广阔的视野使他对教育有了更深刻的认识。1914 年,陶行知在金陵大学的毕业论文中就写道:"人民贫,非教育莫与富之;人民愚,非教育莫与智之……可见教育实建设共和最要之手续。"[1]因此,他在求学时就激发了对教育改变民族命运的求索。

1916 年,他致函哥伦比亚大学师范学院院长罗素时,就写道,"我终生唯一的目标是通过教育,而非经由军事革命创造一个民主国家。"

如果说,一直以来获得的资助使他感恩,而不断地进取与学习则使他拥有了更为广阔的视野。后来的留洋则不是为了"镀金",找个好工作,拥有舒适生活,而是为了今后更好地服务社会大众。为中国民众建立起一套有效的公共教育体系,建立一个能够实现正义和自由的理想之国,是陶行知投身教育的真正原因。

当然,不是所有在他人的资助下发展成才的山乡孩子,都有像陶行知这样对社会有着如此全身心的回馈。有些人"飞出草窝"了,就再不愿回来了。但陶行知不,他把他所获得的,以全身心回馈了社会,他的一生从来不曾离开过贫苦大众。这一点也最为世人所敬仰。

当然,从此他舍弃了另一条道路,这"另一条"无论从哪方面来说,对任何人来说,都是一种极大的诱惑:富足安逸,身居高位。如果第一次也许是因为热血冲动而辞去教授职务,但后来的事实证明,陶行知从来都是有坚定信仰的人。因为这样类似的高官厚禄机遇,在陶行知之后的人生中一再遇到,但他从不回头顾盼。

他先后辞去或婉拒:东南大学教育系主任之职;月薪 400 大洋的教授职位;武昌高等师范学校(武汉大学前身)校长之职;金陵大学校长之职;河南省教育厅厅长之职。

显而易见,从此改变的不仅是工作方式,也是生活方式。陶行知脱下西装革履,穿上草鞋,从此与农民为伍。他从农民中来,但并不庆幸自己脱离苦海,而是迅速回到了乡村和农人之中,与他们同甘苦共命运,并致力于寻求帮助他们减少痛苦的教育之路。

一条在凄风苦雨中摇摇欲坠的船,船上的几个年轻人获得救助上岸了,但是他们没有离开,而是找了各种工具,返回去救助更多船上的人。

就像鲁迅先生选择弃医从文的初衷,20 年代初,以陶行知为代表的一批知识分子从不同方向发起了一场教育实验,旨在通过乡村教育改造乡村生活和推进乡村建设,以挽救民族危亡。

---

[1]　智效民:《六位教育家》,湖北人民出版社 2008 年版,第 79 页。

# 二、中国的乡村教育走错了路

## （一）这样的教育害苦了乡村

陶行知深信教育之于社会发展的意义，教育就是社会改造，是立国的根本。他认为，教育的力量与别种力量之不同，"就在教育的力量是能够到各个民众的内心里头去的，他能够使民众自己从'心里'发出一种力量来自己团结的"。在他看来，农村要发展，教育无疑是最好、也是最有效的途径。所以，"必须用教育的力量，来唤醒老农民，培养新农民"。

那么，如何通过教育，最大限度地帮助中国乡村、帮助中国农民？这里，陶行知面临两个大挑战：一是要大办教育，因为既然以全国乡村作为范围，那就不是一二所学校能解决问题的了，而是需要创办成千上万所学校，才有助于问题的解决；二是教育要有实效性，即教育切实对乡村和农人有帮助，真正做到"为农人服务，帮助农人解除痛苦，帮助农人增进幸福"。

按照这两个要求来考量，陶行知发现工作的难度是非常之大的：一是原来的乡村学校少得可怜；二是少得可怜的乡村教育存在很大问题！

对于第一个问题，是预料之中的。因为当时中国基础薄弱，时局动荡，民生凋敝，教育自然雪上加霜。更大的问题在于第二个。陶行知在他的《传统教育与生活教育有什么区别》一文中，对传统教育作了形象而深刻的剖析，传统教育是吃人的教育，它有两种吃人的手段：第一种是"教学生自己吃自己"，从小到大读死书、死读书，十几年下来，把身体读垮了；第二种是"教学生吃别人"，就是一个人求学的目的是升官发财，学成之后成了剥削别人的人。[①]

这种教育还造成这样的结果：一是造就只知读书不事生产的"书呆子"；二是"他教人离开乡下向城里跑"，"现今是肯下乡的没有专门学术，有专门学术的不肯下乡"，这样的离农教育既把农人家里的钱掏空了，也导致了乡村建设的人才空缺，结果"他教富的变穷，穷的变得格外穷"。

显而易见，对于乡村来说，这样的教育不但不是好事，反而是一大祸害。不但耗费少得可怜的乡村财富，也戕害了学生的生命，更使乡村人才愈加匮乏。

而旧有的师范教育大多办在城里，"城居的师范生平日娇养惯了，自然是不愿到乡间去的。就是乡下招来的师范生，经过几年的城市化，也不愿回乡服务了。所以师范学校虽多，乡村学校的教员依然缺乏。做教员的大有城里没人请

---

① 陶行知：《陶行知文集》，江苏教育出版社 2008 年版，第 14 页。

才到乡下去之势"①。

再譬如,陶行知提倡要推进幼儿教育,但当时的幼稚园不但数量极少,而且问题也很大:一是外国病,幼稚园里充斥的是外国钢琴、外国歌、外国故事、外国玩具;二是花钱病,费用太高;三是富贵病,既没有平民子弟的份儿,乡村更是没法"消受"这样的幼稚园!

这种教育是成为乡村贫困和衰落的重要原因! 为此,陶行知大声疾呼——"中国的乡村教育走错了路!"

既然走错了路,那么就要寻找新路,寻找更符合乡村特点的教育新路。

所以,面对这样的情况,为了更快更好地实现教育救国的宏大理想,陶行知和他的同志们发出了"筹募一百万元基金,征集一百万位同志,提倡一百万所学校,改造一百万个乡村"的宏愿,提出了"建设适合乡村实际生活的活教育"的目标!

在这个教育目标中,他们表明了一个鲜明的态度:就是要超大规模而且是创造性地办学! 而这个办学一定是适合乡村实际生活的活教育!

### (二)向着农民"烧心香"

乡村教育是一项巨大的工程,更是一项充满艰难险阻的事业。

当一介书生回到祖国,希望通过自己的努力,力图以教育来改造乡村社会,通过教育改变全国的乡村面貌。这话说出去,想必会有很多人会敬佩地说,真是具有"精卫填海"、"愚公移山"的精神啊,当然也会有很多人嘲笑他"痴心妄想,白日做梦"吧?

"筹募一百万元基金,征集一百万位同志,提倡一百万所学校,改造一百万个乡村",如果只看这几个数字,不了解的人还以为是后来所谓的"教育大跃进"呢。

是啊,这何以可能? 在中国当时这样一个复杂的环境下,国家大而穷,又是兵荒马乱的,政府没钱、农人更是贫病交加,这百万所学校的办学经费从何而来? 师资又从何而来? 场地从何而来? 而且,即使建造了百万所学校,如果不能为乡村社会服务,得不到农人的欢迎,农家子弟不来读或者读不起,结果不还是一场空?!

陶行知对此做好了充分的思想准备,他对于办学的艰难性看得非常清楚。在一次面对师范学生的演讲中,他说,不要把学校当作人生道路的临时客栈,也不要把教育当作职业选择的权宜之计,要有终身献身教育的精神,"教育是无名

---

① 徐莹晖、徐志辉编:《陶行知论乡村教育》,四川教育出版社 2010 年版,第 20 页。

无利且没有尊荣的事。教育者所得的机会、纯系服务的机会,贡献的机会,而无喜好名利尊荣之所言"。

为什么要选择这样一条充满荆棘与艰辛的道路?后来,陶行知在晓庄师范成立三周年时发表演讲说:"因为他爱人类,所以他爱人类中最多数而最不幸之中华民族;因为他爱中华民族,所以他爱中华民族中最多数而最不幸之农人。"①话是为晓庄师范全体师生而说,其实更是他内心的真实写照,也是支撑他一生献身教育的强大精神力量。

在这样炽热情感的支撑下,一切就有了动力。"有了爱便不得不去找路线,寻方法,造工具,使这爱可以流露出去完成他的使命。"从此之后,陶行知一心扑在教育上,过上了类似苦行僧的修道生活。"不要名,不要利,只要教育好;不怕难,不怕死,只怕教育不好。"

这精神理想焕发的神圣之光,一直照耀着陶行知今后的人生之路,虽苦犹甜。这是我们解读陶行知教育思想的主线,不理解这个,也就无从理解陶行知所实践的一切、所付出的一切。

每个人都有教育理想,尤其在年轻的时候。但是当理想遇到现实,很多人埋怨了,退却了,放弃了。而陶行知不是,这说明他心中的爱和信仰有多深厚!甚至有一次,陶行知在一次演讲中就控制不住地流泪:"心里就想到中国农民生活如何困苦,一般师范学校如何走入迷途,裨益农民子女之乡村学校如何稀少……以致没有说两句话眼泪就滚了下来……这是我第一次在讲坛上流眼泪,当时痛恨着急,不能制止,事后一想,为农民及乡村教育流几滴眼泪也是应该的"②。真是可敬又可爱!

在我们今天倡导"教育家办学"的浪潮中,在阅读这些大教育家的办学历程中,我越来越觉得信仰之重要,那就是对人民的爱与责任!

要真正为教育作出贡献,首先就是要审视自己的内心,有没有一种强大的精神信仰,内心是否装着平民大众,是以他们的幸福生活为指向,还是以个人得失为重,以挣钱搏名为要?如果没有一种精神信仰作指引,其教育之路终究还是走不远的。如果我们把教师这个工作视为一种职业,一种谋生的手段,自然也无可厚非,但是如果一个真正有志于教育事业的人,那就必须对此作出明确回答。

陶行知一直强调,当教师心里都应该有一个"理想的社会","大凡小学教员,没有改造社会的精神,便是很枯燥乏味的"。用我们现在的用词,就是心中要有愿景,工作才有奔头。

---

① 徐莹晖、徐志辉编:《陶行知论乡村教育》,四川教育出版社 2010 年版,第 158 页。
② 徐莹晖、徐志辉编:《陶行知论乡村教育》,四川教育出版社 2010 年版,第 32—33 页。

所以,当我们在提倡"教育家办学"时,首先要叩问的应该是:有没有远大的教育理想？有没有强大的教育信念？有没有为人民负责到底的精神？这是行走在教育之路必备的"明灯"。

正如陶行知说,"我们从事乡村教育的同志,要把我们整个的心献给我们三万万四千万的农民。我们要向着农民'烧心香',我们心里要充满那农民的甘苦。我们要常常念着农民的痛苦,常常念着他们所想得的幸福。"[①]

这句话真是感人肺腑！

## 三、建设适合乡村实际生活的活教育

### (一)创办乡村教育的基本思路

那么,面对当时中国社会这个烂摊子,怎么实现心中的教育理想、"建设适合乡村实际生活的活教育"？

作为知识分子,往往会有满腔热忱,但似乎又"手无缚鸡之力",只在一边干着急。但显然,陶行知不是这样的人。他的可贵之处,不仅在于有满腔的爱国爱劳苦大众之心,还在于真正具有开拓创新的精神,孜孜以求地寻找适合中国实际的教育之路。

陶行知是一个伟大的教育家,更确切地说,他是一个伟大的社会改造家。他不仅对教育有巨大的贡献,对于社会,尤其是推进农村社会的发展,以他一介书生之力,做了相当了不起的大事业。也诚如他自己所言:"教育为改良社会而设,为教育社会人才而设。"

围绕"建设适合乡村实际生活的活教育"这个办学目标,那么,到底要办成什么样的教育,办出什么样的乡村学校,这个"活教育"到底是什么样子的。在这里,陶行知显示了深厚的理论功底和科学理性的态度。办学绝不是凭一腔热情就可以成功,更不能盲目从事。

面对当时落后、复杂、动乱的国情,任何人都不可能有一套完整系统的方案,也没有先例可以模仿。所以要推进乡村教育,只能"摸着石头过河"。而这个"石头"是什么呢？

陶行知有一段名言,可以视为我们办学应该必读也是必记的内容:"要放开眼界,纵的看看,横的也要看看。从纵的方面,看看中国几千年的历史背景是什么？世界几千年的历史背景又是什么？再从横的方面看看,今天中国的社会背

---

① 方明编:《陶行知教育名篇》,北京教育科学出版社 2005 年版,第 73—74 页。

景是怎样？现在世界的潮流背景又是怎样？我们都要把它看得清清楚楚。""我们所以要这样办，要这样做，是把以往的社会背景，以往的教育走错了路，现在世界的潮流等等，看得清清楚楚，才决心这样办，才决心这样做的。"①

在梳理这个历史轨迹的基础上，所谓"摸着石头过河"，陶行知认为不妨借鉴美国杜威等教育家的做法，就是"试验"，"试他一试"，不要齐头并进，他们可以先去"探探路"。他的基本思路是：试验期—训练期—布种期，就是探索着找到方法，培养人才，不断推广，直至乡村学校布满全国。

试验的地点应该放在乡村基层，陶行知形象地说，种树栽花，下面安根，上面可以出头，才有活的可能。所以"最下层的工作是最重要的工作"，而这个最下层，就是要把教育下到乡村基层去，基层办学—培养人才—服务乡村。

旧教育根深蒂固，大多数地方根本就没有学校教育，教育普及的道路可谓任重而道远。在这里，我们对于陶行知提出的"社会即学校""生活即教育"也就特别可以理解了。"课堂里既不许生活进去，又收不下广大的大众，又不许人动一动，又只许人向后退不许人向前进，那么，我们只好承认社会是我们的唯一的学校了"。而他就是要改变这传统教育吃人的特质，要把教育变成"读活书，活读书，读书活"的教育，要让学生学成之后"做自己的主人，做政府的主人，做机器的主人"。

可见，陶行知不仅有着火热的热忱，更有着冷静理性的分析与研究。这样，乡村教育运动就有了清晰的近景、中景和远景。

### （二）乡村教育的突破口

首先，明确乡村教育的办学宗旨，就是一切以农民的福祉为出发点和归宿，谋农人之解放，求农人之福祉。最下层的乡村教育怎么开展，陶行知针对原有乡村教育的弊病，提出要"为农人服务，帮助农人解除痛苦，帮助农人增进幸福"。

为此，办学要着力突破两个难点：一是办学要尽可能省钱，"大众教育在现阶段一定要突破金钱关才能大规模的干出来"、"幼稚园要想在平民阶级里普遍起来，自非省钱不为功"。二是办学要以尽可能改善和提高农人的生活为要，"要用前进的生活来引导落后的生活"。这样，"必得用穷的方法去普及穷人所需要的粗茶淡饭的教育，不用浪费的方法去普及穷人所不需要的少爷、小姐、书呆子的教育"。如果用我们现在流行的话来说，陶行知就是要"办人民满意的教育"。

当然，这样办学的难度是很大的，就像一句通俗的话所言，"又要马儿跑，又要马儿不吃草"。但是针对当时现状，这也是没有办法的事情，所以只能、也必

---

① 徐莹晖、徐志辉编：《陶行知论乡村教育》，四川教育出版社2010年版，第173页。

须"凡做一事，要用最简便、最省力、最省钱、最省时的法子，去收最大的效果"。

其次，大胆试验与谨慎推进。陶行知虽然为农村教育而急切，但是他始终秉持着理性科学的态度。他告诫大家，在任何环境里面做事，不可过于激进。一定要有委婉的精神，千万不要搞轰轰烈烈的运动，以免乱砍滥伐。也正因为这个，虽然"我们在前面已经看到一线光明，不能说是十分有把握，但深愿'试他一试'"，这就是晓庄学校开头时取名叫"试验乡村师范学校"之由来。

第三，摆正自己的定位。陶行知强调指出，"我们应当拿我们思想来凑他们的实际，不要拿他们的前途来供我们的牺牲。农村是目的不是工具。我们是替农村指导正路的，不是要农民一味闭着眼，跟着我们走的。"①就是说，要做乡村教育的参与者、协助者而不是扮演"救世主"的角色或者是去"作秀"的。为此，他希望大家"能就事实生理想，凭理想正事实"，胸怀理想，脚踏实地，因地制宜，探索出一条符合中国国情的乡村教育之路。

"能就事实生理想，凭理想正事实。"这句话真是说得太好了，简直可以成为有志于教育改革人士的座右铭！

如果对陶行知创建乡村教育的思路作一个概括，那就是在科学先进的教育理念的指导下，扎根农村基层，由点及面，要以省钱而实用为原则，办出人民满意的教育。

# 四、创办晓庄师范学校

## （一）点燃乡村教育的火种

1926 年，陶行知以中华教育改进社名义向江苏教育厅发出申办乡村师范的公函。此时，他对学校性质、办学目的、培养目标、教学方法与内容都有了基本的构想。1927 年，在江苏省教育厅赞助下，陶行知负责的中华教育改进社决定成立试验乡村师范学校，校址选在南京神策门外老山脚下的小庄。

陶行知预备以这样的一所试验学校，当作一个楔子，到乡村贫瘠的土地里磨砺，准备为改造中国乡村社会打开一个口子。

一切都在努力走近那个伟大的理想。当然，这个过程非常艰难。

师范教育负有培养乡村教师、改造乡村生活的使命，所以培养数量不是关键，质量是关键。晓庄学校的宗旨是"要造就好的乡村教师去办理好的乡村学校"，这个"好的乡村教师"就是这些教师能真正懂得和理解乡村教育，富有高度

---

① 徐莹晖、徐志辉编：《陶行知论乡村教育》，四川教育出版社 2010 年版，第 18 页。

的使命感,真正扎根在乡村,安心为乡村服务,通过乡村改造乡村。

有一点是特别明确的,就是这个师范学校要在乡村的环境里训练乡村师资,在学生未毕业之前就要有用各种学识去作改造乡村的实习,学校教学要与当时乡村实际改造紧密结合起来,"舍去眼面前的事业不干而高谈将来的事业,舍去实际生活不改而单在书本课程上做功夫,怕是没有多大成效的。我们不要以为把师范学校搬下乡去就算变成了乡村师范学校。不能训练学生改造眼面前的乡村生活,决不是真正的乡村师范学校"①。

为了真正贴近乡村需求,就要力争"零距离"培养。因此,师范教育改革的第一要务是在乡村设立师范分校,"在乡村的环境里训练乡村师资";第二要务是以乡村实际生活为中心,加大实习力度,把眼前的乡村作为实习的场所,边受教育边实习,切实推进乡村改造,而不是把分校放在乡村就了事;第三要务是在劳力上劳心,教学做合一,拿生活作为课程,旨在使乡村学校与乡村社会和生活融为一体,使学校真正成为改造乡村生活的中心。

这所学校一出现,就代表了一种全新的办学风气。当然,要建设这样的学校,难度是非常大的。在乡村学习,在乡村工作,老师愿意么,学生愿意么?如果老师要从城里迁往乡下,家里能支持么?大家能吃得起苦么?这一系列的问题很琐碎,但是很现实。不能苛责谁有这样的疑问,因为那时乡村之落后陋俗,难以想象。

这个学校办得起来么?

### (二)独树一帜的招生要求

虽然学校连校舍都没有,一切还是空中楼阁,而这理想还要在贫瘠的乡村生根开花,估计这不是每个求学者都向往的师范生活。所以,人各有志,与其盲目进门,中途吓跑,还不如一开始就坦诚公布。

晓庄师范的招生简章独树一帜,很有意思,可以说,今后的办学目标和今后的学校生活已经一目了然:

培养目标:(一)农夫的身手;(二)科学的头脑;(三)改造社会的精神。

考试科目:(一)农工或木工操作一日;(二)智慧测验;(三)常识测验;(四)作文一篇;(五)五分钟演说。

本校准备:(一)田园二百亩供学生耕种;(二)荒山十里供学生造林;(三)最少数经费供学生自造茅屋住;(四)中心学校数处供学生实地教学做;(五)指导员数人指导学生教学做。

---

① 徐莹晖、徐志辉编:《陶行知论乡村教育》,四川教育出版社 2010 年版,第 21 页。

开学日期也表明此校有大不同之处，写的是"开学及开工期"。这个招生广告够坦诚，摆明了来这所学校是要"吃苦"的，而且毕业后还将继续"吃苦"。这样的广告估计能使很多人望而却步，但学校并不以此降低要求，似乎还挺"牛"，这个广告后面还特别声明："少爷、小姐、小名士、书呆子、文凭迷最好别来。"

陶行知曾经在一次演讲中阐述他对教育的理解，提出师范生应该具备的观念，其中很重要的一条就是：不要把学校当作人生道路的临时客栈，也不要把教育当作职业选择的权宜之计。只要进入师范学校，无论男女，都要把教育当作自己的终生大事，虽赴汤蹈火也在所不辞。

正是出于这样的想法，所以虽然当时战火纷飞，来投考的人也不多，但是陶行知还是要精挑细选，他是打算把这些人当作"种子"来培育的，自然不希望对方动辄半途而废。

因此，当有清华大学的学生意欲来报名，陶行知并不以为得了英才而喜出望外，而是去信再三提醒他，先给他泼冷水："您既有这种宏愿，我就应当把个中的甘苦明明白白的告诉了您，还望您慎重考虑一番，再行决定。田家生活是要蛮干的，您愿意吗？您能打赤脚在烂污泥里奔走吗？你不怕把雪白的脸晒的漆黑吗？您不怕软手上起硬皮吗？您不怕在风霜雨雪中做工吗？你不怕挑粪吗？你愿意和马牛羊鸡狗猪做朋友吗？"①

陶行知的意图是明显的，他既然存着一个宏愿，当然不想只是培养几个师范生而已，而是希望他们像"火种"，燎原乡村教育新天地。所以，学生对学校愿景的认同感和心理准备就显得非常重要。这样的去信，这样的招生简章，算是"把丑话说在前头"，直截了当地挑明了说，够痛快！

看了这个招生简章，真是令人感慨。最近，我国多所名校在搞自主招生。以清华为代表的"华约"、以北大为代表的"北约"、以北京理工大学领衔的"理工联盟"，这些自主招生联盟引得学生蜂拥而至，"争抢席位"。

但有谁去过问这个"匹配"问题？这所学校欢迎的是什么样的学生，什么样的学生适合读这样的学校，似乎大家都不关心，学生能挤进名校就好，名校能招进优秀学生就行。著名的成功教育倡导者、上海市闸北区新八中校长刘京海对此也提出了批评："自主招生的根本目的，应该是高校能招到与自己办学理念一致的学生，学生找到与自己发展目标一致的学校，是使原本的高考体制中无法选出来的特色学生得到受高等教育的机会，而不是现在比高考更难、加重考生负担的'小高考'。"②

---

① 王一心：《最后的圣人》，团结出版社 2010 年版，第 244 页。

② 仇逸、俞菀. 新华视点：高校联考三问［EB/OL］. http://news. xinhuanet. com/school/2011-02/22/c_121106633. htm 2011-02-22

与晓庄学校的招生简章比一比,是不是会让人很有感触?

## (三)学校在战火纷飞中开学

学校奠基礼是隆重的,那天是立春,很有寓意的日子。

前来参加典礼的嘉宾有五百人之多,人们看到的不是穷乡僻壤,而是可能代表美好前景的未来。这可见陶行知和他的同志们的影响力,这是他们努力的结果,一所凭空起家的新学校要赢得社会的关注与支持殊为重要。

晓庄师范开学那天,正是战火纷飞,北伐军离南京城已不远了,空气里弥漫着硝烟的味道。虽然担心影响报到情况,但学校还是"誓与村民共休戚",投考开课按预期举行。而另一方面,陶校长的工作又做得非常细致,譬如通告中详细告知学生来校报到的行走路线,生怕大家迷路。

前来报到的学生只有十三人,还是赶来看热闹的村民多,这实在是令人沮丧,十三人就能构成一所师范学校?!离"一百万位同志"的目标更是"杯水车薪"!但陶校长还是非常高兴,"我们教一个学生和教一千个学生一样的起劲,因为如果这个学生是个人才,他对于乡村教育必有相当的贡献。一个人是千万人的出发点"[1]。

是的,能不顾战火纷飞的危险,赶来入学,可见内心是如何的认同学校的办学理念,其中有从清华退学的学生,有从中华书局中层职位辞职的人,都可谓英才,而且有二十多人因故赶不到的,则托了人或写信来请假要求日后补考入学。积极回应乡村教育的呼唤,其诚意可鉴! 所以,连当时的媒体都感到了其意义所在,《申报》发表评论说,"竟有数千百里外,不避艰难、不顾生死远道而来,殊可令人注意"。[2]

当时出席开学典礼的,有东南大学教授陈鹤琴,他被聘为晓庄学校第二院(幼稚师范院)院长,他可是有霍普金斯大学学士、哥伦比亚大学硕士学位的;第二院(小学师范院)院长赵叔愚,也是哥伦比亚大学硕士毕业。所以,晓庄学校表面虽不起眼,但是师资力量相当了得,可以说也是国内同类学校中顶尖的吧。

显然,当时在民国初年,像陶行知一样开过大眼界,回国有好前途,但却一心关心民间疾苦,矢志献身于艰苦的乡村教育的知识分子,按海归人数比例来说还真是不少,令人感佩。

当这十三个学生来到晓庄,没有校舍,没有教师,可以说,连一点学校气息都没有。但是学生没有这种"被忽悠了"或者"赶紧卷铺盖回家"的想法,他们来之前已经有了充分的心理准备,更重要的是认同了这所学校的办学宗旨,这是

---

[1] 徐莹晖、徐志辉编:《陶行知论乡村教育》,四川教育出版社 2010 年版,第 52 页。

[2] 智效民:《六位教育家》,湖北人民出版社 2008 年版,第 92 页。

他们在读招生广告就开始有了心理准备,所以,这个招生广告就是很好的沟通方式。

乡村教育扎实的第一步,通过招生简章实现了。

不难发现,那些教育家办学,他们的起步、那学校的规模真是令人惊讶,晓庄学校是十三人,杜威的芝加哥大学实验学校也好不到哪里去,就十六人,都真是少得可怜啊。但是所有人的心里都装着那个伟大的愿景,谁能否认这学校的意义呢?

可叹当初连一班规模都谈不上的学校,至今仍熠熠生辉,照亮无数人的心灵。

有个蛮流行的职场故事不妨在此作个介绍:有个人经过一个建筑工地,问那里的建筑工人们在干什么? 三个工人有三个不同的回答。第一个工人回答:"我正在砌一堵墙。"第二个工人回答:"我正在盖一座大楼。"第三个工人回答:"我正在建造一座城市。"十年以后,第一个工人还在砌墙,第二个工人成了建筑工地的管理者,第三个工人则成了这个城市的领导者。

的确,一个目光远大,有理想,有人生奋斗目标的人,是不会被眼前的困境所吓倒的,其精神状态显然是完全不一样的。

# 五、探索新的乡村办学模式

## (一)构建乡村教育组织体系

陶行知作为校长,对办学事项一直亲力亲为,这一点和他的老师杜威不同。杜威对实验学校,更多的是类似大学教授对中小学的现场指导,更重宏观和整体性。而陶行知则是白手起家,事无巨细都要操心。学校是需要一日日地运作下去,所以事务与管理也自然需要天天未雨绸缪。

晓庄学校开办后,陶校长真的是事必躬亲,将计划一项项付之于实践和实验。在他办晓庄学校的第三年,他带头订下的计划,至少有七个团体计划与六十多个个人计划,这些不仅仅是进度表,更是他作为校长,为更快地接近学校愿景而寻求的详细路径。在《试验乡村师范学校答客问》一文中,陶行知基本勾画出了新的师范学校的框架,连茅草屋住几人,厨房、菜园的位置都考虑到了,可见其可操作的程度到了何等仔细的地步!

陶行知拟定了《试验乡村师范学校组织大纲》、《乡村师范学校董事会章程》,其中规定,董事会为学校的最高权力机构,下设执行、研究和监察三个部。执行部部长为校长,执行部下分设第一院(小学师范院)、第二院(幼稚示范院),

院长由校长推荐，董事会聘任。两院之下各设若干个中心学校，作为"训练乡村教育人才中心"。研究部设部长一名，研究院若干名，部长由校长聘任，其职责为研究本校一切改进事宜。监察部设部长一名，监察员若干名，由董事会聘请校外同志担任，其职责是"监督本校一切实施状况及经济出纳"。晓庄学校各科教师称为指导员，其他职员由学生充任，实行师生集体治校制度。中心学校校长和教员，由师范生轮流担任，五人一组，任期半年。

同样，陶行知的"中心小学"也不是我们现在理解的这个概念。它不是几所小学的"中心"，更不是它们的"领导者"，而是乡村生活的"中心"，是改造乡村生活的"中心"，对乡村生活起着引领和辐射作用。

看其中几所中心小学的定位，我们会很容易将其理解为现在的"师范附属小学"。而关于这个问题，陶行知在《试验乡村师范学校答客问》一文中作了否定的回答："平常师范学校的小学叫做附属小学，我们要打破附属品的观念，所以称他为中心小学。中心小学是师范学校的主脑，不是师范学校的附属品。中心小学是师范学校的母亲，不是师范学校的儿子。中心小学是太阳，师范学校是行星。"①

这个教育观念真的是非常先进，因为角色定位不一样，其日常的工作就会大不一样。就像我们评价教师上课，教师的课上得再精彩，如果没有学生的发展，那显然还不能算是一堂好课。同样，如果师范学校没有围绕小学来办学，那搞得再热火朝天又有什么用？！

看到这样的学校管理框架，想必我们会非常感慨，这是多么规范而又科学的办学，如果不是因为当时战火纷飞的背景，这个学校将会发展得多么美好！而从中也可以看出，即使在这样的背景下，陶行知对办学还是这么的一丝不苟。也许在有些人看来，只有这么些人的学校，何必这么"大动干戈"呢。

## （二）校训："教学做合一"

可以想象，当时的办学可谓既劳心又劳力，艰辛异常。一是当时物质条件极差，战火纷飞，地处一穷二白的农村；二是要改造原有的师范教育，很多事情，包括课程、教学计划、培养方式，都要根据教育目标重新制定。

要以教育救国，师范学校的办学思路非常明确，针对旧教育的弊端，新的培养方向应该是"我们深信乡村教师要用最少的经费办理最好的教育"，就是懂得"用最少的金钱，办最好的学校，培植最有生活力的农民"。而这个"最好的学校"应该是"或得乡村教育，要教人生利。他要叫荒山成林，叫瘠地长五谷，他要

---

① 徐莹晖、徐志辉编：《陶行知论乡村教育》，四川教育出版社 2010 年版，第 50—51 页。

教农民自立、自治、自卫"，"培养出能文能武的新农民"，所以作为乡村教师自身就必须具有"农夫的身手，科学的头脑，艺术的兴趣，改造社会的精神"。

面对当时的社会环境，陶行知希望大家开动脑筋，有钱办学不算稀奇，把没有钱的学校办得精彩，才算真本事。新的师范学校围绕这个培养目标，开始了全方位的创建。围绕这个预定的目标，晓庄学校的全部课程就是全部生活，概括起来有五门：中心小学生活教学做；学生自动的教学做；院务教学做；征服天然环境教学做；改造社会环境教学做。

因此学校的校训就是"教学做合一"这五个字。

第一，中小学活动教学做。就是在指导员的指导下，由师范生去办小学、教小学。第二，院务教学做。除了挑水的校工，师范学校的其他事务都是由学生完成。第三，征服天然环境教学做。农事、木工、生物、农艺等都要学习做，还要每星期去访问农民一次。第四，改造社会环境教学做。这项内容包括村自治、民众教育、合作组织、乡村调查和农民娱乐等。晓庄小学在它的周围乡村设立了七所中心小学、三所中心幼稚园、一所乡村医院、一个中心茶园，还有晓庄剧社、乡村救火会等等，都是由师生共同承办。陶行知还亲任社长，并曾创作剧本及登台演出。第五，学生自动的教学做。这部分活动是学生自己计划和决定的。

为了使办学富有成效，学校还有一个创新之处是，学生毕业是没有文凭的，要到毕业之后，服务了半年，有了好的成绩，才授予证书。学校也不是让学生毕业就算完成任务，而是设巡回指导员来加强联系。这个做法也是围绕办学目的来定的，因为学校的目的不在于培养多少人，而在于培养的人为社会发展发挥多大的作用。这个办学理念够先进吧?!

学校的根本方法是："以教人者教己"。陶行知认为，"为学而学"不如"为教而学"。更有质量。因为你要教别人，自然自己先要"弄得格外明白"，"为教而学"必须设身处地，努力使人明白，既要努力使人明白，自己便自然而然地格外明白了。陶行知希望教师能够把教与学结合起来，让学生学会自己学习，他曾将"以教人者教己"作为晓庄学校的根本教育方法之一。

这一点我们在教学实践中，深有体会。现在有的学校上课，就是让学生预习后先讲解，这样会比老师直接开讲，学生更有积极性，也更有学习效果，是一样的道理。

显然，陶行知希望晓庄学校是一颗火种，不仅仅只点燃，更重要的是照亮，要把周边农村的生活从各个方面都提到一个新的高度，尽可能改善乡民的生活。晓庄学校先后招生一百几十名，但是它的影响力是巨大的，不仅是精神，也是方法，更是境界。

### (三)身体力行,改造环境

在这样艰苦卓绝的办学环境里,陶行知内心有着坚定的信念,学校该有的照样有,没有的也一定要创造。而头一条要做的,首先是要把这个信念、这个精神的力量传递给学生。

虽只有十三个人,但照样有庄严隆重的开学典礼。典礼上,陶行知满怀激情地发布演说:"我们在这空旷的山麓行开学礼,实在是罕见的。要知道我们的校舍上面盖的是青天,下面踏的是大地,我们的精神一样的要充溢于天地间。"①多么豪迈的气概!

学校就该有学校的样子,要想改造社会环境,首先从自身做起。陶行知积极改造学校环境,让学校变得富有教育意义,即使这所学校无论是校舍还是规模,都是那么的"说不出口",但是这并没有什么,陶校长说了,"那些有四十二套桌椅和一个大讲台的场所,未必是真学校"。

小庄改名叫晓庄,晓庄是破晓的晨曦,是中国乡村的新生命;老山改名为劳山,提醒大家要在劳力上劳心。校舍虽然都是茅草屋,但是名称照样很有教育意义,大礼堂叫"犁宫",图书馆称为"书呆子莫来馆"。真是非常有幽默感!

学校师资从何而来?"本校只有指导员而无教师,我们相信没有专能的老师,农夫、村妇、渔人、樵夫都可以是我们的指导员,因为我们很有不及他们之处。我们认清了这一点,才能在广漠的乡村教育的路上前进"。

作为一个未来的乡村教师,要能够安心在乡村工作,就必须培养适应乡村生活的能力。那么,教学内容就以乡村实际生活为中心来勾画。陶行知为学校写了一副对联,贴在犁宫(大礼堂)门口:"和马牛羊鸡犬豕做朋友,对稻粱粟麦黍稷下功夫。"他还进一步提出明确要求,"不会种菜,不算学生","不会煮饭,不得毕业"。

当然,在这里我们要明确的是,陶行知不是想把大家改造成真正的农民,如果仅是这样,那么师范教育也就没有存在的意义了。他的目的很明确:乡村教师要想"化"农民,自己就先得农民化。

"如果你不肯向你的学生虚心请教,你便不知道他的环境,不知道他的能力,不知道他的需要;那么,你就有天大的本事也不能教导他。"另一方面,师范生如果没有能力在乡村扎根,那么理想也就成了空谈。我们可以看得出来,学校所采取的一切举措,每一步都是紧紧围绕既定的目标去设计的。

所以有一次,陶校长还与两个叫花子谈得高兴,请他们来教大家如何捉蛇,

---

① 智效民:《六位教育家》,湖北人民出版社 2008 年版,第 92 页。

并开展实地教学。几天后，连最胆小的女学生也不怕蛇了。会捉蛇了，然后陶行知让老师给大家上关于蛇的生物课。

学校虽然小得不能再小，但是学校比别的学校更有生气和活力。每天一早都举行寅会，有点像我们现在中小学的"晨会"或者周一早上的"国旗下的讲话"。主持人报告当天做的大事以及外面来的函电内容，主持人由师生轮流担任，会前还要唱歌，以激发每个人奋发前进的意志。寅会后来就被称为"文化早餐"，也真的是名副其实。陶校长在寅会上的多次演讲，也就成了其教育理论的重要组成。每周六的下午或晚上还有"周会"，又称"生活周会"，内容主要是议论本周教学与工作情况，布置商议下周工作。

学校虽简陋，但是沟通的渠道照样通畅。虽然师生人少，食宿在一起，交流机会很多，但学校还是创设了专门的交流渠道，来听取大家的看法与建议。在学校办公室前门的桌上，陶校长专门放了一本簿子，上书"人生问题"，并在旁边放有通告，欢迎大家将遇到或存疑的任何问题写在簿子上，拿到周会来讨论。

陶校长认为学校要以生活为中心，他称之为"活学校"。办学要公开，要把学校生活放在阳光底下，让大家都能看到，师生关系亲如一家，这样大家才愿意把孩子送进来。所以，对于学校管理，陶校长强调要让学生来参与校务工作，包括学校的校际往来、图书馆管理，培养实践能力等等。在他的倡导下，很多小学迎接来访者的欢迎会，都是由小学生来筹备和主持的。

乡村教师要有理想、有思想，但如果长期待在农村，肯定会有"精神上的沙漠"之感。因此，晓庄学校努力建设校园文化，主办了《乡村教师》周刊，旨在使"小的村庄愿与大的世界沟通"。

校舍是开放的，可以给全体村民公用。村民要搞什么活动，都可以借用学校的校舍场地。到了夜里还有村民夜校，这个夜校是由教师来主持，也逐渐从村民中培养出能干的人来协助夜校工作。

陶校长要求学生到田间去，到农家去，与农民做朋友，同时进行乡村生活调查，设立民众学校、平民读书处，开展扫盲互动，传播知识与常识，开办医院及合作社，为村民服务，还组织农人与师生开展联村运动会，并请了几位大人物，如大学院院长蔡元培、副院长杨杏佛及吴稚晖等参加，想必这个场面会非常热闹有趣。

这样，学校和农村日渐融合，并在其中引导并为农村生活谋福利。这是一座真正没有围墙的学校，以至于日后当局查封晓庄学校时，军警拿着封条都不知该怎么封了。而晓庄学校与周边乡村组织了联村自卫团，算是坏了土匪的"生意"，所以土匪都要来威胁一下，到学校投下恐吓信。也正说明学校与乡村联系之紧密！

以晓庄试验乡村师范学校为切入口，中心小学、幼稚园、民众夜校、中心茶园、乡村医院、农业科学馆、联村救火会先后兴建。后来，又有了湘湖师范、江苏新安小学、河南省立百泉师范学校。当然，还有陶校长的学生奔赴各地创办的学校。

一切都向着预定的愿景，在紧锣密鼓地推进。

# 六、办学不是闭门造车

如何"建设适合乡村实际生活的活教育"？这是一个探索的过程，一个研究的过程，更是一个实践的过程。陶行知知道，"这不是一说就可以成功的，必须要用科学方法去试验，用科学方法去建设，对于种种，都要问一个究竟，彻底搞清楚"。在这个过程中，他体现出一个学者严谨的作风和科学的态度，更体现出一个社会改革家的风范，使办学具备了扎实的群众基础和社会影响力。

## （一）深入的考察调研

陶行知一方面积极投入办学工作，一方面抓紧时间到办学有成效的学校考察。他的考察非常仔细，譬如考察江宁县立师范学校、无锡小学，就与师生共同用餐，查看学校的各种表册，有的内容还详细记录下来。

譬如对南京燕子矶国民学校的考察，就深入研究学校取得初步成功的原因。陶行知认为该学校，一是办得经济省钱，二是能影响周边环境，和乡民融洽相处，不但教人知识，更教人做事，在做事中改造自己，也改造社会，并把良好的卫生习惯传递给了乡民。三是能因地制宜，真正为乡村服务。譬如考虑到当地河流多，孩子容易发生溺水事件，学校在星期日就只放半天假，也不放暑假，以让家长安心做农活，学校此举就深得民心，赢得好评，在当地迅速站稳脚跟，学生人数不断增加。

陶行知还发现该校"去年女学生寥寥无几，今年因丁夫人之教导，已经有三十余人了"。丁夫人是校长的夫人，为此陶行知深受启发，认为丁校长能专心办学，与夫妻两人的齐心协力是分不开的。所以他说，"他们所组织的简朴家庭同时是乡村家庭的模范。我想未来的乡村学校最好是夫妻合办。"为此，他还写了通俗易懂的一首诗，以作倡导："男学生，女学生，结了婚，做先生。/那儿做先生？东村或西村。/同去改旧村，同去造新村。/旧村魂，新村魂，一对夫妻一个魂。"

陶行知也是有这样的设想，就是"以学校化学校"，以办得好的学校示范带动周边学校的发展。后来，几所经过考察获得好评的小学，就被特约为晓庄学校的中心小学。

显然,因为陶行知不断地思考、不断地调研,他的办学思路更加充实,并越来越具可操作性。所以作为校长,多看多听多观察多思考,不急于求成,是非常重要的一环。

### (二)从组织和专家中借力

中华教育改进社是以陶行知为代表创建的,该社汇聚了一批拥有共同理想的教育人士,由著名教育家蔡元培、范源濂、黄炎培等任董事,美国教育家杜威、孟禄担任名誉董事,陶行知担任总干事。他们还成立了研究部,联合了大学教授,以研究的精神来扎实推进乡村教育。所以,陶行知在乡村开展的教育改造,就不是"一个人在战斗",也不是在闭门造车,不但与理论最前沿时刻保持着联系,而且自身就是教育最前沿的一部分。学校发挥了一个凝聚—传播的强大作用,也体现着从理论—实践—理论—实践的不断往复提升的过程。

在晓庄学校成立半年后,陶校长就为在加拿大举行的世界教育会议递交了一份题为《中国乡村教育运动之一斑》的报告,对南京的乡村教育运动作了介绍。晓庄学校就这样引起了国际教育界的关注,国际自由平等同盟会派人来参观,陶校长的老师、哥伦比亚大学克伯屈教授也专程前来考察晓庄师范,他甚至将晓庄校歌《锄头舞歌》带回美国,交由著名歌唱家罗伯逊翻唱并灌制成唱片。陶校长积极参与社会活动,曾以"国民外交使节"的名义出访二十八个国家和地区,并出席"世界和平大学"、"世界新教育会议"第七次年会、"世界青年大会",使中国的乡村教育运动影响更为深远。

陶行知通过不断的调查研究,全面梳理着乡村教育的实践探索与理性思考,并通过提交中华教育改进社年会讨论,唤起更多人对乡村教育的关注与支持,并进一步统一思想与认识。又通过教育改进社设立特约乡村试验学校,使更好的理念与做法落实下去,并作为"样板",以"星星之火""燎原"中国乡村大地。

陶校长还通过中华教育改进社的安排,又聘请了专家到沪宁一带考察乡村学校,来作为改进乡村教育的参照。如丁兆麟先生仅在无锡就考察了二十多所小学,并把相关的信息带回来,又对个别小学作进一步的重点调研。

### (三)用宣讲与论著赢得更多支持

陶行知一方面深入乡村教育第一线,另一方面源源不断地撰写文章,开展演讲,为全面推进乡村教育提供方向和指导。仅在 1926 年 10 月底,就连续发表《创设乡村幼稚园宣言书》、《中国教育改进社改造全国乡村教育宣言书》、《我们的信条》、《中国乡村教育之根本改造》、《试验乡村师范答客问》等重要文章。

他还写了《介绍一件大事——给大学生的信》,恳请大学生看清国家未来的需要,早日下乡来,"和我们共同挑起这个担子"。在他的感召下,像清华大学的学生、上海爱国女子学校任教的教师,都来投考晓庄师范。他还通过多种平台,如师范学校、大学等各种教育会议,宣传乡村教育及其办学理念。又因为看到庙会在中国乡村具有很大的影响力,所以也曾特派职员赴庙会举行同乐会及演讲会,以唤起村民对自身教育的兴趣。

当他发现大家,学校里的师生包括社会上对"教学做合一"的理解有误,譬如把教学做分成"教"、"学"、"做"来写,他就特意在晓庄寅会上来谈这个问题,希望大家有更清晰的认识与落实。但陶行知并不是以自己的意见置于别人头上的人,当别的学校把"教学做合一"改成"做学教合一",他倒觉得"这是格外有意思的"。

"一次有一位朋友告诉我说:'你们在劳心上劳力的主张,我极端的赞成。'我说:'如果是在劳心上劳力,我便极端不赞成了。我的主张是劳力上劳心,不是在劳心上劳力。'"这个意思就非常明确了,中国传统是把人分成劳心者和劳力者,陶行知看到了其中的弊病,所以强调实现两者有机的结合,就是从农民角度出发,劳苦大众通过教育增长才智,进而减轻劳动负担并获得身心解放。

在宣讲的过程中,陶行知一切从实际出发,凡事但求实效。作为一个留美博士、大学教授,他可谓是满腹经纶,学识渊博,但是面对不同的对话者,他尽力选择对方易于接受的表达方式。

譬如他写给江苏省省长的信函,行文严谨规范,用词精辟扼要,显示了很高的文化功底。但是更多的文章,尤其是面向公众、学生的演讲内容,就会非常通俗易懂,绝对没有什么华丽的辞藻,更没有卖弄之意,反而加入了许多生活例子,来使人们更好地领会他的思想。

譬如他批评已往教育所犯的错误,归纳为三种病:一是把放弃或忽略弱势群体的做法称之为偏枯病;二是把坐而论道的做法称之为守株待兔病;三是把民众置于教育最末的做法称之为尾巴病。对于现实问题的观察和提炼,既切中时弊又极为简约而到位,在宣讲中非常利于被理解、被记忆。

再譬如讲到"生活即教育"和"教育即生活"的不同,他就打了个比方,前者就像"鸟在林子里",后者就像"鸟在笼子里"。为了说明什么是"在劳力上劳心",他就通俗地说,就是要"如何用烧饭的书,用别人烧饭的经验,使自己所烧的饭,既合口味,又合卫生"。又如讲到社会生活要与教育相结合,教育如何促进生产,像老农种棉花,收成不够好,如果用科学方法来条播种,就能提高产量,陶行知就打了个风趣的比方,"男女两人结婚以后,就要生小孩,棉花和教育结婚之后,也要生东西。他们结婚之后,那么棉花要生得好,生得多"。

陶行知有一首诗也写得很风趣而通俗:"老孙!老孙!/校长招你来/当个师范生/西天保谁去取经?/小朋友是你的唐僧。"还有对学生关于书呆子的提问,也回答得非常巧妙,通俗易懂。学生问,书本是人生工具的一种,为何有人说读书的叫"书呆子",这不是使人都不读书而后快么?陶校长回答道:"书呆子就是读书没有目的的人。我平时尽力劝人不要做书呆子。书是一种工具,只能用,不可读。比如筷子是吃饭的工具,假使我们对于筷子,不晓得拿来用,却对着它'筷子、筷子'的念,那不是'筷呆子'了吗?"[①]

陶行知的很多文章,都非常通俗易懂,有些像和你谈心一样,有些则类似日记形式,都围绕着教育、办学,都不是什么深奥的道理或者拗口的名词,却令人感到非常亲切。苏霍姆林斯基的文字也很平易近人,当然两人的视角是有所不同的,陶行知重在办学,苏霍姆林斯基重在学校教育教学工作。

陶行知经常有一问一答的文章,大都是师生对一些问题的探讨的记录,陶行知一边办学,一边不断地疏通着大家的思想,使大家统一思想。这也是他办学中一直在做的事情。

1932年,国民政府开始实施会考制度,鉴于对学生身心健康的损害,陶行知对此进行了严厉的抨击,"赶了一考又一考。……一连三个考赶下来,是会把肉儿赶跑了,把血色赶跑了,甚至有些是把姓名赶跑了。在学生们赶考的时候,同时是把家里的老牛赶跑了,把所要收复的东北赶跑了,把有意义的人生赶跑了……换句话说,是把中华民族的前途赶跑了。"话非常通俗易懂,内容一针见血。

这些努力没有白费,乡村教育运动迅速唤起了社会各界的关注与热忱。譬如蔡元培、冯玉祥等都曾到现场参观并发表讲话,各界人士也纷纷以各种形式表达对乡村教育的支持。

国内教育界来晓庄学校考察的人或团体就更多了,陶校长和他的师生也不时被邀请去其他地方办学施教,尤其到了暑寒假,这样的函电更多。他们真的像陶校长所期望的,成为点亮各地农村教育的火种。这个时候,你就不得不承认陶校长的远见卓识了,因为这些人是那么的"服水土",服农村的水土,根本就不要一个适应农村生活的过程,他们有知识、有文化,能迅速与农人打成一片,有在农村生活的能力!

也许,当最初陶行知提出"筹募一百万元基金,征集一百万位同志,提倡一百万所学校,改造一百万个乡村"这个倡议时,连现在的我们都会觉得他过于理想化,但是按照晓庄学校这样的发展势头,我们不得不承认这是有可能的,如果

---

① 徐莹晖、徐志辉编:《陶行知论乡村教育》,四川教育出版社2010年版,第127页。

放在和平年代,那一定是可以实现的。

那说明什么问题?说明陶校长开出的"办学处方"到位!当时的教育非得这么办不可!

但是在这个乱世里,办学条件总是恶劣!这样苦心孤诣打造起来的晓庄学校,才三年时间,就因被指为图谋翻盘之名,一夜之间被军警查封。而陶行知则被政府通缉、四处潜逃、流亡日本,经历人生中的一次劫难。

# 七、在务实中求创新

我们对陶行知的阅读与理解,一定要放在当时的时代背景下去进行,这样才能更深入地理解他的所思所想所作所为,也才能为从事现在的教育获得更多的启发与感悟。

## (一)真正的指南针是生活

陶行知一方面积极推进乡村教育,一方面通过调研反思,针对发展中的问题、人们认识中的误区,不断撰文分析、澄清、提醒,以引导乡村教育往更好的方向发展。实质上,这个乡村教育发展的过程,也就是他倡导的"教学做合一"的具体体现,一边学习研究,一边推进实践,一边积极传播普及。

譬如,大家对陶行知的几句名言非常熟悉,"社会即学校"、"生活即教育"、"教学做合一"。由于把杜威的"学校即社会"、"教育即生活"换了个位置,我们的不少文本以此描述陶行知"敢于挑战权威"、"不唯师"之类的话,好像把他描绘成一个勇于革新的勇士。但这还真是一种粉饰的方式,不是根本的东西。根本的东西是陶行知心里装着人民,装着中华民族,一切只为是否有利于社会的发展。他在教育实践中的诸多创新,并不是喜欢花样翻新或者标新立异,而是他对于中国教育现状的深刻剖析和亲身实践中得来的。

陶行知谈到自己的这个转变:"'教育即生活'是杜威先生的教育理论,也是现代教育思潮的中流。我从民国六年期便陪着这个思潮到中国来。八年来的经验告诉我说:'此路不通'。在山穷水尽的时候才悟到教学做合一的道理。所以教学做合一是实行'教育即生活'碰到墙壁头把头碰痛时所找出来的新路。"①

的确,因为按当时社会的动乱情况,根本难以很快办起很多学校;而当时中国的学校少得零星,根本没法通过学校来做教育普及工作;而少得零星的学校

---

① 孙培青:《中国教育史》,华东师范大学出版社 2000 年版,第 471 页。

底子又是如此薄弱，根本没法开展系统的改革。"我从前也是把外国教育制度拉到中国来的东洋车夫之一，不过我现在觉到这是害国害民的事，是万万做不得的。我们现在要在中国实际生活上面找问题。""课堂里既不许生活进去，又收不下广大的大众，又不许人动一动，又只许人向后退不许人向前进，那么，我们只好承认社会是我们的唯一的学校了。"

所以，在陶行知看来，什么都是"我们只问是非好坏，不问新旧宽严。是的、好的，虽旧必存；非得、坏的，虽新必除。"如果说，这样做是一种精神，那肯定也不是敢于挑战权威的无畏精神，而是本着实事求是的科学态度，"我和诸位同是在乡村里摸路的人。我们的真正指南针是实际生活。"他一直在提醒大家不要盲目地、囫囵吞枣地抄袭外国制度，而要运用科学方法建设适合本国生活的教育，而这唯有"虚心的态度、精密的观察、证实的实验"，才能作出创造性的工作。

而提出"教学做合一"，就是针对当时社会的迫切需求而来。譬如，晓庄也开办过乡村妇女教育，但几次都失败了。试想，当时妇女连养家糊口都操心不过来，哪有闲心读书写字呢？！陶行知对此有过深刻的反思："哪里知道吃着早饭愁着中饭的农人何能与你赛跑？""便决定改变方法，以生利训练为中心，而以文字和别种训练为副。现在试验期短，尚不能有具体成效，但似乎是一条比较可以走得通的路。"

所以，学习陶行知的办学，归根到底是要学习这种科学务实精神，在务实中求创新，而不是照搬照抄，或者把注意力放在要挑战哪个权威，这实在是"作秀"的事情。"我们最初拿到晓庄来试验的要算是教学做合一的理论了"。

陶行知一直牢记着办学的初衷，那就是如何通过教育，为落后贫困的乡村、农人、儿童谋求最大的福利。他所做的一切都是围绕着这一点来进行，他所努力探索的都是在设法怎么才能更快更好地接近这个目标。譬如他在师范生的培养中，为何要让学生学习烹饪、学习耕田养牛，就是希望未来的教师能有扎根农村的生活技能，这是由当时的社会背景所决定的。并不是我们现在所定位的，把这个当作调剂学习生活的"调味品"或者只是增加一点生活乐趣。当然，我们现在这样的定位也是对的，虽然目的不同，形式类似，但这都是根据实际情况来开展的，都是务实的表现。

当时无论是老八股还是洋八股，依然与民众生活毫不相干，不但传统教育脱离社会生活，当时教育之极端不普及的问题更是严重。当时国内引进了道尔顿制，颇为引人瞩目。但是陶行知并不认为完全可以推行。他认为，道尔顿制虽比旧式学校要自由些，更尊重学生的自主性，但还是太看重了书本，也更适合初中以上，"人家怎样做，我也怎样做，而不求其所以然，便是无意义的做"。

如果我们能够如眼下流行的词语"穿越"一样，回到陶行知的时代，去感悟当时的社会环境,我们就会由衷承认他的提法是如此务实,所以也就如此的科学。

## (二)不拘一格办教育

在务实的前提下,为了民众尽可能获得教育,所以陶行知注重灵活多样地办学,并非设有课桌椅和讲台,才算是一所学校。

他呼吁大家可以随时随地学习,"连坟墓都可以成为我们的课堂。谁能说庙行的无名英雄墓和古北口的'支那'勇士墓不是我们最好的课堂啊?"也可以通过"即传即学"方式更多更快地传播教育。

他时刻关注生活细节,发现他的小儿子在哥哥的帮助下,居然很快学完了第一册课本,就深受启发。儿童学完一课,就可以教别人一课,因此命名为"连环教学法"予以推广,以便缓解师范生教员不足的困难。

在陶行知眼里,所有的人都是平等的,值得尊重的,他真心视儿童为一种重要的教育力量。他曾说,教师要进行自我教育,就要请"第一流的教授",以及有真知灼见、肯说真话、敢驳假话、不说谎话的人。而陶行知认为,在所有的老师中有两位最伟大的老师,就是老百姓和孩子们。

后来,晓庄学校被国民党当局查封后,学校教师和师范生都不能回晓庄小学任教,晓庄小学的小学生就自己组织起来,推举同学做校长,开展自我教育,并称为"儿童自动学校"。陶行知得知后,非常高兴,并风趣地赋诗一首:"有个学校真奇怪,大孩自动教小孩。七十二行皆先生,先生不在如学在。"[1]有趣的是,学生还回信说:这首诗有一个字要改。大孩教小孩,小孩为何不能教小孩?陶行知就将诗改为"小孩自动教小孩",很风趣地把这事称之为"黄泥腿的小孩改留学生的诗"!可见,陶行知在办学过程中,他的教育思想已经深深影响了他的师生们,由此培养出热爱学习并颇具独立能力的好孩子!

晓庄学校里出现学生恋爱事件,一对热恋中的男女学生一同骑了小毛驴回校,这在当时被周围群众看作是伤风败俗之事,甚至传到了教育部部长那里。学校师生也议论纷纷,但陶行知认为,凡是生活中遇到的问题,都是教育的内容,这就是生活即教育的真谛。为此,他引导大家就此事展开讨论。他自己也亲自参与进来。陶行知说:"恋爱本是一件极平庸而极重要的事,我们应该公开地诚实地讨论,才不致走入歧途。中国习俗,家庭间、学校都不敢谈这个问题。全国学校中,师生坐在一堂来谈论它,晓庄恐怕是数一不能数二的。"[2]

关于学生谈恋爱,不要说在那时,就是现在中学里,有的老师都比较忌讳,对此也谈得极少,不外乎说些"不准早恋"、"早恋的坏处"等等,陶行知对此不回

---

① 《陶行知全集》(第4卷),四川教育出版社1991年版,第186页。
② 智效民:《六位教育家》,湖北人民出版社2008年版,第102页。

避、不斥责,坦然面对,共同探讨,决不因循守旧。

同样,对建设中国的幼稚园,陶行知深刻地认识到,幼儿教育对于孩子的一生发展是很重要的。另一方面,由于乡村缺乏幼稚园,尤其在农忙之时,幼儿无人、无处管教。所以,无论从哪方面来说,在乡村办幼稚园都是"造福村儿,便利农民"的。对此,陶行知同样采用了灵活的态度,就是倡导要建设中国的、省钱的、平民的幼稚园。立足于因地制宜,就地取材,充分挖掘中国自己的音乐、诗歌、故事、玩具和大自然;从村民中、女学生中、教员的亲友中挑选、训练出本乡师资来教导儿童,用本村小学手工科及工匠仿制玩具,努力建设平民的幼稚园,使个个乡村都有幼稚园,个个幼儿都能享受这个幸福。

不要说当时和现在形势大不相同,就是当时办同类学校,陶行知都明确地说,"晓庄同志不论到什么地方去,如果只能办成晓庄一样的学校,便算本领没有学到家,便算失败。没有两个环境是相同的,怎能同样的办?晓庄同志要创造和晓庄大不同的学校才算是和晓庄同,才算是第一流的贡献,才算是有些成功。""你们如果到那里去仍然办一种传统的学校,那你们就不必多此一举。"

虽然陶行知立志改革,注重办学的灵活性,但他的处事态度是非常冷静理性的,他一再告诫大家:"我们在任何环境里面做事,不可过于急进。譬如园丁栽花木,倘只执一镰斧,乱砍荆棘,我相信花木亦必随之而受伤。"如陶行知虽然觉得当时的幼稚园患了"外国病",但他也提醒大家,要针对幼儿教育国情,建设中国的幼稚园,但也不采取狭义的国家主义,外国材料具有普遍性、永久性的,亦当选粹使用。

现在,"中国特色"、"本土化"也是幼教界常用的热门词汇,但我们也很遗憾地发现,不少幼儿园是为特色而特色,为品牌而品牌,其"本土化"纯粹是装点门面的,或者干脆就是整个儿一个洋品牌,与陶行知所倡导的,相差何其远矣。其实,幼儿园办得成功与否,关键不在于特色,也并不是仿照陶行知的就对,或者照搬蒙台梭利的做法,关键在于是否能更好地服务于社会。

陶行知倡导幼稚园的中国化、本土化,是真正出于对当时乡村实际的考虑,为尽可能普及幼儿教育而选择的路径。从陶行知的论述中可以看到,他所有的做法都是以教育救国为出发点和归宿。他所殚精竭虑的,就是怎样才能更好更快地接近这个目标。所以说,一个真正的教育家,从来就不是言必称外国的,而是能走出切合当下需求的办学之路。

当我们初读一介书生提出的"筹募一百万元基金,征集一百万位同志,提倡一百万所学校,改造一百万个乡村"目标时,我们肯定不抱希望。在当时中国这样动乱的社会背景下,一介书生有这样宏大理想和高远境界,如没有一种强大的人生信念和顽强的毅力,没有科学务实的工作态度和灵活应变的能力,根本就是痴人说梦。

# 八、教育家的人格力量

## (一)只因把整颗心献给了乡村儿童

这个办学的过程,也许用几句话就可以描述得非常简洁明了。但是在这几句话的背后,是日日夜夜的辛劳和艰苦的工作生活:真的是白手起家,像燕子一样的衔泥结草而成。作为校长的陶行知身体力行,给了师生极大的精神感染力量。

在试点、推广、总结、反思的过程中,一切似乎有条不紊地进行着。但是,陶行知的心里还是着急的,他是如此急切地想把乡村教育搞上去,让乡村生活好起来。理想之宏大与残酷的现实,战火纷飞的社会环境、经费筹措之艰难,这是对人意志力的严峻考验。

当时交通不便,尤其是指导、考察的地方都是乡村、山村,衣食住行之困难,即使我们没有在那个年代生活过,但多少还是能想象得出来。

在战火中诞生的晓庄试验乡村师范,虽在战火纷飞中如期开学,但作为民间办学,经费主要靠自己筹措。当时国内战争不断,很多人自顾不暇,哪里会去关照一所谈不上学校的学校?!

陶行知曾有一句话,根本算不得什么名言,但字里行间实在令人动容,"我们预定在这一个月内开办五个小学,现在居然能够一一实现了。"读来简直能够感觉到,陶行知欣喜表情下的激动热泪!这小小几所学校之达成,在这兵荒马乱的年代,多少艰辛艰苦,又是多么惊喜啊!

办学经费极为短缺,陶行知曾将所有一千元积蓄用在晓庄学校。开学方半月,校董事会的存款就只有两千五百元了,同时,另一所由陶行知任校长的安徽公学也面临经费短缺。所以,陶校长不顾一切,到正处在炮火中的上海、杭州等地去筹措经费。

有一次无处投宿,在一个茶园的老虎灶处,陶校长一行三个人找了几张桌子拼起来作为床铺,将就着过夜。但是在陶行知看来,这并不觉得苦,他还在信中风趣地谈到这件事。"今晚福禄寿三星降临,这个茶园一定要兴旺了。"而事实上,当时上海非常危险,信中随后就写道:"上海杀机四伏,倘使外国炮火把我顺便轰死了,这封信就算作我的遗嘱。"①真的是将生死置之度外。所幸筹款还有收获,但为了共渡难关,陶校长决定不再支取校长薪金,并打算在晚上译稿来赚取生活费。他的自停薪水,实际上也是把自己变成了完全的义工。

在陶行知的精神感召下,师生们也表现出了顽强乐观的心态。譬如因躲避战火,师生散居在周围农友家中,"屋漏偏逢连夜雨",夜里雨水滴到脸上被惊醒,大家却说"有趣"。一次将要绝粮,全校只剩一元钱,也很坦然,"我们倘然饿死,也是为乡村教育而死"。

在陶行知的很多文章里,我们感受到的是一个乐观的充满激情的人,譬如他去考察了一所学校,就会有"天将明的中国师范教育!天将明的中国乡村生活改造!我晓得你们都要渐渐地随着天将明的江宁县立师范学校——出现了"。欣喜之情溢于言表,甚至有点夸张,可以想见其心情!

而在抗战时期办的育才学校,经济极为困难,陶行知一方面要不停地外出奔波募捐,另一方面还要管理好学校,而在那样恶劣的环境下,学校也不可能完全齐心一致,把每件事都做好,所以陶行知也难免发脾气,责备或者训斥他人。这和蔡元培办北大时的情况很类似,这内部的问题是格外打击人的,总不免令人深感伤心:我已经为学校操心到这份上了,我们自家人还要来添堵。

陶行知一生办学,没有一次是轻松的,都是靠募捐维持,如此无休无止,一天到晚的操心和奔波,其身心交瘁的程度是普通人不能想象的吧。换了任何人,如此日复一日地处于这样的境地,再好的涵养也有一时竭尽的时候,再温顺的脾气也有逼急的时候,这种情绪是完全可以谅解的。但即使这样,陶行知事后也有很多反省,他在写给夫人的信中说,"我这容易发怒的习惯非克服不可。于人于己,两受其害,我希望借着集体的力量来战胜它"。他还在一次朝会上对大家说,以后他一定想法不发脾气,同时也希望大家要多忍耐,有事大家多协商。并书写了"和为贵"三字贴在房门对面的墙上,以时刻警示自己。

如果联想到陶行知前前后后做了那么多的事情,面对发脾气这样的小事,还这样再三自我反省,的确令人感动。

但是,即使是这么乐观有激情的陶行知,也曾引用《人间词话》中"昨夜西风凋碧树,独上高楼,望尽天涯路;衣带渐宽终不悔,为伊消得人憔悴;众里寻他千百度,蓦然回首,那人却在灯火阑珊处"来勉励自己,说读了这一节后,"将那时正在徘徊歧路的态度打破了",由此可见当时办学的艰险与困难是怎样的难以对付了,唯有靠坚定的信念来支撑了。

所以,他也一直说,"乡村教育之能否改造,最要紧的是要问我肯不肯把整

---

① 徐莹晖、徐志辉编:《陶行知论乡村教育》,四川教育出版社2010年版,第55—56页。

个的心献给乡村儿童"。

### (二)平易近人的教育家

在陶行知眼里,一所学校的校长应该是目光远大、有胆量开辟创造的人。他高度强调校长的影响力,认为校长是一个学校的灵魂,要想评论一个学校,应先评论它的校长,国家把整个的学校交给你,就要你用整个的心去做整个的校长。

针对中国受了两千年的专制统治,为避免校长沾染一些独裁作风,陶行知一再提醒校长要运用民主作风教学生,与同事共同过民主生活,创造民主的学校。他用一段很通俗的话来表达这个意思:"自己要说话,也让别人说话,最好是大家商量。自己要做事,也让别人做事,最好是大家合作。自己要吃饭,也让别人吃饭,最好是大家有饭吃。自己要安全,也让别人安全,最好是大家平安。自己要长进,也让别人长进,最好是大家共同长进。"①

在担任安徽工学的校长时,他就提出自己的办学宗旨,提出教职员工在与学生同生活、共甘苦的过程中,一定要以身作则,才能对学生的人格给予积极的影响。他一直强调师生同甘共苦是最好的教育,是改进学校教育的一大关键。

如果我们走近他,了解他,会感受到这伟大是亲切的、平易近人的,这是陶行知的真正魅力所在。陶行知对于学生的教育既合教育之道,亦颇独特有趣。譬如他对于育才学校中打架的学生,认为是力气过剩的缘故,于是"以打架测验力气之剩余"来划定该学生的劳动量。学校里的劳动事项,他就主张"先打人者每一次加两倍挑"。

最有名的就是"两颗糖"的故事,我们亦不妨再重温一下:

> 育才社会组有个叫王友的学生,入育才前在保育院就是个小有名气的孩子王。有一次,陶行知看到他用泥块砸同学,当即制止,让他放学后到校长室。陶行知来到校长室,王友已等在门口准备挨训了。没想到陶行知却给了他一颗糖,并说:"这是奖给你的,因为你很准时,我却迟到了。"王友惊疑地瞪大了眼睛。陶行知又掏出第二颗糖对王友说:"这第二颗糖也是奖给你的,因为我不让你再打人时,你立即停止了。"接着陶行知又掏出了第三颗糖:"我调查过了,你砸的那几个男生,他们不遵守游戏规则,欺负女生;你砸他们,说明你很正直善良,且有跟坏人作斗争的勇气,应该奖励你啊!"王友感动极了,哭着说:"陶校长,你打我两下吧!我错了,我砸的不是坏人,是自己的同学……"陶行知这时笑了,马上掏出第四颗糖:"因为你能

---

① 智效民:《六位教育家》,湖北人民出版社 2008 年版,第 87 页。

正确地认识错误，我再奖励你一颗糖……我的糖分完了，我们的谈话也结束了。"

由此一例即可看出陶行知的教育水平。他也绝不是我们所谓的"伟大的圣人"，带着不食人间烟火的高高在上，或者如一身沧桑的苦行僧形象。

为晓庄学校聘请指导员时，得知对方同意过来。他在回信中写道："承兄不弃，慨然屈就，弟等谨为全国农家子鞠一万个躬，表示一万分的欢迎。"其可爱率真的性格跃然纸上。

当有人嘲讽陶行知从大学教授到小学校长是日益不济，"步步下降"，他却表示对自己这样的"步步下降"感到"很愉快"。虽然办学是如此艰辛，但是陶行知心里非常充实和踏实。他在写给夫人的信中甚至还开玩笑说，"有人说我比从前年轻了，也许他们是当面灌米汤，但近来身体似觉好些。总之，你的姐姐所将看见的是一位出她意料之外的年轻的妹夫！"——这话是不是很可爱？而他的可爱还在于当他去为办学募捐的时候，给衣服上的两只口袋各有定位，一只装公款，一只装私钱。这样的举动实在会令人笑中带泪。

就在这个辛苦关头，时任河南省督军的冯玉祥电请陶行知就任省教育厅厅长，陶行知回电说："晓庄事业，我要用整个的身子干下去。"

一位晓庄师范的学生回忆说，"陶师是美国留学的博士，东南大学教育系主任，著名教育家。按照通常的想法，我以为他一定是位西装革履、洋派十足的人物。但是，他却穿着粗布的学生装，赤着脚，穿着草鞋。陶师态度和蔼，平易近人，毫无一点学者的架子，倒像个朴实的农民。他讲起话来，滔滔不绝，生动，风趣，幽默。"[1]著名学者梁漱溟说："他本是游学外洋，回国做大学教授的人，竟然脱去西装革履，投身乡村要和农民打成一片。"[2]

每次读到这些话，总忍不住眼热。我们现在有多少名牌大学毕业生或者海归人士，能有这样的作派？！我们从来常说，由俭入奢易，由奢入俭难。虽然陶行知并没怎么奢过，但是一个在大城市和知名大学里生活过很多年的人，能这样从容回到农村，重新打造一片天地，该是多么不容易的一件事！

这的确令人感叹，为何那时诞生了如此多的人物，甘守清贫与寂寞，为推动社会进步而努力，并能够矢志不渝？！为何我们现在很多人，视野里就剩下票子、房子和车子？！其中的缺失，我们的教育是否也该担不小责任？

陶行知在谈到"第一流的教育家"时，曾感叹："但是这种人才，究竟要到什么时候才能出现？究竟要有什么学校造就？究竟要用什么方法养成？可算是

---

① 智效民：《六位教育家》，湖北人民出版社 2008 年版，第 93 页。

② 智效民：《六位教育家》，湖北人民出版社 2008 年版，第 78 页。

我们现在最关心的问题。"

这也正是我们现在想问的：我们怎么才能出现像陶行知这样伟大的教育家？

# 小结：教育家办学的视野

## （一）不一定真了解

可以说每一个教师都知道陶行知。在阐述教师的职业奉献精神时，他的名言"捧着一颗心来，不带半根草去"经常被大家所引用。很多教师也大致可以说出他的教育轨迹，譬如他是美国大教育家杜威的弟子、创办南京晓庄师范学校、发明"小先生制"等等。

笔者作为一个教育学专业毕业的学生，作为一个教育工作者，说起来很惭愧，根本就没有好好地拜读过陶行知文集，很多关于他的信息都是被动进入的，一直在别人的传诵中了解着教育家陶行知。自己在写文章的过程中，也会引用陶行知的话，但这不等于自己了解他，只是觉得伟人的话有助于加强文章的说服力，如此而已。

我分析自己的这种心理，可能是因为在很多文字里，陶行知几乎以圣人般的形象出现，反而产生不敢靠近的敬畏，并失去近距离了解的兴趣。所以，陶行知到底怎么个伟大，真是不甚明了。我想，有不少教师大概有和我差不多的体会罢。

这一次，以自己的内心去阅读：陶行知真的有那么伟大吗？有像人们传诵中的那样吗？而在阅读的过程中，我感到非常惭愧和汗颜。看了关于陶行知的书籍还没几本，尤其是陶行知文集，心里的感动可谓"无以复加"。

他的伟大，不但超乎我的想象，也远远超过了人们所赞叹的。前不久有位教育工作者还说，陶行知是国家为教师们树立的榜样吧？言下之意难免有"灌输"和"美化"之嫌。但是，当我们真真切切随着陶行知的人生轨迹，来重温他的办学之路，我们一定会很坚决地说，不是的，他是真的很伟大，他的伟大远远超过了我们的想象。如果我们去读陶行知的文章，会真切地感受到他那拳拳爱国之心，博大精深的理论具有蓬勃的生命力，即使放在当下，也具有很大的现实意义。

陶行知所处的那个年代，是动荡的、坎坷的，但这几乎是当时每个人都要经历的命运，谁也无法逃脱。而陶行知所经历的，更多的是自己找来的，他力图以自己的艰辛来最大限度地减轻民众的艰辛。

在抗战之前的二十年里,像陶行知这样留学归来的知识分子,是完全有享受优裕物质生活的资本,但是他选择了另一条充满荆棘的道路,不是凭一时热情,而是一生不渝,这只能用"伟大"一词来形容了。

陶行知不仅是要办一所学校,而且他是打算把这"火种"播向全国的,他先后发起和组织了中华教育改进社、中华平民教育促进会、乡村教育研究会、山海工学团、国难教育社、重庆育才学校、社会大学。虽然名称和形式在变,但是其中心思想始终围绕如何使教育普及,如何通过教育使更多的民众受惠。而他们要做的,在我们看来也几乎是难以完成的任务,难度也实在是太大。

在当时战火纷飞的年代,在当时贫穷落后的农村,陶行知硬是能闯出一条路来,不是凭着一腔热情,而是真正站在劳苦大众的立场上思考和解决他们的教育问题,有目标,有方向,有策略,有路径,有方法,有脚踏实地的实践,这就是真正教育家的风范,实在令人叹为观止。不说别的,留美博士致力于乡村教育,而且矢志不渝的现象,现在还有么?

## (二)办学的视野

校长的办学一般有几种视野:第一种的眼里是"学校",即把学校办得好不好视为自己的工作目标;第二种的眼里是"学生",即把怎样促进学生更好地发展视为工作目标,学校所做的一切都以这个为衡量标准;第三种的眼里是"社会",即把学校对社会的贡献度视为工作目标,学生是否发展得好都要以这个为衡量标准。

显而易见,这三个目标的指向分别是学校、学生个体、社会。由此可以粗略地说,第一种人能成为一个好校长,第二种人能成为教育家,第三种人,应该可以叫社会改造家型的教育家。显然,陶行知自己就是属于第三种人。可以确定的是,他的人生旨趣不是在于办一所学校,也不是几所学校,而是希望通过办学、通过教育,来改变当时整个农村社会,来推动其发展。

他深信,教育就是生活的改造,学校办得得法便是改造社会。办学而不包含社会改造的使命,便是没有目的。这样的提法不是简单的可以用"先进的教育理念"来诠释,只能说,陶行知是真正立足于中国实际,植根于中国农村土壤的。一个脱离中国农村社会特点的教育,不能与农民打成一片的教育,注定是不能受到农民欢迎的,也就根本无法造福于广大农民。这也是陶行知一再提醒大家的,"不运用社会的力量,便是无能的教育;不了解社会的需求,便是盲目的教育"[1]。

---

[1] 《陶行知全集(2)》,四川教育出版社1991年版,第712页。

所以,当我们回顾与梳理陶行知的教育思想和实践的基本脉络时,才会由衷地感叹,他对于教育是怎样尽可能地做好这个联结工作,为农民谋求福祉,真是殚精竭虑到了极致。可以说,把方方面面的可能性都考虑到了,他为乡村社会搭建了一个如此完备的乡村教育框架,这个体系内的各个环节是环环相扣的,所有的一切都是为着服务乡村,促进乡村发展。

我们不能不佩服陶行知。他不但有伟大的教育理想,更有脚踏实地的工作能力。诚如温总理所倡导的,能"仰望星空,脚踏实地"。茅盾的评价非常到位:"他的教育理论在我看来,可以用一句话来概括:适应人民的要求而又提高人民的要求。"

诚如陶行知自己所言,他的教育从来不是为少数少爷小姐服务的,不是摩登女郎的金刚钻戒指,而是冰天雪地里穷人的窝窝头和破棉袄。而这个做法的背后,是对农民大众的最深切的关怀。他本是他们中的一员,但是他"跳出农门"之后,却急切地返回这个群体,尽最大的可能"反哺"。如果我们要学习陶行知,这个精神才是最重要的,这样的思想才是最重要的。

我们由衷地承认,在我们心目中,伟大的教育家就应该是这样子的,陶行知就是这样伟大的教育家。这些伟大的教育家,首先是人格的高尚,在他们眼里,从来不是高官厚禄,而是出自高度的责任感和使命感,真的是对人民深沉的爱。

陶行知反对"教育即生活",这个认识可以说是非常先进的,即使现在我们也一直强调要让孩子多接受教育,以为教育是万能的,但是却没进一步意识到,并不是所有的教育都是有益于儿童发展的。陶行知就说得很清楚,"好教育固然是好生活,八股的教育也就造成八股的生活"。有时候,受这种教育越深,受到的危害就越大。也就是从这一点出发,陶行知提出要改造中国的教育。

事实上,我们现在也存在这样的问题,譬如教育与社会的脱节导致大学生不能适应社会的要求,譬如幼儿园小学化等等。接受什么样的教育,才更有利于个体的身心发展,的确是非常值得研究的。可惜我们现在热衷于不断往更高的学历、更名牌的学校冲击,却没有顾及自己和社会真正需求的是什么。正如陶行知所言,"那些有四十二套桌椅和一个大讲台的场所,未必是真学校",可谓一针见血。

### (三)教育家的影响力

当社会兴起倡导"教育家办学"之风后,全国各地纷纷涌现以此为目标的校长培养工程。有的学者也认为,我们教育界不必谦虚,企业界有很多企业家,唱几首歌的就能成歌唱家，我们自然也有很多教育家，这样当然可以聊以自慰，但是如果以陶行知为衡量标准，无论是理论还是实践，我们现在的教育工作者实在还需努力太多太多！他之于教育的论述，其切中时弊的精确性，不但是当时的"解药"，同样也是现在的一面镜子，令人叫绝，引人反思，其知行合一的程度，可以说到了天衣无缝的程度。

现在，我们对"服务型教育体系"这个词语非常熟悉。其实教育之服务社会的功能，应该是其自身固有的功能，也是其存在发展的重要基础，可惜教育在发展过程中，逐渐从社会和生活中抽离出来，变得如同空中浮云，不着边际。我们现在出现的"岗位招不到人"和"大学毕业生找不到工作"，这个所谓的"结构性失业"就是学校培养与社会需求彼此脱节的一个明证。

1919 年，陶行知在《第一流的教育家》一文中说，"我们常见的教育家有三种：一种是政客的教育家，他只会运动，把持，说官话；一种是书生的教育家，他只会读书、教书，做文章；一种是经验的教育家，他只会盲行，盲动，闷起头来，办……办……办。第一种不必说了，第二第三种也都不是最高尚的。依我看来，今日的教育家，必定要在下列两种要素当众得了一种，方才可以算为第一流的人物。"这两种要素就是"敢探未发明的新理"，"敢入未开化的边疆"。①

现在，陶行知的影响力并未因他的渐行渐远而减弱，反而更增强了。"陶行知研究会"可以说遍布全国各地，以陶行知名字命名的学校也日渐增多。在当今社会没有一位教育家乃至历史名人，能如此广泛、如此长久地受到人们的景仰和关注。如果我们真的能把陶行知精神的精髓融会贯通到教育实践中，那么，这真的是教育的幸事，更是对陶行知先生最好的纪念。

1930 年 4 月，晓庄学校被国民党政府勒令停办，学校师生被逼离去，陶校长遭通缉！

而就在前不久，3 月 15 日是晓庄学校建校三周年，陶行知原打算好好庆祝一下的，他为此已经列好了活动节目内容，也就成了未完成的，可是值得永远纪念的内容，它表达的是三年里师生们呕心沥血的结晶。所以，让我们来重温一下当时晓庄学校三周年纪念活动的节目单，以此来感怀陶校长和他的师生们在三年中，仅仅是三年，做了些什么事情：

　　1. 专家演讲；2. 社会革命馆展览；3. 生物馆展览；4. 农艺馆展览；5. 书呆子莫来馆展览；6. 卫生馆展览；7. 工场展览；8. 农场展览；9. 医院展览；10. 学校行政工作展览；11. 厨房展览；12. 出版书刊展览；13. 无线电制品展览；14. 中心茶园展览；15. 农民生活区展览（学生所住农家宿舍）；16. 各学

---

① 　胡晓风：《陶行知教育文集》，四川出版集团、四川教育出版社 2007 年版，第 46—47 页。

园及中心小学展览；17. 晓庄剧社演剧；18. 联村运动会；19. 耕牛比赛；20. 联村自卫团会操；21. 锄头舞、镰刀舞表演；22. 蓑衣舞表演；23. 联村救火会学习；24. 国术表演；25. 修筑道路；26. 植纪念树。

我们不妨回顾一下，三年前，13 名学生，没有教室，没有礼堂，唯有一腔热忱与信念。

仅仅三年，在连年战祸、军阀混战、民生凋敝的年代，留洋博士，白手起家，荒野建校。竟然做了那么多事情，对此，我们是不是会沉默良久，深思良久？

# 附　录

# 中国乡村教育之根本改造

陶行知

（1926 年 12 月 12 日）

　　中国乡村教育走错了路！他教人离开乡下向城里跑。他教人吃饭不种稻，做房子不造林。他教人羡慕奢华，看不起务农。他教人分利不生利。他教农夫子弟变成书呆子。他教富的变穷，穷的变得格外穷；他教强的变弱，弱的变得格外弱。前面是万丈悬崖，同志们务须把马勒住，另找生路！

　　生路是什么？就是建设适合乡村实际生活的教育！我们要从乡村实际生活产生活的中心学校；从活的中心学校产生活的乡村师范；从活的乡村师范产生活的教师；从活的教师产生活的学生，活的国民。活的乡村教育要有活的乡村教师，活的乡村教师要有农夫的身手，科学的头脑，改造社会的精神。活的乡村教育要有活的方法，活的方法就是教学做合一：教的法子根据学的法子；学的法子根据做的法子。事怎样做，就怎样学，怎样学，就怎样教。活的乡村教育要用活的环境，不用死的书本。他要运用环境里的活势力，去发展学生的活本领——征服自然改造社会的活本领。他其实要叫学生在征服自然改造社会上去运用环境的活势力，以培植他自己的活本领。活的乡村教育，要教人生利。他要教荒山成林，叫瘠地长五谷。他要叫农民自立、自治、自卫。他要叫乡村变为西天乐国，村民都变为快乐的神仙。以后看学校的标准，不是校舍如何，设备如何，乃是学生生活力丰富不丰富。村中荒地都开垦了吗？荒山都造林了吗？村道四通八达了吗？村中人人都能自食其力吗？村政已经成了村民自有、自治、自享的活动吗？这种活的教育，不是教育界或任何团体单独办得成功的，我们要有一个大规模联合，才能希望成功。那应当联合中之最应当联合的，就是教育与农业携手。中国乡村教育之所以没有实效，是因为教育与农业都是各干各的，不相闻问。教育没有农业，便成为空洞的教育，分利的教育，消耗的教育；农业没有教育，就失了促进的媒介。倘有好的乡村学校，深知选种、调肥、预防虫害之种种科学农业，做个中心机关，农业推广就有了根据地、大本营，一切进行，必有一日千里之势。所以第一要教育与农业携手。那最应当携手的虽是教育与农业，但要求其充分有效，教育更须与别的伟大势力携手。教育与银行充分联络，就可推翻重利；教育与科学机关充分联络，就可破除迷信；教育与卫生机关充分联络，就可预防疾病；教育与道路工程机关充分联络，就可改良路政。总之，乡村学校，是今日中国改造乡村生活之唯一可能的中心！他对于改造乡村生活的力量大小，要看他对于别方面势力联络的范围多少而定。乡村教育关系三万万四千人民的幸福，办得好，能叫农民上天堂；办得不好，能叫农民下地狱。我们教育界同志，应当有一个总反省、总忏悔、总自新。我们新使命，是要征集一百万位同志，创设一百万所学校，改造一百万个乡村。我们以至诚之意，欢迎全国同胞一齐出来，加入这个运动！赞助他们发展，督促他们进行，一心一得的来为中国一百万个乡村创造一个新生命，叫中国一个个的乡村都有充分的新生命，合起去造成中华民族的伟大的新生命。

（徐莹晖、徐志辉编：《陶行知论乡村教育》，四川教育出版社 2010 年版）

# 杜威：把儿童从传统教育的阴霾中救出来

> 尊重儿童时期就是尊重生长的需要和时机。我们可悲的一种错误，就是急于得到生长的结果，以致忽视了生长的过程。
>
> ——杜威《学校与社会·明日之学校》

## 【教育家简介】

杜威（John Dewey，1859—1952），美国著名哲学家、教育家，实用主义教育思想的创始人。霍普金斯大学哲学博士，曾任明尼苏达大学哲学教授、密歇根大学哲学系主任、芝加哥大学哲学、心理学和教育学系主任、哥伦比亚大学教授。

19世纪末，美国正经历从农业经济走向史无前例的工业化进程。社会生活急剧变化，社会矛盾日益突出。大工业生产方式的迅速发展和科学技术的巨大进步，必然会对教育提出新的要求。但当时的教育仍因循守旧，传统教育的课程内容一成不变，学生消极被动地接受知识，尤其是小学的教育方法与儿童正常发展的心理学原理极为不协调，与当时急剧的社会变革极不适应。

杜威成为突破这一困境的先导者。1896年，作为芝加哥大学教育学系主任，他带领师生创办了芝加哥大学实验学校（简称"杜威学校"），其目的是把这当作开放性的实验基地，以发现更有效的学习和教学的方法，并回馈学习过程中的积极参与者，从而允许学习者采取实验法进行自我教育。

杜威批判旧教育对儿童的消极影响，强调教育要以儿童为中心，教育的一切措施应围绕他们而展开。他指出，教育就是经验的改造或改组，人们在社会中参加真实的生活，这是身心成长和改造经验的正当途径。教育即生长，学校中一切课程的主要内容就是儿童现在的生活经验。学校是社会生活的一种形式，是小型的社会，学校应当与社会生活相联系，理想的学校生活要成为儿童生活和社会生活的契合点，这就是他"教育即生活、学校即社会"的著名观点。杜威在教学理论上提出了"从做中学"的基本原则，强调儿童应该从自身的活动中进行学习。

虽然芝加哥大学实验学校学生最多时也就 140 人,但这所学校却是站在教育改革的最前沿。杜威在课程、内容、方法,以及师生关系上进行的变革,可以说是美国整个教育史上最重要、最大胆的试验,并因此形成了颇为系统的教育思想体系,对西方教育理论和实践产生了广泛的影响。

杜威到访过很多国家,并在"五四"运动兴起的时候来到中国,并停留了长达两年左右的时间,在北京大学、上海等地作了两百多次讲演,对当时中国的思想界、教育界产生了不小影响。

杜威的教育思想建立在对社会深刻变革的基础上,他强调教育对社会的作用,认为教育是社会改良的首要工具,也是最健全的工具,学校是社会进步和改革的最基本和最有效的工具。杜威在芝加哥实验学校的八年,是他的教育理论的形成和发展的关键时期,他的一系列论著从理论与实践层面阐述对于教育的理解,可以说是对传统教育的颠覆性的革命。

杜威对 20 世纪的教育发展所作出的贡献是不可估量的,给教育带来了一场深刻的革命。他提出的这套跟当代工业化和社会化进程有关的教育理论和教育实践,使儿童教育达到了一个新的高度,可谓 20 世纪美国乃至世界上最有影响力的一位教育家。

杜威一生在哲学、教育学和心理学等方面发表了约 40 本著作、700 多篇文章。在教育学方面,他的著作主要有:《我的教育信条》、《学校与社会》、《儿童和课程》、《我们怎样思维》、《明日之学校》、《民主主义与教育》等。

# 一、为什么要改造学校?

## (一)童年时期的教育阴影

数千年来,教学是儿童深感痛苦的活动。夸美纽斯曾说,"学校是儿童心灵的屠宰场"。这话也许有点夸张,但到了杜威这个年代,似乎也没有多大改观。

就像我们有的家长抱怨说,我的孩子除了对学习没兴趣,对其他什么都很有兴趣。杜威的童年时代就是这种类似的情况,小时候,杜威及他的同伴们接受的是传统的强迫记诵和读写算的教育,导致大家"除了学校课本之外,他们几乎对阅读任何书籍都感兴趣"[①]。

杜威最重要的获得是来自课堂外面,从课外活动和广泛阅读中得到,"一直

---

① 杜威:《杜威传》,单中惠编译,安徽教育出版社 1992 年版,第 9 页。

到杜威上大学时,在他本人所受到的教育中,最重要的部分是在课堂外面获得的"①。譬如在农场生活与帮忙,和同伴在锯木厂或磨坊玩耍,去野外旅行或者野营。而仅有的关于学校的愉快记忆,也是由于一些教师并不完全拘于规定课程的缘故,譬如鼓励讨论外界问题的谈话,才使学校那惹人厌倦的情况有所缓和。这很像我们对老师的讲课内容迅速遗忘,倒对课堂上发生的有趣的事情,譬如师生闹的笑话记忆犹新一样。在这个过程中,杜威认为,日常的社区生活经历可以提供真实的、有重要意义的教育经验。

童年对教育的直接体验与感受,为杜威后来的教育改革埋下了种子。这一点,我们在看芝加哥大学实验学校所进行的种种改革时,就能够感受到这来自杜威童年的记忆,譬如合作、亲身体验、兴趣等等。杜威的女儿对此就坦陈:"在形成约翰·杜威教育理论的各种因素中,他童年时代的环境显然起了很大的作用。"②

### (二)传统教育越来越与社会发展脱节

到了 19 世纪末,美国的资本主义工业现代化日渐加快,社会生活发生了深刻的变化。杜威所面临的社会环境,恰好处于这个历史的急骤转变时期:美国由农业国一跃而成为工农业现代化强国。工业革命的直接结果,使得教育再也不是特权阶层所有,但教育显然还是像过去一样的死板。

社会发生巨变之后,对于个体的要求,无论是智力还是品德,都有相当的变化。譬如社会变化给儿童发展带来了积极影响,儿童接触到更多商业上的活动,社会见识不断扩大,儿童与成人社会之间传统中的谦恭、绝对服从的消失等等。

按照常理而言,"根本的状况已经改变了,在教育方面也只有相应的改变才行"。而教育因其性质所致,却表现出滞后的情况,明显跟不上时代的步伐,学校制度、教材和教学方法仍沿袭欧洲旧传统,教师处于绝对的中心,形式主义占统治地位。形象地就是说,你管你变化,我自按兵不动。"学校却同社会生活的通常情况和动机如此隔离,以至于儿童被送去受训练的地方正是世界上最难得到经验的场所,而经验正是一切有价值的训练的源泉。"③

杜威对此深感遗憾,学校教育在他小时候令人生厌,而到了眼下社会发展如此迅速之时,同样没有什么改变。而这个时候,杜威的孩子也要上学了,想必作为父亲的杜威会有一种"是可忍孰不可忍"的想法。

① 简·杜威:《杜威传》,单中惠编译,安徽教育出版社 1992 年版,第 9 页。
② 简·杜威:《杜威传》,单中惠编译,安徽教育出版社 1992 年版,第 9 页。
③ 杜威:《学校与社会·明日之学校》,赵祥麟等译,人民教育出版社 2005 年版,第 31 页。

杜威对传统教育的死板、无视儿童的个性，言辞间可谓深恶痛绝，"教育是如此高度统一，不合儿童个性发展"。"成千上万的儿童在某一小时，就说十一点钟吧，都在上地理课。""消极地对待儿童，机械地使儿童集合在一起，课程和教学法的划一。"杜威痛恨地指出："重心在教师，在教科书以及在你所喜欢的任何地方和一切地方，唯独不在儿童自己的直接的本能和活动。"①

过去是这样，现在还是这个老样子！杜威对教育产生了强烈的改革愿望。既然眼下的教育如此糟糕，自己能不能办一所学校，把更好的教育理想付诸实施呢？此时35岁的杜威已经具备了相当的资本，来支持他做这件事情。

杜威出身科班，功底扎实，有霍普金斯大学的哲学博士学位，也有过教育一线工作的经历，他大学毕业后当过三年中学教师，然后又当了数十年的大学教师。在与著名心理学家的合作中，杜威还参与了中等学校师资的培训工作以及对中学的访问考察，这些经历使他逐渐对普通教育产生浓厚的兴趣。而这一点与对童年所接受的教育的反思相结合，就点燃了杜威对教育进行深层研究的旨趣，而他的两个孩子当时刚处于上小学和幼儿园阶段，也促使他考虑在这方面能否为孩子做点事情。

1894年，杜威受聘担任芝加哥大学哲学教授，并出任了哲学、心理学和教育学系的系主任。显然，他自己领导的专业团队给了他足够的底气。

一所学校的蓝图在杜威脑海里形成，他希望创办一所新学校，并通过这所学校突破两个瓶颈：一是要使学校与社会发展的需求合拍；二是要使学校与儿童及青少年身心发展的需要合拍。他希望这所学校能打破传统教育那种沉闷的氛围，使儿童获得生动活泼的发展。

# 二、大学教授办小学

## （一）芝加哥大学实验学校开学了

1896年1月，芝加哥大学实验学校开学。

"芝加哥大学部允许这所学校教师的子女免除一百美元的学费，除外，并没有提供更多的财政资助。在这所学校所存在的七年半时间里，一些朋友和赞助人对它的支持，超过了大学部。"②

当然言下之意就是，这个办学经费更多来源于自筹，而基础教育是只见投入不见产出的一个行业。显然，这个经费的压力从一开始就已经存在了。我们

---

① 杜威：《学校与社会·明日之学校》，赵祥麟等译，人民教育出版社2005年版，第41页。
② 简·杜威：《杜威传》，单中惠编译，安徽教育出版社1992年版，第32页。

不得不承认，教育是理想的事业，但是当它触及现实，它自身就变得格外现实。之所以要说出这点，是因为它直接影响着教育改革的进程。

学校的校舍是租用了一所私人住宅，当时只有 16 名学生，两位负责人。学校虽小得"可怜"，也许连学校都称不上，但其难度是比维持一所上千人的学校还要大。因为我们不能否认其中的意义，它是在做一件开创性的事业，为了新的教育目标，教育理念、课程设置、教学方式，等等，都要推倒重来。

学校先是选在一所私人住宅，后来发现场地太小，就迁到一个叫"旧南方俱乐部"的地方，后来又迁到一所老住宅，从外观上，根本难以引起世人关注。当然，估计也没人会意识到，这所学校后来会成为世界闻名的实验学校，并成为被载入教育史册的"经典之作"。

如果不是因为办学思想，不是因为史无前例的实践创新，想必这所学校和当时的很多小学校一样，在历史上了无痕迹。

每一个热爱教育事业的人，当对眼下的学校教育不满时，往往会产生"真想自己办一所学校"的冲动。但事实上，每个人都承认，办一所学校是何其不易。关于这一点，我们每一位曾经筹办过新学校的校长想必都有深深的感触。

要创办一所真正意义上的实验学校，这完全不是我们现在一些冠名为"实验学校"的学校，仅仅靠一些特色班或几节外语课就可以成行的。杜威要办的，不仅仅是学校，而且是没有模板、无法借鉴的学校，其教育理念、课程设置、教学形式，较之于当时的传统教育而言，可以说难度极大。

这种实验也不是搞一家化学或者物理实验室，因为学校面对的是"人"，是"未成年人"，可塑性极强，稍有不慎，就可能把孩子引往不对的方向了。实验室里的成功或者失败是常事，但有谁愿意把自己的孩子当做实验品？有谁愿意把可能事关一生幸福的岁月作一个"赌注"？

芝加哥大学实验学校在 1896 年 1 月开学后，头六个月是定为"试误"阶段，主要明确哪些事是不该做的，下半年 10 月算是正式开学。

### （二）不可或缺的力量

值得庆幸的是，并不是只有杜威有改革教育的想法，他有不少的同道者。杜威担任着芝加哥大学哲学、心理学和教育学系的系主任，后又担任芝加哥大学教育学院院长。他的同事们，不少是当时或者是后来学术界的思想领袖和学术权威，同样对儿童成长颇有研究，也很乐于把研究成果和儿童分享。这个实验的构想应该就是他们这些专家们经常交流的结果。

芝加哥大学许多研究人员和教育系的大部分师生也参与了这个实验，这些师生需要一个实践的场所，他们相信通过在芝加哥的专业学习，自己比当时很多学校的教师更有理念与能力,这些人成为杜威教育在改革中的最大支持力量。

另一方面,也是更重要的方面,就是生源问题。一些家长显然对杜威这些专家们深怀期待,对芝加哥大学这块"金字招牌"充满信心。对于传统教育存在的明显弊端,一些家长也深深感觉到了。出于对芝加哥城学校教育的异议,这些家长迫切希望他们的孩子能读更好的学校,能获得更合适的教育,他们期待孩子能成为这场教育改革的受益者。

既然是实验,会有成功,当然还会有失败,或者是两者兼而有之。把孩子送到这所学校来的家长还真是勇气非凡,对此真是令人佩服。当然,从一开始16人的人数,除去教师的孩子,说明当时一开始学校没什么知名度,而更重要的是,人们虽不满传统教育,但是对芝加哥实验学校这个新生事物还处于观望之中,谁都不敢轻易拿自家的孩子来做尝试。

但无论怎样,梦想已经启动了。

当然,这样的实验学校也会让人充满信心,毕竟背后有强大的芝加哥大学专业力量的支撑,创办者杜威已有了对新教育的全面思考与设想,而杜威自己的孩子,也有其他老师的孩子就在这所学校,这个事实就是家长们的一颗"定心丸"。

之后的情况证明了这一点。学校发展得很快,师生数不断增加,校舍也不断搬迁,人数从最初的16人增至1903年的140人,教师则从3人增加到23人,助教(大学研究生)达到10人。[1] 虽然从现在的眼光看来,依然还是超级小规模的学校,但是教师、学生、家长对此的投入是无与伦比的。

为了办好学校,杜威虽有足够的底气,但还是做了大量的工作,因为改造学校不仅需要理论的支撑,关键在于这个理论该怎么落实到学校的方方面面。我们作为教育工作者,都有这样的体会,就是这个转化的过程是特别有难度的。

很多教育改革设计得很好,业界与舆论也是一致叫好,但是转化到实践层面,不是变形走样就是消失不见。这里面因素很复杂,也说明教育不是工业生产流水线,可以保证生产预定的标准件出来。

为了少走弯路,尽可能多地考察与自身改革理念相近的新型学校是必需的。在办学过程中,杜威考察了大量的学校,不断地学习与调研成为杜威工作的一部分。在20世纪初,美国的进步教育运动中出现了许多新型学校,这些学校无论在教学目的、教学计划和教学模式上都有明显的多种多样性,杜威对这些学校进行了深入的考察。杜威和他的女儿合著的《明日之学校》,就是对当时

---

① 凯瑟琳·坎普·梅休:《杜威学校》,王承绪、赵祥麟、赵端瑛、顾岳中译,教育科学出版社2007年版,第6页。

这些正在实验中的有代表性的新型学校所作的记述与剖析。

实验学校可以说是一流专家领导的一流学校,师生比率是"一个教师对四个学生",基本享受了和大学里导师带研究生差不多的待遇。大学提供专家指导、计划和教学监督等方面的便利,不仅师资力量强大,而且大学其他各系教师也时常对儿童进行专业方面的谈话。显然,这里学生所获得文化熏陶的深度,那真不是一般学校所能比的。

这所学校引起了社会的极大关注,很多人赶来参观并感到震惊,芝加哥的报纸不止一次地对此作了报道。这个教育改革犹如在平静的湖里丢下大石头,湖里已经不是层层涟漪而是水波激荡。

杜威经常在实验学校进行调查研究,他回忆说,实验学校这种个人接触对他思想上的影响,比阅读书本所得的更多。他的《我的教育信条》《学校与社会》《儿童与课程》等重要著作都是在那个时期写成的。

这个实验既是大学的,是校长的,也是教师的,更是家长共同的实验。学生也不是被动的,而是与杜威一起探索的主体,一荣俱荣,一损俱损。"这所学校产生了一个真诚的愿望,即与儿童共同创造一个教育经验,这个教育经验甚至比最好的现行教育制度所能提供的教育具有更大的创造性。"

# 三、改造学校的基本思路

杜威的哲学思想、教育思想博大精深,那么在这里,我们就仅围绕"教育家怎么办学"这个主题,来看看杜威的办学理念与思路。

杜威理想中的学校生活是这样的:就是这学校生活一方面能与儿童自己的生活相契合,满足儿童的需要和兴趣;另一方面能与学校以外的社会生活相契合,积极参与社会生活,适应现代社会变化的趋势。

既能满足自身个性发展的需要,也能符合社会的要求。这就势必要对传统的教育作一番较大的改革。实验学校的创新之处、与众不同在哪里?我们不妨来看一看。

## (一)教育自身并没有什么目的

什么是教育目的?简单地说,就是指教育所要培养的人的质量和规格的总要求。显然,教育目的实质上就是一种对未来的预设,即解决把受教育者培养成什么样的人的问题。所以,教育目的也代表着我们成人社会对下一代的期待,带有很强的超越现实生活的性质。

那么多年来,虽然改朝换代,而教育目的总是存在的,只不过表述内容不同而已。

但是杜威对此看得很清楚:"教育的自身并没有什么目的。只有人,父母,教师才有目的。"这就是大家比较熟悉的杜威的"教育无目的论"。但如果把他的话理解为教育是漫无目的,显然是一种大大的误解。

"教育无目的论"是在当时的时代背景下提出的,说明当时过于注重教育目的,外界强加给儿童太多东西,导致儿童不能自由发展,以至于扼杀了儿童的天性与个性。

不可否认,由于教育目的是预设的,就不可避免隐含着强制和死板,换句话讲,目的越明确,学生自由发展的空间就越小。所以杜威一再指责教育当局依据社会传统制定教育目的,教师秉承这种法定的目的而要求儿童以之为目的,父母对于子女也是如此,根本不契合儿童活泼好动的天性和千差万别的个性及其发展可能性。

的确,我们时常会发现,学校教育、家庭教育都会对孩子预设教育目的,当孩子的发展偏离这个目时,成人就会非常着急地把这个发展势头扭转过来。如果用力不当,的确会扭曲孩子的发展。

杜威认为,真正的目的是含有理性因素的,是善于适应环境变化的,绝不能为了追求一个可望而不可即的遥远目的,而以否定受教育者的当前兴趣与需要为代价。杜威很赞成卢梭的观点,即教育不是强迫儿童去接受外面的东西,而是要使人类与生俱来的能力得以生长。

也正因此,杜威主张教育的目的应该由受教育者固有的活动和需要来确立,反对任何外加的、为未来作准备的教育目的。显然,杜威希望教育不要成为别的目的的附属物。这个提法实质上是为当时强大的成人社会控制下的儿童所发出的呐喊。这样的提法,归根到底是力图凸显对儿童主体地位的重视与尊重,儿童才是教育的出发点,儿童才是教育的中心。显然,提出"教育无目的"是对当时传统教育的反动。

所以,事实上杜威也有他自己所定义的"教育目的",但这不是来自成人的、外在的,而是来自儿童发展自身。

杜威认为,"教育即生长",教育过程是一个不断改组、不断改造和不断转化的过程。生活、生长和经验改造是循序渐进的积极发展过程,教育目的就存在于这个过程中。这个生长过程包括两个方面:一是体格、智力和道德方面的发展;二是发展必须按照一定方向发展,并有助于继续生长发展。从儿童出发,为了儿童的发展,这一点杜威力图在实验学校得到全面的落实。

基于杜威对"生长"一词的一再强调,美国哲学家胡克写的一本书名干脆就叫《杜威——生长的哲学家》。

### （二）学校应是一个"雏形的社会"

基于杜威的深厚学术功底，他对传统的学校教育进行了深刻的反思，并对学校作了重新定位。

杜威对此的界定是：学校，首先是一种社会组织，是社会生活的一种形式，不能与社会隔离开来。其次，学校并不完全等同于社会，否则，就失去了学校存在的意义与价值，"学校作为一种制度应当简化现实的社会生活"，而不是"社会雏形"，应排除对儿童发展可能会产生不良影响的或过于复杂的社会因素，以免孩子的能力"过早地被发动"。第三，不提倡教育被动地去适应社会，相反，杜威希望使学校成为典范的社会。他建议把学校看作是社会改造者，而教学工作应负责协助指导这项改造。"看来只有当学校本身是一个小型合作化的社会时，教育才能为儿童适应未来的社会生活做准备"。

为此，杜威希望学校能加深和扩大与社会的接触和交往，以及共同生活的范围，把学习方法和内容，同现代工业上的职业和现代工业所需要的劳工合作形式联系起来，以使学习充满活力并引发兴趣，使学生看到活动中的社会和科学的价值，并在这个过程中，发现引导学生良好的社会结果的倾向、能力和需要。

学校教育的价值、标准，就看它创造继续生长的愿望到什么程度，看它为实现这种愿望提供方法到什么程度。所以，杜威设想他的学校，应该是把学校当做社会生活的一种形式，把社会生活的一切因素组织到学校中来，使学校社会化，以克服学校教育与社会隔离带来的弊端。譬如为了对儿童进行道德教育，就应该把儿童置于必须自己作出道德选择的具体情境中。就像学游泳，如果只是在水外学习游泳，那就没有意义。如果不参与社会生活，学校就没有道德目标，也就没有目的。

"这样做，意味着使得每个学校都成为一种雏形的社会生活，以反映大社会生活的各种类型的作业进行活动，并充满着艺术、历史和科学的精神。当学校能在这样一个小社会里引导和训练每个儿童成为社会的成员，用服务的精神熏陶他，并授予有效的自由指导的工具，我们将有一个有价值的、可爱的、和谐的大社会的最深切而最好的保证。"①

---

① 赵祥麟主编：《外国教育家评传》，上海教育出版社 2003 年版，第 513 页。

# 四、学生的学校生活

## (一)理想的学校生活

杜威是从比较广阔的和社会的观点来看课程和教材问题的。

首先,杜威承认教育对于社会的重要作用,"教育是社会进步和社会改革的基本方法"。"在最广泛的意义上,教育乃是社会生活延续的工具。"而随着学校的出现,文化的表达和传递越来越依赖文字,使人们误认为学校的任务就是教导青少年识字读书,教育理论也因而步入歧途。于是这个"延续"就大成问题。

传统课程最明显的弊病,便是与儿童的个人生活和经验相分离。

在学校里,这种"延续"往往是高度概括、高度提炼的,尤其是传统教育比较多地通过抽象的、呆板的形式,主要就是通过书本来实现这个"延续"。儿童在学校要求之下,变成死记硬背的工具,这自然既给儿童的理解带来困难,也使他们对学习失去兴趣,结果"延续"就变成一句空话。

杜威提出"教育即生活",就是要从广义上把儿童看作是社会的一个成员,把教育作为有效的联系和交通的渠道,他认为不能有两种伦理原则,一套是为校内生活的,一套是为校外生活的。

杜威所说的"生活"不是虚无缥缈的未来,不是将来生活的预备,而是现在的生活——即对于儿童来说是真实而生气勃勃的生活。所以杜威指出,教育是生活的过程,学校是社会生活的一种形式,理想的学校生活应成为儿童生活和社会生活的契合点。

为了使学校生活与社会生活相联系有基本的保证,杜威主张知识应该以生动的、相互联系的形式出现在课程里。所以必须改革学校课程,这课程不应是科学、历史、地理,而应是儿童本身的社会活动,譬如烹饪、手工、缝纫等等。日常的社区生活经历可以提供真实的教育经验,课程是在这个基础上生成的。

所以,无论杜威后来受到怎样的批评,至少在很多地方,譬如参观香港、新加坡、美国等地的学校,看到他们的课程设置与教学方法,我们总可以发现杜威教育思想的影子。

## (二)在有意义的情境中学习

在传统教育中,学生面对的是人类积累下来的知识,而这个知识是以学科为中心,从逻辑上和认识论上分类的,知识因此被搞得支离破碎。教育者所能传授的是一成不变的课程内容,而不是来源于学习者的经历,学生只能成为一个被动的容器，埋头于作业和死记硬背。

知识和知识的创造原本是相互依存的，可是当前教学的科目使它们相互隔离开来。为此，杜威痛心地指出："学校却同社会生活的通常情况和动机如此隔离，以至于儿童被送去受训练的地方正是世界上最难得到经验的场所，而经验正是一切有价值的训练的源泉。"①

杜威认为，儿童不是通过学科来体验世界的，他们的知识是完整的，他们对经验的态度应该体现在课程上。也就是说，课程应该以综合的而不是分散的方式反映出儿童的经验。

这就像盲人摸象的结果，并不能对整体获得清晰全面的认识。这也像我们现在的医院，专业化程度越来越高，科室分工越来越细，看病也可谓看得"支离破碎"，但人是一个整体，而且是个不断运动着的个体，所以这样看病的形式同样存在很多问题。摸象和看病还算是直接体验得到的知识，即使得到的并不是综合的知识。而学校教学不仅得到的是"支离破碎"的知识，而且是来自书上的高度提炼的文字，这自然使得学生不但感到枯燥，而且难以"消化"。

所以，杜威一直强调认识过程中知与行的关系，并提出教育应立足于经验的改造或改组，教育过程应是一个不断改组、不断改造和不断转化的过程。这种改造或改组，既能增加经验的意义，又能提高后来经验进程的能力。这种经验也不只是经验的积累，而是构成人的身心各种因素的全面改造和发展。儿童在参加生活中使经验的数量扩充，用经验指导生活的能力增强，这也就获得圆满的教育了。

所以，学校课程的组织必须以儿童为出发点，选材时必须以改进我们的共同生活为目的，这个经验改造的指向就是学生能力的培养，"由于民主和现代工业的出现，我们不可能明确预言二十年后的文化是什么样子，因此也不能准备儿童去适合某种定型的状况"。"在现在情况下，我们能给予儿童的唯一适应，便是使他们充分发挥其能力而得到的适应。"②社会环境是永在变化的，所以，要适应环境，就要培养出适应不断变化的社会需要的能力。

这一点，和我们现在强调要培养学生可持续发展的能力，是一个道理，显见杜威理念之先进。

根据杜威的教育理念，我们可以对芝加哥实验学校有个大致的设想，那就是这所学校努力一改传统学校的呆板、程式化，而是一切以儿童为中心、为出发点，高度尊重儿童的兴趣与特点，学校生活与现实生活关系密切，学生的学习不再是死记硬背，而是通过亲身体验获得，学习充满了探索的乐趣。

---

① 约翰·杜威：《学校与社会·明日之学校》，赵祥麟等译，人民教育出版社 2005 年版，第 31 页。
② 约翰·杜威：《学校与社会·明日之学校》，赵祥麟等译，人民教育出版社 2005 年版，第 5 页。

那么,我们就来看看,杜威的这个教育理念是怎么落实到办学中去的。

# 五、实验学校有什么不一样?

## (一)运行的原则

对于改造学校,办学理念的创新是一个难点,而这个创新落实到办学中,又是一个难点。当然,相比于蔡元培和陶行知的改造学校,似乎后者的难度更大些。蔡元培面对的是有着根深蒂固传统的老资历学校,陶行知则是战火中的白手起家。

创办实验学校时,杜威更多地发挥着领导者和指导者的作用,他有现成的专业团队能够较好地把他的思想落实下去。

学校开办前,杜威拟了一个《组织计划》,要求学校根据实验要求编写出一整套的课程、教材和相应的教学方法,并要求课程编写尽力使知识以生动的、相互联系和相互依存的形式出现,并能使教育者和受教育者真正发现个人的能力倾向,以便学生能对今后生活中应选择何种专门的职业有一个日渐清晰的认识。

杜威要求实验学校努力以三种简明的原则进行运转:一是学校的职责是培养儿童以相互合作和相互帮助的方式来生活,帮助他们在集体中成长;二是所有教育活动都必须根植于儿童的天性和情感,而不是将精心设计的外部材料强加给儿童;三是组织能够培养学生倾向性和活动力的各种活动,促进儿童个体倾向性的发展。

当然,杜威也指出,这些原则无意当作指导学校行动的规律使用,仅仅提供一个观点,并指出学校应有的行动方向。所以实验学校本身也是体现着杜威的教育理念,绝不是呆板的、僵硬的,而是民主的、体验的。同时学校需要注意的是,因为面对的是未成年人,所以实验学校既要保证调查研究的自由,又要保证儿童生活的正常发展。

杜威希望能在这个方面作出探索,就是一所学校在行政管理、教材选择,以及学习、教学和训练的方法方面,能够在发展每一个人自己的能力和满足自身需要的同时,又成为一个合作的社会。

实验学校的整个实验进程分为两个时期:第一时期(1897—1898)是摸索时期;第二时期(1899—1903)是推进时期,把第一时期证明有效的课程、教材和方法继续下去,并在原有的基础上进行修正和提高。

### （二）与传统截然不同的学校

我们可以看看芝加哥实验学校的大致情况，会直接感受到这个学校透射出的"改造"的气息。

年级与学习重心：学生不按年龄分年级，而是按照儿童发展阶段分成三个阶段，每个阶段按儿童年龄分为若干小组。第一阶段4～8岁，第二阶段9～12岁，第三阶段13～15岁。以上各个阶段逐步地过渡。在第一阶段，重心放在学校生活和家庭邻里的生活，譬如自然研究、手工训练和缝纫；在第二阶段，侧重获得读写算操作的能力；第三阶段是在儿童掌握每门学科所使用的工具的范围内，一门一门地进行学习。学生没有考试，没有升留级。

教学内容：学校为每个阶段、每个班级安排不同的活动环境、课程的教学方法，以适应不同年龄儿童的兴趣和需要，选择的教材重点关注体现社会性。每门课程多是一个整合体，每门课程都蕴藏了对儿童多方面能力的促进。

在学校里，儿童的活动主要围绕着各种不同形式的主动作业，如烹饪、木工、纺织等展开，在这个过程中，课程是由和上述各种主动作业平行的三个方面的认识活动组成：历史或社会研究、自然科学、思想交流。这些活动与儿童四个方面的兴趣相应：谈话或交际的兴趣、探索的兴趣、制造或创作的兴趣、艺术表现的兴趣。在这里，课程以生动的、相互联系和相互依存的形式出现。

教学配套设施：学校提供各种"活动的装置"，并设有物理、化学、生物学实验室、工场、体育馆、美术和纺织室、家政课大厨房，以及供儿童用来建造和调查研究的工具。

课程研究室：随着学生人数的增加，课程管理方面，采取了类似大学里分系科的方式，学校分设幼儿园、历史、自然科学和数学、家政、手工训练、音乐、语言和体育研究室，每个室由一位有一定业务水平和学位的教师负责。

教师工作定位：在杜威学校中，教师不仅仅是教学计划的执行者，而且也是教学计划的制订者、教学实验的研究者。教师有着很大的自由度，教师掌握着学校原则的应用，而且这种应用实际上等于教师对于原则所作的发展和修改。

教师享有教学上的自由，一位在该校从事幼儿工作的主任回忆她两年的教学情况时说的话可略见一斑，"这些年相当长的教学生涯是在最快乐和最兴趣的经验中渡过的……杜威的理想是每个儿童应该通过有比较丰富经验的人的指导，就某些根本的目的自由地发展他自己的能力。这也是他在他的学校里同教师的关系。我晓得在我自己的工作中有很多事情是他不同意的，然而我总觉得我自由地用自己的方法工作，并且他在教育上的思想和对我的教育经验的影响在过去的岁月里一直是在增加着"①。所以,这一点对于教师素质也提出了很高的要求。学校组建教师队伍时考虑的就是有经历、适合于某些学科的教学的专家,作为教学力量的一员。

教师在使原则适应实际的情况方面有较大的自由,教师考虑的不限于教材本身,而是把教材作为生长的经验中相关的因素来考虑,"教材必须心理学化"。杜威要求教师在各自领域研究课堂中发现的各种问题。

学校生活:学校以哲学和心理学为依据,把以粉笔和口讲为形式的课堂改变为由活动而求知的课堂,把儿童静坐听讲的课堂改变为儿童为活动而可以随时移位的课堂,师生的空间位置一变,课堂气氛就为之一新。年龄较大的几个班,每周举行一次午餐会,以表达并发展社会精神。每学季结束,每个班老师报告全班的工作,为同事和指导实验的人提供情报,以便安排以后的课程计划。这个课堂记录很像我们现在盛行的教学反思。

### (三)改造学校的关键词

我们可以为这所学校找到几个关键词,以与传统教育相区别的关键词:

第一,动态而不是死板的。这个动态既包括大的方面,就是学校这个改造是探索性的,逐步调整的;也包括小的方面,教师在教学过程中根据学生情况对教学内容、形式的调整。

第二,尊重而不是强制的。这个尊重既包括对儿童个性发展的尊重,也包括对教师开展教学工作的尊重。

第三,联系而不是孤立的。这个学习不仅是与儿童生活密切相关的,更注重理论与实践紧密结合。

也许我们还可以得到更多的不同点,但就是这些,我们已经可以想象到儿童在其中的乐趣,那一定是比傻傻地坐在教室里听老师讲课、埋头写作业,好得多了!

当然我们现在对这样的学校生活并不觉得奇怪,但在当时,这无异于像一块石头而不仅仅是一颗石子投入湖心。这的确不得不令人刮目相看,因为这和当时的学校教育太不一样了。

杜威作过一个很有趣的类比,他说,生物学家可以通过对"一两块骨头"的检查就能够按原样修复整个动物,而当时普通的课堂也完全可以想象得出来,"一排排难看的课桌按几何顺序摆着挤在一起,以便尽可能没有活动的余地,课桌几乎全都是一样大小,桌面刚好放得下书籍、铅笔和纸,外加一张讲桌,几把

① 凯瑟琳·坎普·梅休:《杜威学校》,王承绪、赵祥麟、赵端瑛、顾岳中译,教育科学出版社2007年版,第340页。

椅子,光秃秃的墙,可能有几张图片"①,然后就是学生听老师讲课,这是一种单向倾听的练习,一切都是为静听准备的。

而这所学校显然不同。从一开始,旅行就是学校日程中的一个特点,是每个班级学习生活的一部分。有各种的旅行,譬如到公园收集东西、到沙丘作地方考察,到湖边远足、访问工厂和美术博物馆、去公园、去大学实验室等等,自然,像这样的旅行与实地考察总是会让孩子们兴奋。还有大学的图书馆和市里的图书馆都是儿童常去的地方,他们早就学会了如何利用这些参考读物。

走出教室,到现场去学习,到图书馆去,学会使用查阅工具,这两个方面估计是最容易引起世人好奇的了,因为这与当时学校把学生关在教室里死记硬背的场景,差异太大了。

办这样的学校一定很有乐趣,因为是创造性的,是造福于儿童的,但估计杜威还有教师们也是高度紧张的,因为创造一定比因循守旧费力得多,而且有点难以预见结果,工作的背后需要解答很多问题,譬如"怎么样"和"为什么是这样",正如他们教师自己所言,这的确是一所非常学术性的学校。

# 六、支撑学校试验的力量

这所学校显然非常小,说起规模来,最多时也不到我们三个班级的人数,不过"麻雀虽小,五脏俱全",与学校的内在创新相比,学校的管理框架并不显得有多么与众不同,但还是有些不一样。

## (一)教师即研究者

杜威是这所学校的负责人,教育系派来另一位教师任教学监督,并给在学校工作和当实验工作助理的教育系学生上课。有些助教是拿薪水的,其他的人像研究生,就以此补助他们大学的学费,类似于勤工助学的意思。

财务工作由大学教育系办理。后来杜威夫人正式担任校长,并兼任英语和文学部主任。凯瑟琳·坎普·梅休分担了实验学校的领导工作,她是副校长,负责发展课程,也是科学部主任。安娜·坎普·爱德华兹在实验学校早期是历史教师,后来任特别导师,在高年级参加所有其他各部的工作。她们还是《杜威学校》一书的作者。

所以,教师不仅承担教学与管理工作,而且对学校教学的推进工作予以记录与研究。做一个研究型教师,既是教师,也是研究者,这在当时算是一种创

---

① 约翰·杜威:《学校与社会·明日之学校》,赵祥麟等译,人民教育出版社2005年版,第39页。

新了。

学校成立后的最初三年,学生少,所以各种行政责任大部分落在教学人员肩上,教学人员也就是行政人员,后来人员增加后,学校才分成若干部门,各司其职。

杜威的工作方式是每天都到学校进行调查研究,提出自己关于实验的组织计划、各种具体要求。他从不唯我独尊,他非常尊重最年轻的和最缺乏经验的教师的意见,使他们在工作中能够发挥创造性。对家长的演讲也是杜威工作中一项很重要的活动,这种活动也使得学校大大地赢得了家长们的支持,在一定程度上保证了教育革新的成功。

为了使教师的工作达到统一,使学校的活动成为一个整体,杜威学校的教师往往通过两种方式来建立联系和合作:一是每周的教师会议,由教师报告在执行计划时遇到什么困难,并对计划进行修改;二是教师之间的日常接触。这两种方式都促进了教师在纪律问题和发展计划上得到统一和协调。而每隔一段时间,教师就写出实验工作的书面记录。儿童对这些书面记录很感兴趣,很喜欢阅读,因为他们是书面记录中的主角。自然,这个书面记录也就变成一种"阅读教材",儿童的阅读能力也随之培养起来了。

由于课程的综合性,本来学校认为多面手的教师是最好的,但后来也发现,一个人同时教多方面课程,在身体和精神上都是不可能的,反而会变成粗枝大叶,所以还是放弃了这方面的要求。

所以这里的确存在一个衔接上的问题,就是课程与师资不配套,像杜威希望知识以系统的相互联系的方式呈现出来,但还真不是一般的教师都能具有这样的水平。

包括我们现在的课改,初中的化学、生物、物理合并成科学一门课,但是教师自己在大学里读的专业还是分门别类的,譬如化学专业、生物专业,这样在初中科学教学中,科任教师多少会感到有不少吃力的地方。

实验学校还有个得天独厚的地方,也是其管理与运作的与众不同之处,就是它背后芝加哥大学的专业支撑,不仅是学术上的,也是人力、物力上的。在办学过程中,大学一直是直接和间接的支持源泉,大学里的研究员和大部分教育系的师生也来参与学校工作。大学各系主任、教职员工都很慷慨地提供了大量人力、物力上的支持。

所以这所学校虽小,但是的确获得了非常强大的专业力量的支撑,边工作边研究,工作与研究成为统一体,所以其办学起点是相当高的。

**(二)家长是学校的一分子**

大家小心翼翼地像对待一个婴儿一样悉心照料、支持着这所学校的成长。

当时学术界的一些思想领袖和学术权威，也无不对此倾注了心血，当然还有家长的大力协助，而在学校财力窘迫之时，更是靠家长捐赠得以维持。

在这里家长作为学校运作中很重要的力量，是非常值得关注的。在教育家们改造学校时，我们都可以看到他们在家校合作方面所作的努力，也可以这么说，如果得不到来自家长的支持，那么学校的改革是难以推进的。苏霍姆林斯基之于帕夫雷什中学，对于家长学校所投入的精力就是一个明证。

杜威学校的家长更加特殊，他们把孩子送进来，首先是表达对这个新办学校的期待，对芝加哥大学专业团队的信任，但是这个学校到底会成什么样子，想必他们也难以想象，所以也会有家长中途退出的，而留下来的，自然是与学校荣辱与共的了。

学校设有一个家长联合会，由家长自己组织、赞助和维持，其中设有教育委员会作为家长和学校的中间桥梁，以便家长更好地了解学校的工作目的。联合会每月举行一次集会，家长将他们的意见与建议反映给教育委员会，由委员会和教师们进行充分的商议，再把教师的计划带给家长。学校也为此连续三年办了一个班，对联合会所有成员开放，专门讲授学校的办学情况。

正因为学校和家长结成了合作共同体，大家都本着让孩子更好地发展这样一个愿望，所以学校可以说得到了这些家长的最大支持。对此，"那些负责领导学校的人说，没有家长的这种明智的和热情的支援，学校将不可能完成已经完成的工作；甚至学校不可能继续存在下去"①。

杜威学校的家长的确也是有着相当高的起点，他们选择这所学校，本身就说明了他们对教育的理解程度，他们其实也是参与实验的一分子，所以他们对这所学校比一般的家长有着更强烈的愿望。

当然，杜威在家长学校中的不断宣讲也起了相当重要的作用。杜威一直强调："有一种'共同教育'没有人反对，如果实验学校将来要像自己的过去所要求它的那样有意义的话，这种共同教育绝对不可缺少。这就是教师、儿童和家长'互教'的共同教育。我这里说'互教'，没有说'互学'，因为我想'共同教育'不应该是被动地共同接受教育，而应该是积极参与彼此之间的教育。假如实验学校要稳步地、内部团结一致地向前发展，学校就必然要和把子女信托给它的全体家长并肩前进。"②

所以，要改造学校的时候，如何真正使家长成为合作的伙伴，而不仅仅只是

① 凯瑟琳·坎普·梅休：《杜威学校》，王承绪、赵祥麟、赵端瑛、顾岳中译，教育科学出版社 2007 年版，第 343 页。

② 凯瑟琳·坎普·梅休：《杜威学校》，王承绪、赵祥麟、赵端瑛、顾岳中译，教育科学出版社 2007 年版，第 11 页。

支持或者协助,是值得研究的一个课题。我们现在也有家长学校、家长网络平台,但是这个作用到底发挥到什么程度,还是存在一些问题的。

# 七、这种类型的教育无先例可循

## (一)改造学校的难度与压力

杜威力图借助大学的力量,制定出从幼儿园到大学一套有机的整体的学校制度,显然这个难度很大。实验的最初两年都是处在摸索的过程中,图景有点模糊不清,也会走进死胡同,或者先试试这个再试试那个,过程中的种种失败和成功都是常事。

这一点,我们不难理解,我们可能会抱怨学校教育的种种不如意,但是真的要着手改革时,发现还是照老样子来做会更得心应手,会更顺畅,而这个顺畅自然会带来身心的愉悦感,而改革带来的则更多的是困惑与痛苦。

"创立一所新型学校和拟定理论原则相比,其实际困难是从一开始就认识到的……这种类型的教育无先例可循……"[①]杜威对此深有认识,自然也早有心理准备,但这话听起来总还是有疲倦感。

办学说起来不容易,操作起来更是有难以想象的难度,就像一日三餐,每天的事务性工作都要操心,学生在校的每时每刻活动,都是需要精心策划。而且杜威要办的学校,那简直就是推倒重来,并非"旧瓶装新酒"。就一个教学工作如何重新编制,想想就已经够让人殚精竭虑了。所有一切,不仅仅是课程,所有的物质与精神的东西,都是需要"一砖一瓦"搭建起来,而这"一砖一瓦"还不是现成的,需要重新设计、挑选材料之后"烧制"出来。

杜威也坦陈:"在有关原则与理想的正式陈述与事物在实践中进行的方式之间有出入;再就是容易把事物的实际进行理想化……实际上,学校生活的具体情形会引出许多因素,都是始料所未及的,更非理论中曾经论述过的。"当然,杜威并不因此受到打击,他想得很明白,"这种情况,是正常的、必然的,就像教师和儿童在校的生活是动的、是活的一样"[②]。

当我们的校长要进行学校改造时,读读杜威的这段话是很有必要的,唯有充分的思想准备,才能使自己的精神不会深受打击。

---

① 凯瑟琳·坎普·梅休:《杜威学校》,王承绪、赵祥麟、赵端瑛、顾岳中译,教育科学出版社 2007 年版,第 5 页。

② 凯瑟琳·坎普·梅休:《杜威学校》,王承绪、赵祥麟、赵端瑛、顾岳中译,教育科学出版社 2007 年版,第 8 页。

改造学校的难度主要有以下几点:

首先,课程设置和编写配套教材难度很大。课程设置和编写配套教材是实验学校开办时预定的一项重要任务,科目的开发要围绕具有积极内容、本身具有内在价值、能唤起学生探究的热情来设计。要做好这一点,需要抛弃很多已经根深蒂固的、但是陈旧的教和学的方法,这就需要仔细研究教育的历史,不被某些习惯做法和戒律所干扰,其中就需要不断地尝试、验证,甚至推倒重来

譬如让 10 岁儿童研究罗马人的社会生活,这样的课程后来就被推迟,因为在尝试中被证明难以引起学生兴趣、难以开展。再譬如缝纫是一门课程,但它只是一个"点",课程结构与内容将以此为中心向四周拓展。在唤起儿童好奇心和探究精神的基础上,要导入对有关材料与过程的研究,包括发明史和地理,关于缝纫原料的出产地与制造地,棉花与亚麻的生长及栽培的研究,以及计算、数字的意识,使儿童具有对世界的整体认识。粗粗一想,就可以感受到这个教材的编写难度很大,涉及很多领域的知识,并需要有机整合与连贯起来。

其次,教学改进的工作量很大。最初两年,对不同班的儿童试用了很多不同类型的教材,有些就被认为不适应而放弃。所以不仅要发现什么教材适合发展中的儿童生活的每个阶段,而且要考虑对于儿童过去所从来没有用过的教材和活动应该怎么办。不同的班级、不同的教师、不同的环境与设备,教材和教法都需要不断地加以改变和修正,这使学校课程计划总是多少属于暂时性的,经常有所变动,这使得教师的工作量大增,又要保证改进后的质量,自然就大大增加了工作的难度。

不说别的,就是为了改革要求,杜威居然买不到符合他办学理念的课桌椅。店家如此回答:"恐怕我们没有你们所需要的东西,你们所要的东西是儿童能用来工作的,而我们这些全都是供静听用的。"①

第三,教师能否胜任。杜威的教育改革可以说对老师提出了很高的要求,教学的综合性、整合性、趣味性都是对教师素质的考验。譬如有一堂课是这样的:师生们要从研究棉花到棉籽,从取出棉籽到棉籽油,从运送棉花到织布厂,从梳棉花的木梳到如何种植,从水分供应到哪里水分充足,再到怎么获得水分等等。这样探究下去,真是一个学期都讲不完,这其中涉及的计算、包装、机械、分工等等课程内容,都需要被导入进来。当然孩子是大感兴趣的,苦的是老师,也许只有"百科全书"的老师才能胜任这样的教学要求。而且这些活动要有机地整合起来,并适时地生发开去,不至于杂乱和漫无边际,这对教师就提出了更高的要求。

---

① 约翰·杜威:《学校与社会·明日之学校》,赵祥麟等译,人民教育出版社 2005 年版,第 39 页。

而另一方面,当时的师资没有专门为这样的学校预备的。可以说,杜威在改造学校的同时,也是需要同时改造着教师。譬如4～5岁班级的主管老师,过去曾在一所公立学校小学部任教,包括后来接替的老师,都是需要极大的勇气,更需要能力,去理解并实践实验学校的教育理念,抛弃她们熟悉甚至运用娴熟的传统的教学方法。而学校另一方面的问题是,由于学校给予的相对自由度,导致聘请的专家由于自身的爱好与研究倾向性,就各管各地开展教学,结果极大地牺牲了儿童生活的统一性。

第四,教学方法的难度。在实验学校,学习对于教师是一个主要问题,对儿童被看做是一个次要问题,是儿童活动的副产品,教师要充分考虑的是怎么激发儿童的学习与探究的兴趣。

事实上,灌输式教育是一种"懒惰教育",它是最省心省力的,就是把书本里的东西搬进学生的头脑里,如果学生没法接纳,就通过反复的作业、练习与奖惩等多种"压力",迫使学生接受。我们承认,学生的潜力是无限的,即使在这样的被动教育下,大多数学生还是能消化知识,当然这是以耗费了大量时间与精力作为代价的,这也使教师坚信自己的教法是可行的。

但启发式教育显然是费心费力的,所有的一切都要从儿童的身心发展特点出发,把知识内容转化为他们能够接受的东西。作为成年人的教师多少都忘记了自己作为儿童时的特点与需求,所以能否研究、研究到什么程度,并在此基础上科学整合要传递的内容,就成了考验教师功力的关键。

办学是很可以理想化的,但是执行力同样不可或缺。因为学校是需要一天一天运行的,需要每时每刻的落实,而且随时随地都会出现变化与状况。但因为教育是潜移默化的,也可能如一潭静静的湖水,需要多年的等待才能见到变迁之后的效果,这就非常考验实验者的耐心。

第五,教育整体的滞后。当一所学校走在改革前列时,其中一个比较大的问题就是教育的衔接,当教育环境处于整体的滞后时,局部的领先的确会首当其冲地遭遇迎面而来的风浪。

这样说,也许难以理解。我们可以先来看看一所示范学校的负责人鲍德温先生在多次访问了杜威学校之后的想法,他其中就提到,"我知道三四个年龄较大的学生,看到他们用旧的方法预备大学的入学考试,因为学校的正规作业没有能够使他们通过考试,我一想起这些就很不安。当我在回家的路上,我考虑到这一件事,但我自己却觉得满意,因为缺点在于考试的形式,而不是在于儿童们所受到的那种训练"[①]。当然,他是个明白人,知道问题不在于实验学校,而在

---

① 凯瑟琳·坎普·梅休:《杜威学校》,王承绪、赵祥麟、赵端瑛、顾岳中译,教育科学出版社 2007 年版,第 341 页。

于考试。但是学生要进大学，就只能按传统教育的规矩来，除非杜威马上办出与实验学校教育理念相衔接的大学。

教育是一个大的系统，这也正是改革难度大的原因，它是环环相扣的，只有一环发生变化，而另一环不改变，这不配套的结果就是学生的无所适从。当我们的课改不断推进的时候，一线教师们都一致赞同其方向的正确性，但是第二句话往往就是：如果高考不改，还是没有用。所以会有"轰轰烈烈搞课改，扎扎实实抓应试"之情况出现。

而要建立一整套的与杜威学校办学理念一致的学校教育体系，就不仅仅是一所学校能够胜任的。所以这也是杜威后续要不断考虑的问题，而这个问题显然比眼前办学更具难度。

第六，办学经费的紧缺。"办学需要多少钱"？对这个问题，我们还真难以作出回答。教育尤其是基础教育，可以说是只见投入不见产出的事业。杜威、蔡元培、陶行知等教育家办学，可以说无一例外地遭遇办学经费短缺的困境，而由此引发的学校内部人心不稳或矛盾，是最令人担心的问题。

实验学校经常面临严重的财政困难，当时芝加哥大学仅答应 1000 元开办费，而且不是现金支付，是在这学校担任教学的研究生须向大学缴纳的学费。另一方面，为了吸引有共同旨趣但并不富裕的家长参与进来，学校只能降低收费。所以学校是没什么钱的，后来就是靠家长和朋友的捐赠了，而这显然是不稳定的。

### （二）实验学校的突然结束

应该说，实验学校的发展还是顺利的，学生的人数在不断增多，从 16 人到 140 人，校舍逐渐扩大，这都是很好的征兆，表明这个改革正逐渐得到社会的关注与认可。

但是杜威与芝加哥大学校长之间的摩擦日益增多，这主要是因为实验学校行政管理问题所引起的。实验学校的独立性日益受到影响，虽然在当时就被标榜为"前所未有的最伟大的教育实验"，但后来差点被其他学校合并，在家长委员会的努力与捐赠下，在遍及全国的教育工作者的呼吁下，才又就继续办下去。不过最终还是被合并，成为"教育学院"的一部分。

由于杜威和芝加哥大学校长在行政管理上的意见分歧，在冷淡而不友好的态度下，杜威在 1904 年辞去教育学院院长的职务，不久又辞去哲学、心理学和教育学系系主任的职务，随之而来的除个别人之外，全都离开了这所学校，突如其来的，教育实验也就从此告终。

关于这么一个结果，的确令人难以接受，不难想象杜威及和他一起奋斗的同事们的心情。

就像一个孩子,养了八年,倾注了无数心血,这是他们的心血,也是家长们的心血!"学校停办,家长们把它视同航船遇难,他们的期望随船一同覆灭,精神顿受挫折。"①

更让人担心的是,孩子们怎么办?已经适应或者习惯于这样的学校与教育,儿童的个性发展深受尊重,师生关系比较民主化,这些孩子经常做游戏、掘土、拿榔头、绘画、造模型,可以想象他们的个性是被充分解放的了。当被并入到其他学校,就只能开始在教室里埋头作业、死记硬背的日子,这下子又是一个重新适应的过程,这种反差太大的学校生活肯定会给孩子带来很多困扰。

事实上,被合并后,实验学校的儿童得到的评语是,"要么他们是特殊儿童,要么他们受过特殊教育"。这话表面很普通,但能读得出其背后的惊奇,似乎并不是褒义占多。30年后,有位学生回忆说,他刚进杜威学校时,对车间作业兴趣很大,但不爱学拼音,而当他后来想学时,学校却停止了实验,"这对实验不好,对我们也很不好",然后他们只得费劲地去适应其他学校的制度。

这种情况和蔡元培先生辞职北大校长,还是有较大区别,因为后者面对的是大学生,而且有蒋梦麟在继续落实着蔡元培的理念。所以,杜威这样辞职,的确还是令人内心产生想法,说实在的,我们也很难还原他当时的处境以及因此而引起的心情,所以,对他的做法也不好多作解释,总之,特别为孩子们惋惜。

也许办学压力一直存在,学校面临着资金缺乏,多次变换校址以及学校设施不足等困难,杜威也曾说:"的确,当学校的人数增长时,当学生的年龄和成熟的程度增长时,没有更多适当的准备,而要继续把实验进行下去,那么,能顺利进行多久,这总是一个严重的问题。"而行政中产生的矛盾也许是"压倒骆驼的最后一根稻草"。

我们只能承认,圣者,未必不食人间烟火,他们也是芸芸众生中的一员,也会面临一些无法两全的选择。

# 八、理论与实践的高度

## (一)实验学校的价值

实验学校结束了,如果不是因为改革创新,这样一所小学校也许就和当时美国出现的很多小学校一样,在历史上了无痕迹。但是一所学校的价值,显然

---

① 凯瑟琳·坎普·梅休:《杜威学校》,王承绪、赵祥麟、赵端瑛、顾岳中译,教育科学出版社2007年版,第14页。

一定不在于规模，不在于地段，不在于办学时间的长短。关键在于，能够开时代之风气，为其时之先行。这条办学道路不仅在当时是先进的，现在看来也是富有现实意义的。这所芝加哥实验学校如此、地处乡村的帕夫雷什中学如此、陶行知的晓庄学校亦如此。

我们之所以呼吁创新，呼吁改革与改进，目的就是希望儿童能获得更好的发展，社会能得到更多的支撑力量，这正是我们要努力向这些教育家学习的初衷。

教育家无数次的努力，尊重儿童天性，教育归于自然，到了杜威时代，终于有了实践上的突破。在杜威之前，美国虽然创办了许多本国的学校，但美国的教育思想仍然属于欧洲。而杜威顺应时代和工业发展的趋势，批判了传统教育的做法，注重理论与实践的紧密结合，并把教育问题提到理论高度来讨论。他强调教育过程的复杂性，反对对进步教育的简单运用，把观念和原则变成一成不变的东西，像抹芥末一样，应用到教育问题上去。《经验与教育》一书是杜威面对其他教育教育思想流派的各种指责而在理论上作的辩解与论述。

实验学校对脱离儿童的生长发展、兴趣及社会实际的传统教育是一个非常大的冲击，更重要的是，这种理念从此逐渐渗透到了学校的方方面面。我们不能说现在的学校就是向杜威学校学习的结果，但是现代学校的优点或弊端，被我们所赞赏或指责时，我们常常会想起杜威的话，想起杜威带来的影响，他的教育理论具有持久的生命力。

杜威是一个彻底的联结主义者，他的教育理论的主要特点是，从最广泛的意义上，把教育问题同它的整个历史背景以及实用主义思想体系的各个方面联系起来考察。这个宏大的内容就像聚焦一样，要在这个小小的学校表现出来，这真的是名副其实的实验学校。所以，它也从来就不是模范学校或者实习学校。

从这个角度来说，芝加哥实验学校绝不是完美的，我们应该记住的是它是一个"试验"，就像晓庄学校一样，其目的是旨在作为先行者，探索一条更好的路出来。自然，以后来眼光看，这个探索有很多值得改进之处。正如杜威所言："教育理论和它的实施之间的差距总是那么巨大，以致对孤立地陈述一些纯粹理论性的原理的价值令人产生怀疑。"

杜威学校是在芝加哥大学哲学、心理学和教育学系的领导下，进行课程、教材和教法上的教育实验工作。杜威强调，它从来不是模范学校，它同系的关系正如任何一个物理实验室、化学实验室同物理化学系的关系一样，目的在于"检验用作工作的假设的某些来自哲学的心理学的思想"。同时，这个学校是学生活动、工作和继续不断地进行作业的场所，即学生通过实验的方式进行学习。

这种形式的学习对激发学生的兴趣是大有帮助的，学生逐渐习惯于试验和亲自观察，根据《杜威学校》的记载，其中一个学生后来在心理研究方面很出名，"我认为毫无疑问，我的研究工作，即心理调查研究已经成为我的职业，我的思想和方法的由来，是得自于杜威学校。"[1]有位母亲本来对杜威学校颇有微词，但是多年后，她承认她两个在杜威学校读过书的孩子比另两个没去读过的，"应付新的环境和处理问题显然具有较大的能力"。30 年后，当有些校友相遇，谈起杜威学校出来的学生，他们都认为有一个突出特征是在"应付生活环境方面的适应性和主动性"。有一个妇女的话非常感人，认为这样的教育对于她后来为人父母都产生了很大的影响，"现在我自己有了儿女，并面对他们准备生活的问题，我发觉我对他们最大的帮助是我的杜威学校的背景。我是被我的教师作为一个儿童来看的。所以在教养我的女儿时，我有了初步的有利条件"[2]。这就是杜威学校有别于传统学校的魅力所在。

### （二）从理论到实践的失落

应该说，杜威的教育思想与办学实践是极大地解放了儿童，但是从理论走向实践，在这个转化过程中，能否保质保量，难度就很大，譬如教师作为这个中间环节，影响就很大，就像我们的新课改，教师的理念与执行力至关重要。

也正因为教育体系的庞杂性，杜威也承认在教材的编制方面存在很大问题，以至于在实践中不能起到指导作用。他后来在回顾时也坦陈："要解决这个问题是非常困难的，我们并没有解决好，这个问题现在还没有解决好，而且永远不能彻底解决。"[3]

由于儿童发展的多样性、教师能力的有限性，使教育的可控性就受到很大影响，教育质量受到很大影响。显然，如何在两者之间找到一种平衡，几乎是教育一直以来都在探索的问题。杜威自己也说："教育哲学必须解决的一个最重要的问题，就是要在非正规的和正规的、偶然的和有意识的教育形式之间保持恰当的平衡。"

在实践中，对儿童自由的过于放任，过于迁就儿童的兴趣爱好，最终导致了系统知识学习的失败，而杜威最终也没有建立起一个以儿童生长发展和兴趣为中心的课程教材体系。杜威认为，"要解决这个问题是非常困难的，我们并没有

---

① 凯瑟琳·坎普·梅休：《杜威学校》，王承绪、赵祥麟、赵端瑛、顾岳中译，教育科学出版社 2007 年版，第 347 页。

② 凯瑟琳·坎普·梅休：《杜威学校》，王承绪、赵祥麟、赵端瑛、顾岳中译，教育科学出版社 2007 年版，第 352 页。

③ 凯瑟琳·坎普·梅休：《杜威学校》，王承绪、赵祥麟、赵端瑛、顾岳中译，教育科学出版社 2007 年版，第 3 页。

解决好;这个问题到现在还没有解决,而且永远不可能彻底解决。但是,无论如何,我们曾试图研究这个问题以及这个问题所带来的各种困难。"①这话说得几近悲壮,我们可以感受到杜威历经艰辛而无奈的心情,作为一个伟大的教育家,不掩饰自己的失落,但是也尽力地付出了努力。但即使如此,还是要去改革创新。

杜威在美国长期遇到对立面,尤其在二战之后,1957 年苏联人造卫星上天,震惊美国朝野,当下的教育受到猛烈的批判。而有意思的是,到了 60 年代,尤其是学校师生们受累于沉重的课业负担时,人们又开始重提杜威的教育理念

在儿童自身的经验与体系化的学科知识之间求得平衡,一直以来是世界各国教育力图达成的目标。但是这种平衡如此难以把握,所以我们经常可以看到,学校教育就如钟摆,一段时期滑向这端,一段时期又返回来。目前,我们的新课改就是往倾向儿童体验与实践这边"走"。

所以,当杜威离开他在教育重建方面的工作而转向思考他的哲学主张时,他作为教育家的影响仍通过"所主张"的那些学校而继续存在。

# 九、杜威之于中国

之所以要加上这一段内容,是因为杜威对于中国的教育直接产生过影响,对于中国改造学校产生过较大影响,而且现在继续产生着影响。这一点,我们还可以从新课改中感受到杜威的"气息"。

杜威一生到访过许多国家,其中受其影响最深的就是我们中国。陶行知提倡的生活教育、陈鹤琴提倡的活教育、晏阳初推广的平民教育,都明显受了杜威教育理论的启发。蒋梦麟、胡适、陶行知等都是他的及门弟子。

杜威在日本讲学时,他的学生、当时北京大学校长蒋梦麟去拜访他,以刚成立的中国学会②的名义,邀请他去中国讲学一年,而后又延长为两年。

1919 年 4 月 30 日,仿佛为了见证旧中国发出的变革呐喊——"五四"运动的兴起,杜威偕家人来到上海,先后在北京大学、南京高等师范学校和沿海各城市发表演说,他还去了一些内陆省份的省会,听他讲演的不仅有学生和教师,也有其他知识阶层的代表。杜威夫人也作了讲演,在当时男女同校刚刚被打开一道门的时候,她的讲演无疑是大有示范性和推动作用的。

也因为对"五四"运动的高度关注与兴趣,他在中国逗留了两年多时间。在他的影响下,美国的六三三学制、课程、教材和教学方法,包括设计教学法、道尔

---

① 黄仁贤,洪明:《中外著名教育家简介》,福建教育出版社 2008 年版,第 253 页。
② 指尚志学会、新学会等。

顿制,都大量地被介绍进来,一些大城市还建立了实验学校或者"杜威学校",胡适先生曾说:"自从中国与西洋文化接触以来,没有一个外国学者在中国思想界的影响有杜威先生这样大的。"

杜威的女儿的话读来很温暖人:"不管杜威对中国的影响如何,杜威在中国的访问对他自己也具有深刻的和持久的影响。杜威不仅对同他密切交往过的那些学者,而且对中国人民,表示了深切的同情和由衷的敬佩。中国仍然是杜威所深切关心的国家,仅次于他自己的国家。"①

历史上这种曾经产生的紧密联结是很能让人产生亲近感的。

杜威于1921年离开中国,而之后几年,在全国学制和课程修改修订中,出现了诸如儿童是教育的中心、注意儿童的个性和资质、中等和高等教育采取选修科目的制度、初等学校的分级和升级应采取灵活原则等等文字,显然,"儿童是学校的中心"这一代表杜威教育哲学思想的主题,正逐渐在旧中国显现出来。

# 小结:从杜威看教育家办学的精神

在伟大教育家的行列里,杜威是绕不过去的,他的教育理论几乎涉及和深入到所有教育问题的每一个方面,这在教育史上是无与伦比的。

我们解读杜威及其他的教育思想,以下几个方面是值得关注的。

## (一)时代背景与立足点

要理解杜威的改革,一定要放在杜威当时的时代背景下,去理解他改造学校的初衷。这就会有一种隐约的启发,就是我们在阐述教育理念的时候,不仅仅是从学校出发、从学生出发,是否要从教育的本原出发去思考:教育是用来干什么的,人生一世又希望获得什么。当从人生观、价值观去思考教育时,发现还有更重要的事情需要深化和强化。

任何一名教育家一定是能清晰把准时代脉搏的,杜威教育思想的形成是与他对这一时期欧美社会深刻变革的认识分不开的。而教育家不仅仅是批判,一定是在批判中鲜明地提出自己的观点,杜威就是在批判旧教育的过程中提出"儿童中心主义"思想的,也就是说,是在"破旧"中"立新"的。而这个"新"究竟新在何处,他用实践作了全面展现。

由于当下的教育与教育的本原有着太大的差别,所以,杜威要改造的,可以说是颠覆性的改革。像苏霍姆林斯基改造的,是在常态下把教育工作做得更到

---

① 简·杜威:《杜威传》,单中惠编译,安徽教育出版社1992年版,第52页。

位，更深入，而杜威所做的则是具有颠覆性的，杜威也承认，芝加哥大学实验学校的"基本原则必然地要求在很大程度上与传统学校所常见的目的、方法和教材相决裂"。所以这个挑战就更大了，也更容易出岔子。

我们的校长要进入教育家行列，那就不能就事论事地阐述自己的办学思路或者办学业绩，一些局部的改革与创新都不值得一提。首先要提出的，最重要的，就是需要高屋建瓴地阐明：什么是教育，什么是学生的发展，什么是学校。只有明确了这些内涵，才能使办学有目标和方向。这才是作为教育家的基本要求。当我们追溯教育家办学历程时，可以肯定，其中无不具有这样的特性。

### （二）敢想与敢做

一个教育家的特质之一，就是要有意识、有能力、有勇气在原有教育的基础上创新、突破，更上一层楼，体现一种不循规蹈矩、大胆尝试的态度和勇气。

当我们为素质教育和应试教育而纠结时，当我们身兼教师和家长这两个角色时，总忍不住会想：如果学生不这么辛苦，是否也可以优质地成长？或者说，学生是否既可以获得优质学业成绩，又可以过得从容快乐？！

很多学生在切身体会中，也曾痛恨和诅咒这种死板的教育，但到了自己为人父母，又可能把相同的一套用来要求自己的孩子，所谓"多年的媳妇熬成婆"。我们一直希望孩子享受快乐的学校生活和成长岁月，而不是"吃尽苦中苦，方为人上人"。学校是孩子人生的一部分，而不是未来人生的准备，孩子应"享受每一天"。

"真想去办一所学校！"这样类似的话，一些热爱教育的又有独到教育理念的人士常常会这样说。可是，大家都只是想想而已。是呀，问题在于，谁愿意把自己的孩子给你当"实验品"？！而且还真缺乏这样大的勇气来呢，毕竟实验的是孩子的人生，谁敢贸然？！而且人人会对当下的教育有看法，对家长的做法不以为然，但是当别人的孩子一天去三个辅导班时，我们可能选择的不比对方少。

当然肯定也会有一些人，凭着敏锐的洞察力和前瞻性，意识到教育的内在问题，并立志要突破这个瓶颈。他们的反应是及时的、超前的，他们知道这个不对，一定要改革的。他们之所以能称得上教育家，这个因素很关键。因为我们很多时候会有怨言和牢骚，但是也仅仅停留在这一点，真正能付诸行动，致力于改变的，这样的人少之又少。

当然，作为教育家，其志向是必需的，但是功底也很重要。如果说，杜威是因为自己小时候读书所感受的苦，而要改革教育，那肯定只是为改革提供一种动力而已，实质上，杜威改革更大的力量来自于对对社会变革、对教育深刻而理性的剖析。

那么,教育之于儿童的作用在哪里?教育到底是干什么用的?为将来做准备,还是把潜能挖掘出来?杜威对此进行了追根溯源,教育目的能转化为受教育者进行活动的方法。就是这个目的是可以能够落实下去的。如何从不合拍到合拍,杜威是从哲学的高度去寻找线索的,事实上他要还原教育的本质。教育不是靠蓝图完成,是由一天天细碎的环节所凑成。办学校不仅靠理想,还要靠执行力。

### (三)记录与传播

要感谢《杜威学校》一书,作为学校主要成员对学校所作的记录,是杜威教育思想付诸实施的第一手资料,准确而详尽,成为后来人研究的一个样本。这些材料对于研究教育科学问题的大学教育系的价值,类似于医学上积累的系统的临床记录一样。其实任何一所学校都值得记录,我们应带着一种钻研的心态来面对学校的发展。一名校长要立志成为一名教育家,必须要有这样全面的记录与研究的意识。

在杜威的《民主主义与教育》一书中,他对教育的社会职能与效用、对当前学校的严重缺陷作了深入的分析,并在这个基础上提出改革的方向。"社会只有致力于它的所有成员的圆满生长,才能尽自身的职责于万一。"书中的内容都是从社会、历史和哲学的角度,进行了层层剖析和深入论证,教育是什么,应该是什么,具体怎么做,这三个问题贯穿了杜威教育思想的全过程。其阐述是环环紧扣的,前后有着极为严密的因果关系。

杜威的办学思想是他和同事合力思考和共同努力的结果,也不断地从他所属的各个学会和他的研究生以及大学生的研究中得到补充,《大学附属小学的组织计划》也是在这个基础上写成。学校的共同生活的故事成了一部传记,这个学校真正是一个活着的和成长中的有机体。

几十年中,杜威出版了许多著作,并在教室内外对成千上万的人作讲演,还活跃在很多组织中。《学校与社会》的第一版就是杜威筹款演说的一个集成。因为学校的特殊情况和需要自愿的财政上的支持,参加许多公共集会、在共同支持的运动中与教育家和其他有兴趣的人结合起来,那是必要的。

胡适写过一篇《杜威在中国》一文,他回忆道,杜威在北京、山东等地的讲演,都是他口译和笔译的,并挑了一些记录高手把讲演记录下来,以便全文发表,总共有五十八讲,后来出了书。杜威非常仔细,事先会用他自己的打字机把每一篇讲演提纲打出来,把副张交给他的口译者,让对方在演讲和翻译以前研究这些提纲,想出合适的中国词句,使他的思想能得到更好的传播。

有位美国学者在杜威去世七年后这么评价:"尽管他的文章风格不流畅和

缺乏一般人所讲的个人吸引力,杜威却得到了比他任何一个对手更大的响应。据我看来,他成功的理由是他能够把教育上的许多问题和对当代文化进行诊断的工作打成一片。"①通俗地说,杜威之所以引起如此反响,是因为他的话比其他人的更切中时弊。

当然,杜威的文字和苏霍姆林斯基的相比,后者更容易让人入迷。由于其高度的理论性,抽象而深奥,而苏霍姆林斯基的文字,则是越读越想拍案叫好,这也许是大学教授的理论和小学名师在理论表述上的差异吧。

当我们的校长成为一所学校的新校长,或者创办一所新学校,或者在学校开展教育教学改革,实在应该把这一个过程记录下来。不断记录、不断分析与研究,这不仅是学校的改革史,也是校长的发展史,对校长本人的专业成长、对学校发展、对同行学习,都是很宝贵的资料。

### (四)基础与合力

教育改革不能脱离社会变革而我行我素。每一个教育家在投身教育事业时,总会有一个引子。譬如,我们总可以发现一个"点",因为接触这个"点",从而对教育发生兴趣,然后一头扎进去,也许就是一生的时光,从此永不分离。这个"点",仿佛就是一束光,照亮了前方的路,从此打开了这个世界的大门。对于杜威而言,这个"点"就是参与中等学校师资的训练工作以及对中学的访问;对于蒙台梭利而言,这个"点"是在为心智残疾儿童的服务中产生的。

教育家的成长需要多学科的知识背景,但其对教育问题的独到见解是其作为教育家立身的根本。杜威是一个具有多方面成就的大家,其成就涉及社会学、心理学、哲学等领域,这些方面的基础成为杜威教育思想生长的肥田沃土。

如果把这个问题与我们现在的新课改联系起来,会发现也有很多类似之处。显然,教育改革是一项非常庞大的系统工程,无论怎么好的理念要真正落实下去,落实到课程、教材、教师观念、教学的方式方法、学校管理模式等等,做到一环扣一环,紧扣改革的"中心思想",难度都非常大,而每一个环节的割裂与断层,都可能导致方向的走偏。譬如课程设置与编写就是其中一项分量很重的任务。所以这一点也就印证了杜威的一句话,"进步是一点一滴的,是零售而不是批发"②。

教育改革从来不是教育界内部的事情,它必须是把社会、家长、学校容纳其

---

① 简·杜威:《杜威传》,单中惠编译,安徽教育出版社 1992 年版,第 185 页。
② 凯瑟琳·坎普·梅休:《杜威学校》,王承绪、赵祥麟、赵端瑛、顾岳中译,教育科学出版社 2007 年版,第 3 页。

中,这也是我们校长在开展学校改革的过程中必须思考的问题。杜威学校这八年历史,就是家长、教师和学生之间非同寻常的合作。

家校合作,家庭社会学校三结合,成为整体育人的系统工程,三者相互依靠,协调发展,形成教育合力,这些话我们现在都非常熟悉。而这一点,杜威学校是家长、教师和教育家们合作的一个创举,是教育系师生、学校教师和学生家长共同创造的,其实,儿童也是参与者之一,就是共同致力于超越最好的现行教育制度所能提供的教育。

作为一名教育家型校长要有自己的独立思考,但绝不能单纯靠自己的教育来办学,以一己之念来开展改革。如果是这样,那就是教育的不幸,是学生的不幸。但是在现实中,我们有时会看到这样的情形,不同的校长来上任,都按自己的办学思路走。校长的喜好变成学校的喜好,校长喜好足球,学校就搞足球特色;校长喜欢下棋,学校就搞棋类文化。这些都是有利于学生发展的,但若仅仅是从校长的喜好出发,那么这种带有明显"人治"的学校管理显然是大有问题的。学校改革围绕的中心一定是以适合儿童发展特点来进行考虑。

杜威的教育改革,实质上也是开辟了一条大学与中小学合作办学的路径,这一点也为后来的很多教育改革所借鉴。现在我们看到的很多有影响力的教育改革,无不有这样鲜明的特点。善于"借力",善于与大学结成紧密的互赢的合作伙伴,是现代中小学校长开展教育改革必须要做的,大学一定是直接和间接的帮助和支持的源泉,那些声誉鹊起的高校教育专家无不有深度蹲点中小学的实践经历。

### (五)冷静与理性

教育改革不仅仅凭兴趣和激情,更要有持之以恒的毅力,杜威把人生最好的八年献给了芝加哥实验学校,苏霍姆林斯基把三十多年光阴献给了帕夫雷什中学,那也说明真正的教育家办学一定不是蜻蜓点水式的、作秀式的,一定是以人生最宝贵的时光倾注其中。冷静与理性,既是我们看待教育家们改造学校应持有的态度,也应该是我们自身在开展改革创新时的态度。

教育的孰优孰劣,是很难确定的,这实际上涉及教育的功能问题。如果以儿童的身心和谐发展为取向,杜威的自然是最好的;如果以服务社会为要,那么,传统教育自然以其高效快速而取胜。而问题在于,人们总是希望鱼与熊掌兼而得之,所以,这选择就只能像钟摆一样,左右摆动,难以突破。

20世纪50年代末,杜威的教育思想被认为导致了美国20世纪50年代教育的落后而受到全面批判。过分强调直接体验,轻视理论和间接经验,尤其是书本知识的学习,忽视教育与生活的区别,忽视系统知识的传授,在苏联人造卫星上天之后,对杜威的教育思想批判日盛。当然,当时美国也有学者冷静地指出,杜威的教育思想并不会因为这种批判而暗淡无光,至少要给杜威50年的声誉。

现在,那么多年过去,杜威曾经力图改变的,在我们的教育世界里,还是那么"顽强"地存在着,令我们的学生的生命力深受挫伤。当我们看到现在教育中还是那么重视简单重复的作业,学生孤立地学习,反复地记忆背诵,知识被搞得支离破碎,我们不得不从杜威那里寻求改革的力量。

所以,我们依然可以时时听到杜威的"声音",看到杜威教育思想的"痕迹",显然他的教育思想是有无限生命力的。这一方面表明他的教育思想是如此切中教育的内核,而且我们能够意识到,要切实体现儿童的主体地位、真正推进教育与社会的联系,的确是教育中极为艰难的工作。杜威所提出的一些问题仍然是现代教育所面临的和需要研究解决的问题。

我们现在也有很多实验学校,而且很多老的学校也被改名叫"实验学校",新建立的学校更是多以某某实验学校为名,有了"第一实验学校",还有"第二实验学校"。有人说,为何总是叫"实验"?学生身上有那么多可以拿来做实验的么,是否有点可怕?如果我们的实验学校能真正从这些教育家身上体会到"实验"的真谛并予以落实,那么才可谓名副其实了。

### (六)师生的定位

重视儿童、尊重儿童是教育家们共同秉持的理念。杜威强调学校组织生活要以儿童为中心,必须站在儿童的立场上,并且以儿童为自己的出发点;蒙台梭利也是如此,所有的环境设计都是从儿童的角度出发,满足儿童成长的需求。

教育家们都高度重视儿童的个体主观能动性,反对传统教育对儿童的灌输与压制,提出教育就是要让儿童与生俱来的生命力和能力得到生长,给儿童提供保证生长或充分生活的条件。他们都高度注重儿童的亲身实践与体验,蒙台梭利倡导要让儿童"工作",杜威则提的是"做中学",几乎都是殊途同归的做法。

教育家们高度重视教师的作用,强调教师对教育工作所应有的尊严感和责任感。他们都对教师与儿童在教育中的定位作出明确要求,强调教育教学以儿童为中心,而不是教师"唱主角"。在强调儿童中心的同时,杜威并不赞成教师"放手"的方式,教师从外面强加给儿童或放任不管,都是不负责任的。杜威说"教师不是简单地从事于训练一个人,而是从事于适当的社会生活的形成"。教师不仅应该给儿童提供生长的适当机会和条件,而且应该观察儿童的生长并给以真正的引导。关于这一点,蒙台梭利把教师定位为"指导者",教师的定位主要是引导儿童的心理和生理活动发展。

"每个教师都曾幸运地与杜威的光辉事业联系在一起,从事于我们学会称作'杜威学校'的工作,看到它的门关了,感到极其遗憾。但不是任何门户所能阻挡的东西已经从这个学校留下来,直到它的影响及于全世界为止。"①这是学校停办 30 年后来自这所学校的教师的评价,现在看来也是正确的。

① 凯瑟琳·坎普·梅休:《杜威学校》,王承绪、赵祥麟、赵端瑛、顾岳中译,教育科学出版社 2007 年版,第 340 页。

# 附 录

## 我的教育信条

### 杜 威

**第一条　什么是教育**

我相信——

一切教育都是通过个人参与人类的社会意识而进行的。这个过程几乎是在出生时就在无意识中开始了。它不断地发展个人的能力,熏染他的意识,形成他的习惯,锻炼他的思想,并激发他的感情和情绪。由于这种不知不觉的教育,个人便渐渐分享人类曾经积累下来的智慧和道德的财富。他就成为一个固有文化资本的继承者。世界上最形式的、最专门的教育确是不能离开这个普遍的过程。教育只能按照某种特定的方向,把这个过程组织起来或者区分出来。

唯一的真正的教育是通过对于儿童的能力的刺激而来的,这种刺激是儿童自己感觉到所在的社会情境的各种要求引起的,这些要求刺激他,使他以集体的一个成员去行动,使他从自己行动和感情的原有的狭隘范围里显现出来;而且使他从自己所属的集体利益来设想自己。通过别人对他自己的各种活动所做的反应,他便知道这些活动用社会语言来说是什么意义。这些活动所具有的价值又反映到社会语言中去。例如,儿童由于别人对他的呀呀的声音的反应,便渐渐明白那呀呀的声音是什么意思,这种呀呀的声音又逐渐变化为音节清晰的语言,于是儿童就被引导到现在用语言总结起来的统一的丰富的观念和情绪中去。

这个教育过程有两个方面:一个是心理学的,一个是社会学的。它们是平列并重的,哪一方面也不能偏废。否则,不良的后果将随之而来。这两者,心理学方面是基础的。儿童自己的本能和能力为一切教育提供了素材,并指出了起点。除了教育者的努力是同儿童不依赖教育者而自己主动进行的一些活动联系的以外,教育便变成外来的压力。这样的教育固然可能产生一些表面的效果,但实在不能称它为教育。因此,如果对于个人的心理结构和活动缺乏深入的观察,教育的过程将会变成偶然性的、独断的。如果它碰巧的儿童的活动相一致,便可以起到作用;如果不是,那么它将会遇到阻力、不协调,或者束缚了儿童的天性。

为了正确地说明儿童的能力,我们必须具有关于社会状况和文明现状的知识。儿童具有自己的本能和倾向,在我们能够把这些本能和倾向转化为与他们的社会相当的事物之前,我们不知道它们所指的是什么。我们必须能够把它们带到过去的社会中去,并且把它们看作是前代人类活动的遗传。我们还必须能把它们投射到将来,以视它们的结果会是什么。在前一个例子中,正是这样能够在儿童的呀呀的声音里,看出他将来的社会交往和会话的希望和能力,使人们能够正确地对待这种本能。

心理的和社会的两个方面是有机地联系着的,而且不能把教育看作是二者之间的折衷或其中之一凌驾于另一个之上而成的。有人说从心理学方面对教育所下的定义是空洞的、形式的——它只给我们以一个发展一切心能的观念,却没有给我们以怎样利用这些心能的观念。另一方面,又有人坚决认为,教育的社会方面的定义(即把教育理解为与文明相适应)会使得教育成为一个强迫的、外在的过程,结果把个人的自由隶属于一个预定的社会和政治状态之下。

假如把一个方面看作是与另一个方面孤立不相关而加以反对的话,那么这两种反对的论调都是对的。我们为了要知道能力究竟是什么,我们就必须知道它的目的、用途或功能是什么;而这些,是无法知道的,除非我们认为个人是在社会关系中活动的。但在另一方面,在现在情况下,我们能给予儿童的唯一适应,便是由于使他们充分发挥其能力而得的适应。由于民主和现代工业的出现,我们不可能明确地预言二十年后的文化是什么样子,因此也不能准备儿童去适合某种定型的状况。准备儿童使其适应未来生活,那意思便是要使他能管理自己;要训练他能充分和随时运用他的全部能量;他的眼、耳和手都成为随时听命令的工具,他的判断力能理解他必须在其中起作用的周围情况,他的动作能力被训练能达到经济和有效果地进行活动的程度。除非我们不断地注意到个人的能力、爱好和兴趣——也就是说,除非我们把教育不断地变成心理学的名词,这种适应是不可能达到的。

总之,我相信,受教育的个人是社会的个人,而社会便是许多个人的有机结合。如果从儿童身上舍去社会的因素,我们便只剩下一个抽象的东西。如果我们从社会方面舍去个人的因素,我们便只剩下一个死板的没有生命力的集体。因此,教育必须从心理学上探索儿童的能量、兴趣和习惯开始。它的每个方面,都必须参照这些考虑加以掌握。这些能力、兴趣和习惯必须不断地加以阐明——我们必须明白它们的意义是什么。必须用和它们相当的社会的事物的用语来加以解释——用他们在社会事务中能做些什么的用语来加以解释。

### 第二条　什么是学校

我相信——

学校主要是一种社会组织。教育既然是一种社会过程,学校便是社会生活的一种形式。在这种社会生活的形式里，凡能最有效地培养儿童分享人类所继承下来的财富，以及为了社会的目的而运用自己的能力的一切手段，都被集中起来。因此，教育是生活的过程，而不是将来生活的预备。

学校必须呈现现在的生活——即对于儿童说来是真实而生气勃勃的生活。像他们在家庭里、在邻里间、在运动场上所经历的生活那样。

不通过各种生活形式，或者不通过那些本身就值得生活的生活形式来实现的教育，对于真正的现实总是贫乏的代替物，结果形成呆板而死气沉沉的局面。学校作为一种制度，应当把现实的社会生活简化起来，缩小到一种雏形的状态。现实生活是如此复杂，以致儿童不可能同它接触而不陷于迷乱；他不是被正在进行的那种活动的多样性所淹没，以致失去自己有条不紊的反应能力，便是被各种不同的活动所刺激，以致他的能力过早地被发动，致使他的教育不适当地偏于一面或者陷于解体。

既然学校生活是如此简化的社会生活，那么它应当从家庭生活里逐渐发展出来：它应当采取和继续儿童在家庭里已经熟悉的活动。

学校应当把这些活动呈现给儿童，并且以各种方式把它们再现出来，使儿童逐渐地了解它们的意义，并能在其中起着自己的作用。

这是一种心理学的需要，因为这是使儿童获得继续生长的唯一方法，也是对学校所授的新观念赋予旧经验的背景的唯一方法。

这也是一种社会的需要，因为家庭是社会生活的一种形式，儿童在其中获得教养和道德的训练。加深和扩展他的关于与家庭生活联系的价值的观念，是学校的任务。

现在教育上许多方面的失败，是由于它忽视了把学校作为社会生活的一种形式这个基本原则。现代教育把学校当作一个传授某些知识，学习某些课业，或养成某些习惯的场所。这些东西的价值被认为多半要取决于遥远的将来；儿童所以必须做这些事情，是为了他将来要做某些别的事情；而这些事情只是预备而已。结果是，它们并不成为儿童的生活经验的一部分，因而并不真正具有教育作用。

道德教育集中在把学校作为一种社会生活的方式这个概念上，最好的和最深刻的道德训练，恰恰是人们在工作和思想的统一中跟别人发生适当的关系而得来的。现在的教育制度，就它对于这种统一的破坏或忽视而论，使得达到任何真正的、正常的道德训练变为困难或者不可能。

儿童应当通过集体生活来使他的活动受到刺激和控制。

在现在的情况下，由于忽视了把学校作为社会生活的一种方式这个概念，来自教师的刺激和控制是太多了。

教师在学校中的地位和工作必须按同样的基本观点来加以阐明。教师在学校中并不是要给儿童强加某种概念,或形成某种习惯,而是作为集体的一个成员来选择对于儿童起作用的影响,并帮助儿童对这些影响做出适当的反应。

学校中的训练应当把学校的生活作为一个整体来进行,而不是直接由教师来进行。

教师的职务仅仅是依据较多的经验和较成熟的学识来决定怎样使儿童得到生活的训练。

儿童的分班和升级的一切问题,都应当参照同样的标准来决定。考试不过是用来测验儿童对社会生活的适应能力,并表明他在哪种场合最能起作用和最能接受帮助。

## 第三条 教 材

我相信——

儿童的社会生活是他的一切训练或生长的集中或相互联系的基础。社会生活给予他一切努力和一切成就的不自觉的统一性和背景。

学校课程的内容应当注意到从社会生活的最初不自觉的统一体中逐渐分化出来。

我们由于给儿童太突然地提供了许多与这种社会生活无关的专门科目,如读、写和地理等,而违反了儿童的天性,且使最好的伦理效果变得困难了。

因此,学校科目相互联系的真正中心,不是科学,不是文学,不是历史,不是地理,而是儿童本身的社会活动。

教育不能在科学的研究或所谓自然研究中予以统一,因为离开了人类的活动,自然本身并不是一个统一体;自然本身是时间和空间里许多形形色色的东西,要自然本身使它自己作为工作的中心,那便是提供一个分散的原理,而不是集中的原理。

文学是社会经验的反映和阐明;因此,它必须产生在经验之后,而不是在前。因此,它不能作为统一体的基础,虽然它可以成为统一体的总和。

再次,历史就它提供社会生活和生长的各个方面来说,是具有教育价值的。它必须参照社会生活而加以控制。假如只简单地作为历史来看,它便陷于遥远的过去而变成僵死的、毫无生气的东西。历史如被看作是人类的社会生活和进步的记录,那就成为有丰富意义的东西了。但是我认为,除非儿童也被直接引入社会生活中去,否则对于历史是不可能这样看的。所以教育最根本的基础在于儿童活动的能力,这种能力是沿着现代文明所由来的同一的总的建设路线而活动的。

使儿童认识到他的社会遗产的唯一方法是使他去实践那些使文明成其为文明的主要的典型的活动。

因此，所谓表现和建设的活动便是相互联系的中心。

这便给予学校中烹调、缝纫、手工等的地位以一个标准。

这些科目并不是附加在其他许多科目之外，作为一种娱乐、休息的手段，或作为次要的技能的特殊科目而提出的。我更相信它们是代表社会活动的类型和本形态的；而且，通过这些活动的媒介把儿童引入更正式的课程中，这是可能的，也是值得向往的。

科学研究就它显示了产生现代社会生活的各种资料和方法而言，是具有教育意义的。

目前科学教学的最大困难之一是：这种资料以纯客观的形式提供出来，或者作为儿童能加于他已有经验之上的一种新的特殊经验。其实，科学之所以有价值正因为它给我们一种能力去解释和控制已有的经验。我们不应当把它作为新的教材介绍给儿童，而应当作为用来显示已经包含在旧经验里的因素，和作为提供更容易、更有效地调整经验的工具。

现在我们丧失了许多文学和语言科目的价值，这是因为我们抛弃了社会的因素。在教育学著作里，差不多总是把语言只当作思想的表现。语言固然是一种逻辑的工具，但基本的、最重要的是一种社会的工具。语言是一种交往的手段，是一个人用以分享别人的思想和感情的工具。如果只是把它当作个人获得知识，或当作表达已经学到的知识的工具，那么就会失去它的社会的动机和目的。

因此，在理想的学校课程中，各门科目并不是先后连贯的。如果教育即是生活，那么一切生活一开始就具有科学的一面、艺术和文化的一面以及相互交往的一面。因此，一个年级的固定科目只是阅读和写字，而较高的年级里却开设阅读文学或科学，这是不正确的。进度不是在于各门科目的连贯性，而是在于对经验的新态度和新兴趣的发展。

最后，教育应该被认为是经验的继续改造；教育的过程和目的是完全相同的东西。

如要在教育之外另立一个什么目的，例如给它一个目标和标准，便会剥夺教育过程中的许多意义，并导致我们在处理儿童问题时依赖虚构的和外在的刺激。

## 第四条  方法的性质

我相信——

方法的问题最后可以归结为儿童的能力和兴趣发展的顺序问题。提供教材和处理教材的法则就是包含在儿童自己本性之中的法则。由于情况正是这样，我认为下面的论述，对于决定教育所赖以进行的那种精神是极端重要的。

（1）在儿童本性的发展上，自动的方面先于被动的方面；表达先于有意识的印象，肌肉的发育先于感官的发育，动作先于有意识的感觉；我相信意识在本质上是运动或冲动的；有意识的状态往往在行动中表现自己。

对于这个原理的忽视便是学校工作中大部分的时间和精力浪费的原因。儿童被置身于被动的、接受的或吸收的状态中，情况不允许儿童遵循自己本性的法则；结果造成阻力和浪费。

观念（理智的和理性的过程）也是由行动引起的，并且为了更好地控制行动。我们所谓理性，主要就是有顺序的或有效的行动法则。要发展推理的能力、判断能力，而不参照行动方法的选择和安排，便是我们现在处理这个问题的方法中的一个重大错误。结果是我们把任意的符号提供给儿童。符号在心智发展中是必需的，不过它们的作用在于作为节省精力的工具；它们本身所表现出来的乃是从外部强加的大量毫无意义的和武断的观念。

（2）表象是教学的重要工具。儿童从他所见的东西中所得到的不过是他依照这个东西在自己心中形成的表象而已。

假如将现在用以使儿童学习某些事物的十分之九的精力用来注意儿童是否在形成适当的表象，那么教学工作将会容易得多。

目前对于课业的准备和提出所费的许多时间和注意力，可以更明智地、更有益地用来训练儿童形成表象的能力，使儿童将经验中所接触的各种东西不断地形成明确、生动和生长中的表象。

（3）兴趣是生长中的能力的信号和象征。我相信，兴趣显示着最初出现的能力，因此，经常而细心地观察儿童的兴趣，对于教育者是最重要的。

这些兴趣必须作为显示儿童已发展到什么状态的标志来加以观察。

它们预示着儿童将进入那个阶段。

成年人只有通过对儿童的兴趣不断地予以同情的观察，才能够进入儿童的生活里面，才能知道他要做什么，用什么教材才能使他工作得最起劲、最有效果。

这些兴趣不应予以放任，也不应予以压抑。压抑兴趣等于以成年人代替儿童，这就减弱了心智的好奇性和机敏性，压抑了创造性，并使兴趣僵化。放任兴趣等于以暂时的东西代替永久的东西。兴趣总是一些隐藏着的能力的信号：重要的事情是发现这种能力。放任兴趣就不能从表面深入下去。它的必然结果是以任性和好奇代替了真正的兴趣。

（4）情绪是行动的反应。力图刺激或引起情绪而不顾与此情绪相应的活动,等于导致一种不健全的和病态的心理状态。

只要我们能参照着真、善、美而获得行动和思想上的正确习惯,情绪大都是能够约束的。

除了死板和呆滞,形式主义和千篇一律之外,威胁我们教育的最有害的东西莫过于感情主义。

这种感情主义便是企图把感情和行动分离开来的必然结果。

### 第五条　学校与社会进步

我相信——

教育是社会进步及社会改革的基本方法。

改革仅仅依赖法规的制定,或是惩罚的威胁,或仅仅依赖改变机械的或外在的安排,都是暂时性的、无效的。

教育是达到分享社会意识的过程中的一种调节作用,而以这种社会意识为基础的个人活动的适应是社会改造的唯一可靠的方法。

这个概念对于个人主义和社会主义的理想都予以应有的重视。它恰恰是个人主义的,因为它承认某种品格的形成是合理生活的唯一真正基础。它是社会主义的,因为它承认这种好的品格不是由于单纯的个人的告诫、榜样或说服所形成的,而是出于某种形式组织的或社会的生活施加于个人的影响,社会机体以学校为的器官,决定道德的效果。

在理想的学校里,我们得到了个人主义和集体组织的理想之间的调和。

因此,社会对于教育的责任便是它的至高无上的道德责任。通过法律和惩罚,通过社会的鼓动和讨论,社会就会以一种多少有些机遇性和偶然性的方式来调整和形成它自身。但是通过教育,社会却能够明确地表达它自己的目的,能够组织自己的方法和手段,因而能明确地和有效地朝着它所希望的前进目标塑造自身。

当社会一旦承认了朝着这种目标前进的可能性以及这些可能性所赋予的义务,人们便不可能去设想听任教育者随意地使用时间、注意力和金钱等资源。

为了提醒社会认识到学校奋斗的目标,并唤起社会认识到给予教育者充分设备来进行其事业的必要性,坚持学校是社会进步和改革的基本的和最有效的工具,是每个对教育事业感兴趣的人的任务。

作这样设想的教育是标志着人类经验中所能想象得到的科学和艺术最完善、最密切的结合。

这样形成人类的各种能力并使它们适应社会事业的艺术是最崇高的艺术;能够完成这种艺术的人,便是最好的艺术家;对于这种事业,不论具有任何识见、同情机智和行政的能力,都不会是多余的。

心理学事业的发展增长了对于个人的心理结构和生长的法则的观察能力;社会科学的发展增长了我们关于正确组织个人的知识,一切科学的资源都可以为教育的目的而使用。

当科学和艺术这样携手以后,支配人类行动的最高动机已经达到了,人类行为的真正动力将被激发起来,人类本性中可能达到的最好的事业便有保障了。

最后,教师不是简单地从事于训练一个人,而是从事于适当的社会生活的形成。

每个教师应当认识到他的职业的尊严;他是社会的公仆,专门从事于维持正常的社会秩序并谋求正确的社会生长的事业。

这样,教师总是真正上帝的代言者,真正天国的引路人。

（杜威:《学校与社会·明日之学校》,赵祥麟等译,人民教育出版社 2005 年版）

# 苏霍姆林斯基:把乡村学校打造成世界实验学校

> 你作为校长,不仅是教师的教师,不仅是学校的主要教育者,而且形象地说,也是一个特殊乐队的指挥,这个乐队是用一些极精细的'乐器'——人的心灵来演奏的。你的任务就是会听,而且会听到每个演奏者(教师、教导员、班主任)发出的音响,你要看到并从心底里感觉到每个教育者在学生的心灵里留下了什么。
>
> ——苏霍姆林斯基《和青年校长的谈话》

## 【教育家简介】

苏霍姆林斯基(1918—1970),苏联伟大的教育理论家和实践家。

苏霍姆林斯基的一生与教育结下了不解之缘。就读七年制学校、师范学校师资训练班,做了小学教师;到师范学院函授部进修,调任中学教师;参加苏联卫国战争,负伤后重返教育战线,从中学校长到教育局长。1947年主动申请调回家乡所在地的一所农村完全中学——帕夫雷什中学担任校长,直至 1970 年去世。

苏霍姆林斯基具有执著的教育信念和顽强的工作作风,一步一个脚印,从一名普通的小学教师成长为伟大的教育家。他以帕夫雷什中学为实验基地,同时广泛研究其他学校的经验,孜孜不倦地钻研教育理论,从理论与实践的结合上研究教育的新问题,提出自己的新观点,做出新的理论概括,影响深远。

苏霍姆林斯基担任帕夫雷什中学校长长达 32 年,积累了丰富的学校管理工作经验。他深信,要当好一名校长,就必须一天也不脱离学生和教学。他明确地提出:到学生中去,到课堂中去,到教师中去。苏霍姆林斯基强调培养"个性全面和谐发展"的人,主张德育、智育、体育、美育、劳动教育各方面的协调发展,致力于使学生具有丰富的精神生活和精神需要。

苏霍姆林斯基热爱和尊重孩子,注重用心灵去塑造心灵。他一生研究了 3700 多名学生,教育过 178 名"难教育的学生",这 178 名学生都有一个艰难的教育过程。身为校长,他还兼了一个班的班主任,从一年级一直跟到该班学生毕业,为的是探究儿童的发展规律。

苏霍姆林斯基紧紧把握时代发展的脉搏,工作富有鲜明的独创性和革新精神,从不拘泥于传统的陋习,他的教育思想不仅促进了苏联教育理论和实践的发展,而且把全面发展教育理论推向一个新的高度,可以说是苏联教育思想的集大成者,对世界各国的教育也产生了较大的影响。他的教育实践更是感动并鼓舞了无数教师。

在深入实践的基础上,苏霍姆林斯基完成了40余部教育专著、600多篇论文和2000多篇儿童读物,见解精辟,是教育思想宝库中的瑰宝,他所领导的帕夫雷什中学被列为世界上著名的实验学校之一,他被人们称为"教育思想泰斗",他的书被称为"活的教育学"、"学校生活的百科全书"。

苏霍姆林斯基伟大、光辉的一生给后人的最大启示是,教育理论工作者应深入教育教学第一线,深入细致研究工作,时刻不应忘记肩负的理论研究的使命。真正的教育家应是教育理论家与教育实践家的完美结合。

他的主要著作有:《给教师的一百条建议》、《把整个心灵献给孩子》、《帕夫雷什中学》、《和青年校长的谈话》等。

# 一、"活的教育学"的作者

## (一)他是一面旗帜

苏霍姆林斯基是我们教师所熟悉的教育家,他的很多话经常被引用,"让每一个学生都抬起头来走路"、"能激发出自我教育的教育,才是真正的教育"、"领导学校,首先是教育思想的领导,其次才是行政的领导"。他的名著《给教师的100条建议》、《帕夫雷什中学》等都是教师心目中的经典。

读他的著作,会感觉异常朴实,通俗易懂,没有什么高深的道理或者深奥难懂的理论,像李镇西老师所感叹的那样,"原来教育理论居然还可以写得这样平易而富有魅力"。

的确,苏霍姆林斯基的文字,尤其对于做过教师的读者而言,特别会有"深得我心"之感。如此精辟,击中要害,令人豁然开朗。他的理论是深刻的,更是有血有肉的,每一个教育命题都有着深刻的哲理,这些文字对于眼下的教育现状来说,也具有极大的现实意义。

比起不少教育家的名校毕业或者博士头衔,苏霍姆林斯基的教师起点显得极为草根,他的成长起点就像我们自己,但是他走到了一个令我们敬仰的高度。

中师毕业,经过不断的研究学习,积极进取,获得了副博士学位,并成为教育科学院院士。更重要的是,当然是他对教育的贡献,任教33年,其中包括26年任校长工作的总结。

"经典之所以成为经典,不是因为深奥,而是因为深刻。"教育理论被苏霍姆林斯基说活了,他的教育思想指导和引领了无数教师的发展,这才是真正教育家的本色。和他相比,那些满嘴新名词、深奥概念的专家的确只能称之为"半吊子专家"。

苏霍姆林斯基所任职的帕夫雷什中学原本是一所极为普通的农村十年制学校,由于他坚持不懈的教育改革和实验,使之成为苏联的优秀学校,也被看作教育的圣地和当代世界著名的实验学校之一。

"人生下来,并不是为了像无人问津的尘埃那样无影无踪地消失。人生下来是为了在自己身后留下痕迹——永久的痕迹。"这是苏霍姆林斯基生前总爱重复的一句话,更是他35年教育生涯的真实写照。

他是一面旗帜,对于我们普通教师的感召意义是巨大的,如果我们觉得教育家之路高不可攀,进而望而生畏的话,那么以他为榜样,我们也许会有更多努力的勇气。

### (二)一直站在教育工作第一线

苏霍姆林斯基毕业于一所农村七年制学校,然后进入师范学校学习,1935年开始自己的小学教师生涯。当他第一次走上讲台时,只有17岁,类似于我们中师毕业生的程度。

当然,有一点是可以肯定的,有的人天生就喜欢孩子,并能从中获得快乐。就像我们常说的,"这个人天生就是适合做老师的",言下之意就是说,这个人不但有亲和力,更有这样的潜质。苏霍姆林斯基就是这样的人,正如他自己所言,"孩子们所喜欢的是那种本人就喜欢孩子,离开孩子就不行,而且感到跟孩子们交往是一种幸福和快乐的人"。

在任教过程中,和我们很多中小学教师一样,他选择了继续进修,他参加了师范学院的函授学习,取得中学教师证书后,进入一所完全中学任教,第二年就兼任教导主任,负责全校的教学领导工作。

应该说,这样的工作经历与实践心得,为苏霍姆林斯基今后的教育管理工作打下了扎实的基础。我们所接触到的名优校长,基本上也都具有业务骨干、学校中层的履历。

苏联卫国战争之后,他先后担任过校长、区教育局局长,然后主动辞去局长职位,申请去帕夫雷什中学担任校长。而当他获得院士和功勋教师称号后,各地师范院校纷纷邀请他去任教,面对这个可以离开农村前往城市的机会,苏霍姆林斯基也还是婉言谢绝了。

不愿当局长却想当校长? 这一点对于很多人来说,也许有些不可思议。但在我们的生活中,也确实有这样的事例。有的优秀教师、校长觉得,在学校里更能找到工作的乐趣,而不愿"高升"去当局长。当然,也有人感觉学校工作压力太大,操心太多,而离开教育教学一线岗位的。总之,也许我们不易相信,但是这世界上确实会有一些人,发自肺腑地热爱着教育事业,由衷感受着教育之美、教师之乐,并乐于把自己的毕生精力奉献给孩子们。

显然,对于自身的事业追求与人生价值,苏霍姆林斯基有着非常清晰的认识与把握,并不为眼前的名利所动。他深深地热爱教育教学工作,并能从中找到人生的乐趣和幸福。所以,他很果断地为自己的人生选择了一条从教之路,一生不曾后悔。

当然我们也会很遗憾地发现,一些很有发展潜质并已作出一定业绩的校长,因为想调往城市,或者希望相对安逸一点的岗位,而放弃了自己眼下得心应手的工作,后来因自己的价值得不到充分的体现,而有失落之感。人生的选择总是有得有失,关键在于当扪心自问时,自己的人生是否充实,进而体会到幸福?

显然,一个人对职业的认同感非常重要。如果认为一线工作是"苦行僧"的生活,或者把教师职业视为"蜡烛",燃烧自己照亮别人的,那这样于人于己都不是痛快的一件事。唯有能对教师这个职业产生幸福感的,对学生对自己都是一种幸运,也许这才算是最高境界的教师生活。

# 二、担任战后重建学校的校长

## (一)满目疮痍的学校

经过主动申请,29 岁的苏霍姆林斯基回到他的家乡,到帕夫雷什中学担任校长。

不过当时校长这个职位,并不是像我们现在想象的那么受人尊敬、令人羡慕。当时苏联卫国战争刚结束,他面临的是学校战后重建的繁复工作,29 个月的法西斯侵占,不难想象当时的场景,战争不但使经济受到重创,更在人们的精神上留下了可怕的痕迹,学校的所有设施基本被毁坏殆尽。

让一所学校在战争的废墟上重新站立起来,这个压力是巨大的。事实上,苏霍姆林斯基自己也刚从战场上回来,两块弹片还留在他的胸部,并因此长期受着伤病的折磨。他在 52 岁去世,这个伤病应该是主因,令人扼腕痛惜。

重建学校,首先面临的是生源问题。苏联卫国战争之后,有些学生失去亲人,有些学生流离失所,有些学生身体受伤等,这些教育对象是否愿意留在学校、是否愿意接受教育、是否还能接受教育,都是个问号。当然,即使孩子可以接受学校教育,家长是什么样的态度? 由于家庭教育的支离破碎,学校如何获取来自家庭的支持,也是一个不小的难题。村里还有一些无法查找来历的流浪孤儿,他们小小的身心过早承受了种种困苦磨难,难免对周围世界充满疑惧和不信任,有的孩子甚至把老师的关心与爱护当作一种诡计和圈套。

譬如,维佳的父亲是一名游击队员,曾被德军严刑拷问并惨遭杀害,母亲也在轰炸中不幸身亡,自己成了孤儿,被别人收养。孩子初谙世事,转眼间就经历人亡家破,这种对幼小心灵的打击可想而知,而学校里像维佳这样的孩子比比皆是。"戒心、不信任、痛苦、委屈、怨恨、有意的执拗与固执,每个人的生活遭遇都能写一本书"[①]。

学校教育能给这些幼小心灵予以抚慰么? 能唤起他们对学习和生活的热忱么? 能够给予他们一个快乐童年么? 这真是一个极大的难题。

战争留下的痕迹不可能很快就磨灭,而心灵上的创伤远比肉体上的伤残严重和难以愈合……

总的来说,学校所面对的这些生源,基本可以描述为"没有经过教育的超龄的学生、有着战争创伤的学生"。所以学校教育在这里,就不仅仅是知识传授的任务,其心灵抚慰、因材施教显得更为突出和必要。在这个过程中,有没有温暖和快乐,也就成了学校之于学生吸引力的关键词,这就对教师提出了更高的要求。

而当时学校的教师队伍,也很成问题。在帕夫雷什中学担任教师的,大都刚从战场回来,不少人养成了一副"兵大哥"的作风,又吸烟又喝酒,行事简单粗暴。自然,这与教师这个职业要求相去甚远。

所以,总的说起来,所有的人都需要尽快脱离战争的影响,脱离那种动荡不安的生活,返回到正常宁静的学校生活中来,并对未来充满信心。

初来乍到的校长,该如何入手办学呢?

### (二)培养个性全面和谐发展的人

学校是一副烂摊子,学校虽占地 5 公顷,但可谓是一所极小规模的学校,30多个教师,数百个学生,有点像我们现在的"村校"、"片校"。但是在苏霍姆林斯

---

① 苏霍姆林斯基著:《帕夫雷什中学》,赵玮等译,教育科学出版社 1983 年版,第 29 页。

基看来,这是一个非常适合学生成长的地方,他也并不打算将就着运作,他的心里充满了对未来的设想与规划,否则他就不必辞去教育局长的职位,而来到一所中学当校长。

苏霍姆林斯基的教育理想是,学校的教育目标应是培养个性全面和谐发展的人。这个"发展"主要包含三层意思:一是学生各个方面都能得到发展;二是身心发展,手脑并用,体脑结合;三是各方面发展要有深度和广度,学生的精神生活和内心世界应作为衡量全面发展的一个重要标志。

苏霍姆林斯基特别强调,学生各方面要和谐发展,有机地成为缺一不可的统一体,而其核心是发展高尚的道德。所以,要充实学生的精神生活,使学生成为大写的人,并在各个领域充分表现出自己的天赋才能,使自己的个性得到充分发挥。

我们不少校长往往把"我们要把学校办成什么样子",作为管理工作的首要问题来思考,但这还不是终极目标。因为无论把学校建成怎样的"现代化、民主化的和谐校园",其思考的出发点和终结点都应该是:我们到底想把学生培养成什么样的人?学校所有的一切都应该围绕这一点来展开,培养目标既是出发点,也是归宿。所以,只谈学校怎么建设,而不谈培养目标,无论把校园搞得多气派、多漂亮,都是属于本末倒置的事情。

按我们一般的想法,根据当时的办学条件,作为校长顶多就是做些"恢复工作"吧?譬如,恢复班级、课程设置、教学安排,恢复一所学校所应该具有的一切。而现在,面对这样的烂摊子,苏霍姆林斯基提出的这个"全面和谐发展"培养目标,的确令人吃惊,其难度也许是难以想象。

"全面和谐发展的人",这个培养目标对于我们来说非常熟悉,也是我们一直所倡导、所强调的培养目标,更是我们所向往的一个比较理想的个体形象。但我们不能否认,即使在时下学生素质、教师素质、家长素质都有极大提高的前提下,这目标也是非常之高,是我们一直在努力而难以企及的。当然,这其中会有几个原因:一是目标没有"内化"或被认同,就是我们不少人并没有真正理解目标之于学生一生的意义;二是来自社会、家长的各种要求,使培养方向产生偏离。现在学生课业负担重,学习压力大,使个性全面和谐发展越来越成为一种奢望。

对培养目标的理解,实质上就是一个人的教育理念,而这不仅涉及所学的教育理论,也与个人的人生观、世界观有着密切的关系,而善于不断总结、反思、提炼至关重要,这样才能形成自己的办学理念,而不是来自外界的要求。

如果能发自内心的认同培养目标,能够达到"内化",那么,即使外部环境不够理想,但还是会想方设法,使这目标尽可能地化解在教育实践中。如果内心不认同,那么在实践中也就是做做样子而已。所以,在同样的背景压力下,我们能够看到,有不少学校在想方设法,"润物细无声"地促进学生的全面和谐发展,而不仅仅是"作秀"或者"拒绝";也有一些学校以社会压力为理由,视升学率为唯一,学生和谐发展仅仅是纸上谈兵而已。

苏霍姆林斯基的伟大之处在于,他一方面能高屋建瓴地认识到,个性全面和谐发展之于个体一生的意义;另一方面,他积极探索着实现这一目标的路径与方法。能把这两点都做得很好的,的确非常难。如美国教育家杜威在实践的推进中,也曾遭遇到很大的困难。

苏霍姆林斯基围绕如何促成学生的个性全面发展,对体育、德育、智育、劳动教育都作了全面深入的论述,包括基本框架的搭建,其基本内涵、实施方法、注意点等等,都进行了探讨与实践。

学校工作千头万绪,年轻的校长并没有觉得无从着手,心中有着明确的目标,围绕这个目标的达成,有系统全面的做法,"谋篇布局"既确定,接下来就是选择适当的策略与路径了。

# 三、什么是"合理的教育"?

学校的工作任重而道远。

战争创伤尚未痊愈,战争带来的伤痛、不幸和灾难又是如此深重,根据培养目标,针对学校的具体情况,学校采取了因地制宜、因人而异的做法。而首先要做的,就是以善良和关怀来为学生"疗伤"。

苏霍姆林斯基认为,学校应高度重视学生的精神生活和精神需要,青少年"应当获得自己自己精神生活的完满和幸福,享受劳动和创造的快乐"。他坚信,只要教师能够满腔热忱地对待孩子,并通过"合理的教育",就一定能够还孩子一个快乐的童年。

## (一)张弛有道的学校生活

如何算是"合理的教育"? 苏霍姆林斯基认为,就是要针对学生的身心发展特点实施教育。这句话虽然普通,但是大有含义,这个"特点"是来自当下孩子特殊的内心世界。

学校为 6~7 岁学龄前儿童创办了"快乐学校"。顾名思义,这所学校就是要围绕"快乐"做文章,治疗孩子的心灵创伤,让他们感受学校生活的魅力,爱上学习,爱上学校。譬如,对于小学一年级学生而言,第一课就不应该是在教室里上的,而应该是在苹果树下、葡萄园中、柴草垛旁,到大自然中去学习。针对儿童特点,引导低段学生多听童话故事、说小故事、写小故事。"优秀的教师总是善于激发孩子编写童话故事的愿望。每个孩子都能成为一个编童话故事的人,只是您要善于唤醒孩子头脑中的想象力。"只有感受到快乐,才会逐渐爱上学校生活。

苏霍姆林斯基认为,要真正发展学生的智力,仅靠课堂教学是不够的,必须由丰富多彩的智力生活来保证,这就要扩大知识面,使学生的学习有一个巩固的"大后方"。

因此,帕夫雷什中学推行一套独特的作息制度:上午为课堂学习时间,下午为自由活动时间,这个自由活动时间就是"智力的大后方",为学生的合作、探究、反思提供平台,创造可能性。

有了一下午的自由活动时间,学生中开展多种多样的课外活动小组就有了充分的时间。高年级有各种学科的科学小组;中年级有各种农业小组和技术小组,发展学生的各种创造禀赋和爱好;低年级则有进行各种创造性活动的小组。小组研究方向极为广泛,如无线电技师小组、植物爱好者小组、自然资源考察小组、刺绣小组、劳动创造小组、义务文化小组,等等。

学校高度重视大自然对儿童发展的影响力,为此推出了很多面向大自然的集体活动,譬如"蓝天下的学校"、"大自然——健康的源泉"、"劳动世界"、"幻想之角"、"健康乐园"。学校还设立了"思维课",到野外大自然中去上课,一起去发现新事物,一起获取知识。还有用以满足和发展学生的审美需求的组织,如文学创作小组、童话剧团等。一些小组成员还在学校里为居民举办自然科学知识晚会,在会上作报告,放映科普影片。

在这里,有两个方面是值得关注的:一是教育家办学无不重视学习的"大后方",我们通俗的理解就是,知识的基础、背景知识或者文化底蕴,蔡元培的北大给师生提供了大量的社团活动和各种推进会,杜威学校更是把这个当做主要内容。第二,帕夫雷什中学对于知识本身与生活体验学习的平衡性掌控得很好,把知识学习与实践体验很好地结合起来,显然,这一点就比杜威的芝加哥实验学校似乎要高明些。而芝加哥实验学校的做法,过于注重儿童的亲身体验,重心基本放在活动探究,教师和学生并非能有这样的能力各自掌控,所以教学容易走向漫无边际,的确会对教育质量产生一定的负面影响。

### (二)学校是个资源丰富的地方

苏霍姆林斯基注重学校环境对儿童发展潜移默化的影响力。

他主张要好好布置教室,让墙壁说话,在教室挂名人名言等的标语牌,把深刻的思想渗入到学生的精神生活中去。学校每栋楼和主楼的每一层都设有一个阅览室,主楼里设有数学专用室、语言文学专用室、家长活动角、摄影实验室等,还有非常特殊的一个角落叫"女生角",专门放置女孩子发育成长的书籍,当然这书经常被拿走,但校长一点不介意,因为有些问题女孩子喜欢私下研读。显然,这非常细心的设计连我们现在都望尘莫及。

学校设有剧场、电影厅、用于培植植物的暖房,学校周边有教学实验园地、果树苗圃、养兔场、葡萄园、养蜂场农庄奶品场、水上活动站。学校的花草树木都不是随意种植的,而是"考虑了每棵花木、每朵花所能赋予人的精神生活的某种审美和情绪色彩"。了解了学校的这些设施,就不难想象学校优美和丰富到何种程度了。

学校还设有教员休息室,放有鱼缸、花草、软椅、杂志和象棋,类似我们现在很多学校搞的"教师茶吧"。但大半个世纪前,帕夫雷什中学就已关注到如何滋养教师的闲暇时光的重要性,我们不得不承认其教育理念的先进。

杜威强调学校即社会、教育即生活,蒙台梭利倾心对幼儿园的改造,而苏霍姆林斯基所倡导的是培养人的全面和谐发展这个目标。事实上,这些学校所展现出来的,如尊重儿童天性,以儿童为中心构建学校生活,丰富多彩的实践活动、亲身体验等,这些都可算是这些教育家改造学校的关键词,的确有异曲同工之妙。

### (三)每个节日都是纪念日

学校为学生的成长精心设计着发展的平台,其中一些节日的安排尤其值得在此作一介绍。

一是为即将来读书的学龄前儿童而举办。8月份,安排小学生和两年后要上小学的 5 岁小朋友联欢;6月份,和一年后要上小学的 6 岁小朋友联欢,学生给他们表演节目,招待他们吃学校里自种的水果。

二是为欢迎新生而举办,叫"首次铃声"节。由即将毕业的学生为一年级小学生举办,给新生赠书,移交种植的树,再同栽友谊树。

三是为毕业生而举办,叫"最后铃声"节。这次轮到一年级学生向毕业生赠书,很多成年人、老毕业生都来参加。最后是教师集体的临别赠言,那些赠言既谈到过去,也针对现在,更关乎将来,包括将来的人生态度、奋斗精神,甚至说到婚姻与伴侣,可以说这是一堂非常有意义的人生教育课。

学校和学校之间有太多的相似性,可是,有着这样安排的,实在太少见。但是谁又能否认其中的重大意义?

当一个孩子即将进入小学,这是多么有意义的日子,从此以后他将开始十多年的学校生活。他是多么期待又充满不安,毕竟,那是一个全然陌生的环境。

但那些大哥哥大姐姐是如此热情好客,一下子让孩子胆怯的心灵快乐起来。而他们一下子也感觉自己长大了不少,因为大哥哥大姐姐把那些树移交给了自己照看。

让孩子爱上学习,应该是从爱上这个校园环境开始的吧?而这样的活动,又是能够让学生心灵迅速成长的,让小的孩子感到兴奋,让大的孩子感受责任感。我们会发现,小学里组织去看电影,当高年级的学生牵着低年级小朋友的手,再调皮捣蛋的大孩子脸上都露出了严肃认真的态度,他们是如此细心地照看着身边的小弟弟小妹妹,孩子的责任感就在这一刻迅速成长起来了。

让混龄儿童一起活动,他们相互之间的影响力与榜样作用,是我们成人难以提供的。所以,我们可以注意到,蒙台梭利、杜威、陶行知这些教育家都非常重视这一点。

学校生活真的非常丰富多彩,校园里果树成林,绿树成荫。学校里还有"女孩节"、"堆砌雪城的冬节"、"果园节"、"首捆庄稼节"、"新粮面包节"等校园节日。老师带领孩子到实验田里去种秋小麦,用收获的小麦磨面做成面包,在丰收节上,师生一起品尝自己的劳动果实,而这个劳动果实还用来招待外来的客人们,分享收获的喜悦。总之,很多稍微有点意思的日子都被挖掘出来,赋予了教育意义,譬如春天还有"花节"、"鸟节"、"歌节",唯有热爱生活的人才会有这样的设计!每个日子都值得纪念,学校教孩子用赞美的眼光去看待每一天。

学校还特别重视亲子关系的建设。3月7日是"母亲节",孩子们把自己的手工作品、亲自种植的花、水果送给母亲。学校让孩子在家里和父亲共同植下一棵苹果树,叫做"送给父亲的苹果树",和母亲共同植下一棵苹果树,叫做"送给母亲的苹果树",教育孩子精心培育这些树,和它共同成长。等树长大后,结出第一个果实,让孩子把这个丰收的果实献给自己最尊敬的长辈,在这个过程中,孩子的孝心和责任感就会由此产生并增强。

苏霍姆林斯基说:"我们的学生对童年、少年、早期青年时代都会留下最温暖、最亲切的回忆。"[①]在这个过程中,学生和学校里的一草一木建立了感情,成为成长里的珍贵记忆,以至于这些学生毕业后来信,顺带还要问候校园里的花草树木。

相信当我们读到这些,的确会遗憾我们的孩子每天埋头作业,错过了很多这样美丽的日子。更可惜的是,不少孩子在埋头作业时,逐渐滋生的是对学习的深深厌倦。当然我们也非常注重节日这个媒介,但像"三八"妇女节、春节,让孩子给妈妈洗脚、给父母叩拜之类,倒不如像帕夫雷什中学那样做,这个感觉更

---

① 苏霍姆林斯基著:《帕夫雷什中学》,赵玮等译,教育科学出版社1983年版,第110页。

自然、更亲切。

"凡事总要循序渐进,井井有条,凡在青少年时期丢失的,事后就永远无法弥补。"这句话读来真是令人感叹。我们在当下的生活中,总是为了急于实现目标而无暇他顾,结果使孩子丧失了很多成长的乐趣。不得不承认,我们有多少学校会这样有心去创造这些平台?学生匆匆来去,不少教师、家长只关心考试成绩,只讨论上哪一所好学校,而最珍贵的、最值得纪念的日子,譬如入学日、毕业日,就在这个"匆匆"里流逝了。

而且,坦率地讲,即使是法定的节日,又有多少属于我们的孩子呢?小学生的"六一"儿童节还像模像样,活动也比较丰富。而到了中学,法定假日最多是在家里赶做作业而已,社会和学校都把清明节、中秋节当作放假节,节日的气氛不浓,学生也极少参与,忙着做作业还来不及呢。而当学生也对圣诞节、情人节等各种洋节津津乐道时,我们又不胜感叹,以为"世风日下"。可是,我们是否反思过,我们给孩子们创造多少机会呢?到了初中、高中的毕业班,连春游、秋游都基本取消了。问题在于,这样的活动对孩子的成长是多好的"滋补品"啊!

也许我们总会说,哪有这种空余时间,谁会费心去搞这种"花样"呢?可是,这不要太多时间啊,也许一年就一两次这样的活动,但是其中的教育作用胜过很多节思品课呢。也许正因为穿插了这些活动,才使得孩子缓解或消解了精神压力,甚至挽救了一颗倦怠的心呢。

### (四)家长学校是重要的一环

苏霍姆林斯基清楚地认识到,只有教师跟家长、学校和家庭之间齐心协力的相互配合和深入细致地相互理解,孩子才可能幸福,否则他的生活就可能失去快乐,而没有幸福和快乐,也就没有童年。

苏霍姆林斯基指出,孩子的不良行为和品行主要是因为家庭教育的不到位。他对此深感痛心:"我简直无法理解,为什么工人出了废品要负责任,而摧残儿童心灵的父母却不受惩处?"为了减少这样的问题,提高家庭教育的质量非常关键。另一方面,要搞好家庭教育,建立良好的亲子关系非常重要。

在这个方面,苏霍姆林斯基的看法相当了不起。他认为,学校应该为孩子回家后留出一些空余时间,以便于孩子和家长交流,"孩子平日里不经常同父母在精神接触的那种教育是不正常的畸形教育"①。

苏霍姆林斯基非常关注学生是否有空余时间,因为这个关系到学生的健康发展。每当他强调哪方面很重要时,同时肯定会谈到,必须给那个方面的培养

① 苏霍姆林斯基:《帕夫雷什中学》,赵玮等译,教育科学出版社1983年版,第180页。

提供充分的时间。读书很重要,那就要留出读书时间;个性发展很重要,那就必须留出培养的时间。我们也会经常提倡这个那个,但是总很少去考虑:学生、老师有做这个那个的时间吗?!

所以,总会忍不住感叹,怎么他当时说的做的,我们现在居然还是一样都办不到。我们只能承认苏霍姆林斯基的精辟,一针见血。我们现在的很大一个问题,就是家庭教育的不到位,有的是家长不管,有的是家长管得不得法,而家长因为自己工作忙碌或者只注重孩子的学业成绩,和孩子之间的精神交流更是不多,所以,当孩子出了问题,家长还一无所知。

又如,现在那么多的留守儿童,连和父母碰面的机会都很少。而城市里的孩子也许可以每天和家长碰面,可惜回家后又是埋头作业,几乎没有什么交流的时间。如果父母忙些,更是连打照面的机会都难得有。而一旦孩子出了什么问题,家长是根本摸不着头脑,不知道原因在哪里,有时干脆就是简单的棍棒相加了事。那真的是"畸形的家庭教育"!

苏霍姆林斯基深刻地认识到家庭教育的重要性,"如果我们不做家长的工作,我们就会一事无成"。他是这样推进家庭教育的:

帕夫雷什中学有家长学校,但这个家长学校开展得比我们更彻底,所以一切工作都未雨绸缪。基本上是孩子在学校里学习十年,父母也要在家长学校学习十年,同步跟进。家长学校分不同年级有相对应的课程,供家长选修。关于心理学和教育学的学习要达到 250 课时数。[①] 学校还为没有孩子的年轻夫妇开设培训班,旨在早做准备,让年轻的父母早点学习家庭教育的知识,为以后教育下一代尽快打好基础。

学校领导负责调查家长的教育知识水平,为每个班的课程编排顺序,确定参考书。苏霍姆林斯基亲手编著家长学校教材,如《家长师范教育学》、《家长与高年级学生教育学宣传课》等等。家长学校的各个班每月都上两次课,由小组、教导主任、课外活动负责人、教师和校医讲课。到了后来,几乎每个教师都能担任家长学校的讲课任务了。

在家长学校,学生的表现很可能成为家长暗暗攀比的资料。所以讲课时,学校要求教师避免谈及个别家庭中的纠纷和冲突,更不"抖搂儿童的内心世界","如果我们谈论这些事时,就会使家长们与学校疏远"。而这些内容都放在和家长的个别交流之中,校长不希望教师只会向家长告状,说一些"你的儿子学习不好,你要督促他多用些时间学习"之类的话,苏霍姆林斯基希望教师要学会研究和分析学生为什么不爱学习的内在原因。

---

① 苏霍姆林斯基:《帕夫雷什中学》,赵玮等译,教育科学出版社 1983 年版,第 37 页。

除了讲座,家长学校工作的另一个形式是召开家教经验交流会,把家教不太成功的家长单独请到学校来,给他们上教育学、心理学的课,并邀请家长到学校参加学校联谊活动。

我们一般总是认为,如果缺乏家校合作,孩子的教育效果就会大打折扣。而苏霍姆林斯基对家校合作的意义的认识,显然更进一步。他认为,如果没有来自家长的合作和支持,那么孩子的教育就会成问题,这反过来就会增加教师的工作量,而这个工作量的增加,势必使教师更加没有空闲时间,疲于奔命,对学生的教育肯定受到影响,结果导致家庭教育、学校教育都有进一步崩溃的危险。"为什么教师没有支配的时间呢?原因很多。我认为最主要的是,由于家长的教育素养很低和缺乏责任心,教师就往往不得不承担本来应该由父母担负的义务。"

我们一直强调家庭教育的重要性,却没有点出这一关键的环节,就是不当的家庭教育将会拖垮学校教育,进而拖垮孩子的发展。苏霍姆林斯基看到了这个内在的联系,看到了其中的因素可能导致的恶性循环或者良性循环,他就从这个角度去强调开展家长学校的重要性。而明白这一个道理,显然能使教师们更加理解和重视家校合作,因为坦率地说,没有一个教师愿意在繁重的本职工作基础上再承担当家长的职责的。显然,这个提法远比我们现在的要求更有科学性和说服力,这是一个更全局和更全面的观点。

帕夫雷什学校努力的结果,使家长们对学校建立了高度的信任,并积极承担起教育孩子的责任。苏霍姆林斯基很欣慰:"我们并不经常去学生家里叫家长到学校来。家长们是主动来找我们的。"

# 四、以人为本的学生管理

以人为本,这四个字我们真是太熟悉了。我们经常自己在说,听到别人在说,这说明我们在这个方面都有了比较一致的意识。但是这四个字怎么理解,怎么做,做到什么份上,都是相当有难度的事情。我们可以来感受一下帕夫雷什中学是怎么做的。

## (一)切实关心学生的身心健康

学校深入细致地关心着学生的身体健康。苏霍姆林斯基认为,学生的所谓学习不好、成绩不理想的主要原因是他们身体存在着各种问题。

学校会对本乡4岁的儿童进行登记,由将来教他们的教师和校医一起走访这些孩子的家庭,并借此和家长建立起联系。校医经常在校务委员会上作有关儿童健康状况的汇报,并采取相关措施促进学生的健康发展。每年有对学校课桌椅是否适合孩子身高的总结汇报与调整,连每个年龄段公益劳动的劳动量和时间安排,都要通过校务会议来讨论,而一旦决定,那么即使外来的行政力量也不能改变。

学校所有的课都在自然光线照射下进行,学生的课桌椅都量身定做。校医非常重视对学生视力的检查,一旦发现异常,就加强营养和调整作息时间。对个别身体情况特殊的孩子另外制定作息时间,为了让学生呼吸到饱含氧气而又没有细菌的清洁而新鲜的空气,校园里还科学地种植绿化屏障,选种葡萄、柑橘类植物。

苏霍姆林斯基特别反对快速的教学方式和高强度的学习,认为这会损伤大脑。"学校决不让低年级学生一天在室内进行三个小时以上的脑力劳动",也不让孩子们在就寝前进行紧张的脑力劳动,以保证睡眠质量。上午两节课后,学校食堂会提供给学生一杯牛奶和一块面包,"任何时候都不能让孩子有'饥肠辘辘'的感觉"。张弛有度的学习生活、良好的营养、优美的学校环境,校长也很高兴地发现,"孩子们变得无法辨认了,红光满面,生气勃勃"。

可惜的是,我们现在都没有这样的安排,像初中生早上六点多出门,中午近十二点吃饭,晚上六点左右才到家,的确是"饥肠辘辘"了。所以我们经常看到校门口的小吃摊生意很好,也不能责怪孩子去吃这种不卫生的东西,真的是学校里没地方可找吃的呀。回到家又是连续几小时的作业,然后匆忙睡觉。如果苏霍姆林斯基在世,看到这些,真不知会说些什么!

我们经常说,要让孩子健康成长,可如果吃不饱睡不好,体力就首先跟不上了,哪来的力量去学习呢?所以像学生现在的学习生活,的确有恶性循环的迹象,表面上孩子们的生活条件比苏霍姆林斯基那个时代不知好上多少,可惜身体素质却更差!

身体健康很重要,还要关心心理健康,这更是帕夫雷什中学的重头戏。如何对待那些因心理创伤而越出常规的孩子们,怎样去帮助显出抑郁心情和脱离生活的孩子们?苏霍姆林斯基带动和组织教师全面地研究儿童,成立了"心理学研究会",并开展了心理讲习活动。

学校成立了"心理学小组",除了安排给教师讲习班讲课,还协助教师针对学生特点,搞好教育教学工作。苏霍姆林斯基曾举了一个例子,一个孩子存在学习问题,心理学小组一起来为教师出谋划策,并通过了解孩子的家庭生活,不断提出针对性的措施,终于使这孩子焕发了活力。

当我们谈到学校管理,我们经常有一句口头禅——"以人为本"。而事实上,对有的人而言,这仅仅就是一句时髦话,只表明自己有与时俱进的意识,并不包含其他意思。而帕夫雷什中学的做法,我们不得不承认,这真的是"以人为本"的具体体现。

苏霍姆林斯基仿佛就是一个主治医生,带着一个全科的专业团队,对患者进行着全方位的检查。虽然把学生比作病人,是非常不妥当的比喻,但是如果教师和医生一样,用这样专业和专注的教育态度和方式,对一个人作全面深入的分析与引导,学生怎能不受影响,不被改变?!

### (二)善于激发学生的自我教育

虽然学校为学生的发展搭建了非常好的平台,但是苏霍姆林斯基对这一点的认识很明确:外因总是要通过内因起作用,当学校多角度、全方位地渗透对学生的教育时,绝不能忘记主观能动性之于个体发展的意义。

"离开自我教育,心灵的完美是不可能实现的。"学校提出了实施自我教育的要求,并引导学生通过阅读课外书籍进行自我教育。"要使自己的学生提高到道德发展的这个高度,教师就应当懂得和实施教育上一条简单而明智的真理,这就是:你向自己的学生提出一条禁律,就应当同时提出十条鼓励——鼓励他们从事积极的活动。"[①]

这就是要求学校管理处理好封堵与疏导的关系,这一点的确也是非常值得我们现在的校长学习的。我们现在学校的管理非常规范与严密,学校有很多严格的规章制度,但是在不许学生做什么的同时,我们真该体味一下苏霍姆林斯基的话,在关上一道"门"的时候,能否为学生打开另外一条"通道"?很多事禁止做,搞一刀切是非常简便的,也非常有利于管理,但是我们说"不许这"的时候,有没有"允许那"呢?

苏霍姆林斯基总是强调自我意识的觉醒,按照他的说法,"假若你没有事先单独跟同学谈过他的缺点,没有想方设法使他相信他不对,就不要当着集体批评他。如果你使他认识到了自己的缺点,那么也就没有必要去进行批评,批评就会变成无用的空话。"

学校有对每个学生的教育鉴定,而这个鉴定不是如我们常见的"学期评语",诸如该生成绩良好,希望今后怎样怎样,而是非常精细:他的言语特点是什么,他如何识记?他说话的情感色彩如何?等等。"教师要全面地研究儿童的精神世界。每个儿童的个性都是独一无二的。"苏霍姆林斯基认为,做好儿童的教育鉴定,是教师素养的基本功。关于这一点,我们现在是做得比较好了,就是在学生的成绩报告单上,教师的评语往往写得富于激励和鼓舞人心。

---

① 苏霍姆林斯基:《和青年校长的谈话》,赵玮等译,教育科学出版社 2009 年版,第 178 页。

### (三)教育的人道主义

面对难教儿童,即使发现了问题所在,苏霍姆林斯基还是告诫教师不要贸然闯进孩子的心灵,奋力去"清除里面的邪恶",因为这会遭到儿童的反抗。因为,"邪恶的根扎在他那受了伤害的人格之中,突然的拔除反而会使儿童遭受更大的痛苦"。

的确,我们听到的师生发生冲突甚至发生伤害事故的案例,有一些的确是因为教师的贸然从事所导致,譬如向家长告状、对学生劈头盖脸的批评、动用体罚等等。虽然教师的初衷是好的,也是恨铁不成钢,希望学生快点改正错误,可惜效果适得其反。如果我们能细细品味苏霍姆林斯基的忠告,切实去体验孩子的心路历程,也许我们的工作会多一些耐心和细腻。

在这里,苏霍姆林斯基提到了一个词语——教育道德。他指出,让一个完全正常的、健康而一门成绩不合格的孩子留级,为了不至留级而加点分数,这两种做法都不能算是关心学生,"不管这个学生在学习上多么困难,不管他接受知识多么吃力,都不能让学生时代在他的心灵上留下痛苦的痕迹"。这是"对儿童的命运淡漠无情的表现"。

苏霍姆林斯基打比方说,"如同医生仔细地检查病人的身体,寻找和探究病源,以便着手治疗一样。教师也应深思熟虑地、细致耐心地调查并研究儿童在智力、情感和道德方面的发展情况,探索和研究难教儿童形成的原因。"他认为,这才是教育上的人道主义。"我们平时所说的教师对学生的教育,在什么时候进行得最鲜明、最积极、最深刻呢?这就是在教师的情感接触了学生的情感的时候"。

不仅仅是关注"难教儿童",苏霍姆林斯基还提醒大家关注另一类儿童,这类儿童我们想必也非常熟悉:就是那些什么都不突出、也不表露、不让人操心,但也没有什么让人开心的孩子,他们往往成为师生们忽视的对象,而他们也在忽视中失去了自己的发展方向。苏霍姆林斯基带领教师们共同研究这些孩子的特点,找出相应方法,对症下药。譬如把孩子引入某种环境,创造各种机会,让他担负起责任来,体会成功,找到自豪感。

这才是真正意义上的教育的人道主义!相比之下,我们不得不承认,现在的教育的确显得有些粗糙了。四五十人的大班额,每天密集的课程,课外密集的作业,教师不断的催促,家长不停的催问。我们学生出了什么问题,很多都是靠自我排解,我们何曾停下脚步,去聆听孩子的倾诉?体会他们遭遇的不安、痛苦乃至绝望?我们竭尽全力了吗?

我们能感觉到,苏霍姆林斯基所开展的学生管理,从来不是就事论事,而是追根究底，理清其发展的脉络，找到问题的源头，而这才是标本兼治的一步。譬如教师训斥"难教儿童"，他并不是简单地说不可以，而是建议大家作一番自我回顾，详细分析几个问题，譬如这样做的后果、效果等等，使教师切实认识到简单训斥的无效和不良影响，从而在内心自觉摈弃这样的做法。

# 五、让教师走上幸福的研究之路

## （一）读书，读书，再读书！

随着终身教育时代的到来，打造"学习型社会"成为目前的热点话题。教育界有一个很好的提法，叫"书香校园"。学校本来就是知识传授的场所，而现在，这种氛围就更浓郁了。在这个方面，帕夫雷什中学的做法非常值得我们思考与借鉴。

苏霍姆林斯基提出，培养教师的基本素养，"这就要读书，读书，再读书！"当然，关于这一点校长们想必都认同，而关键在于如何让读书成为每个教师的需要呢？这是个难点，苏霍姆林斯基认为，"只有在教师不仅向儿童传授知识，而且也研究儿童的精神世界，探索脑力劳动和人的个性形成的复杂过程的规律性的情况下，书籍才会进入教师集体的精神生活"。就是说，只有教师的研究意识被激发之后，力图寻求答案时，读书才可能成为必需品。

显然，在帕夫雷什中学，教学、科研、读书都是同一条"流水线"上的事情，也是环环相扣，顺理成章的，并不是很突兀地提出一个读书的概念，读书是"在教师集体的整个精神生活的气氛中养成。"

为了保障教师的学习，学校图书馆藏书量达一万八千册！苏霍姆林斯基还提出了一个基本的条件，就是教师要有空闲时间！因为教师的工作非常耗费精力，所以一方面要有时间休息和调整，另一方面需要找出时间来读书。

帕夫雷什中学有一个规定，教师除了教学工作计划和课时计划外，不写任何总结和工作汇报，在上课以外参加其他活动的时间，每周不得超过两次。苏霍姆林斯基说："必须保护教师，使他们从文牍主义中摆脱出来"①。

相信当我们的教师看到这样的规定时，肯定会非常感动和羡慕。显然，苏霍姆林斯基不仅真正尊重教师职业的特点，更切实关心着教师的精神世界。现在教师的工作非常辛苦，但正如有的学者提出来的，我们的校长、教师在做很多"教育边缘的事情"，有些甚至意义不大，要为应付各种检查、督查，接待来访，上

---

① 苏霍姆林斯基：《和青年校长的谈话》，赵玮等译，教育科学出版社 2009 年版，第 85 页。

交大量的总结材料而疲于奔命,真正留给学习、反思的时间真的非常少。我们不妨来读一段来自《中国青年报》的文章,该文在网上被纷纷转载,读来的确令人感触很深:

> "在参加全国某学科教学比赛之前的一天,我实在忍无可忍,把满桌子教具一掀,把 PPT 课件的分页器一摔,痛哭失声……为了在比赛中获得佳绩,我和其他几位教师已经奋战了将近一个学期。一堂小学阅读故事的英语教学,我们辗转各校试讲已达 26 次。明天就要比赛了,眼看不断的'口误',突然出岔的课件,毫无把握的学生,我紧张、慌乱、焦虑,在一片指责声中,终于崩溃了……可从前的我,开朗活泼,天天乐呵呵;而现在,我表情麻木,眼窝深陷。自从被选为省里唯一的代表参加赛课以来,我已有两个月没有见到孩子了。我现在嘴里的'孩子',是自己所教的 4 个班的 160 名学生……"文末,这位作者愤懑地发问:"这样的赛课究竟会把中国基础教育带向一个怎样的未来?"[①]

类似这样一些打着教育改革旗号的活动,真的是把很多优秀教师给拖垮了,把精力耗尽了,也使他们离自己的学生越来越远,离真实的课堂越来越远,这样的活动到底有多少价值? 相关部门真应该反思并改进!

苏霍姆林斯基也在书中举了一个和我们目前比较相似的例子,"一位校长说:'各种活动毁了我们。从 9 月到次年 4 月就有 92 项活动(活动月、竞赛等)。每搞一项活动都要写总结。就是因为搞这些活动,我们才顾不上去教育学生。'"他对此一针见血地指出,"哪里把精力全都花费在各种突击的活动上,哪里的教育工作就要失掉远景目标。"[②]

我们经常要求教师要全心投入,不让自己的不良情绪影响到孩子,但是却忽略了我们校长应该给教师创造什么样的环境和条件,如何使他们能轻装上阵。而打造书香校园,有空闲时间是第一步,也是至关重要的一个条件。

当然,有了空闲时间,教师并不一定就会投入学习。所以,苏霍姆林斯基认为,可以通过"集体讨论、座谈、生动活泼的争论和钻研精神",并组织一些专题报告会加以引导。当教师产生兴趣之后,可以在教员休息室的书架上放置相关书籍。也可以在校务会议上介绍心理学家的研究成果,把心理学书籍摆在教员休息室的"新书陈列台"上。

苏霍姆林斯基要求每一个教师都要认真读书,他本人也是这样做的。苏霍

---

① 亲历者称参加全国赛课几近崩溃,背后牵涉多方利益[EB/OL].人民网 2012-12-6,http://edu.people.com.cn/n/2012/1106/c1053-19507142.html

② 苏霍姆林斯基:《和青年校长的谈话》,赵玮等译,教育科学出版社 2009 年版,第 181 页。

姆林斯基有自己的个人图书馆,藏书量超过万册,这个图书馆就在他的办公室旁边,向全校师生开放,他们可以随时随意借阅。强调书籍的教育作用是他的一个重要的教育思想。他觉得,没有书籍,也就不是学校了。在他的著作里,我们经常可以看到夸美纽斯、裴斯泰洛奇等教育家的名字,在苏霍姆林斯基遭遇教育困惑的时候,他就反复阅读他们的著作,向他们学习和"请教",他的笔记本里积累了成千上万条期刊摘录和简报。为了孩子们的健康,他还攻读了专门的医学著作;为了对教学工作有更深的把握,他三年内自学完了学校所有科目的教科书和重要的教学参考书。

学校地处农村,但是学校尽力创造条件,丰富教师的课余生活,譬如阅读文学作品,利用节假日到城里去欣赏音乐和歌剧,让老师有散步、看书、在田野里劳动的休闲时间。

我们现在也有学校图书馆和阅览室,但是会有多高的利用率呢? 如果调查一下,可能会令人吃惊,也难怪,因为师生们太缺乏阅读时间了。

### (二)校长怎样听教师的课?

苏霍姆林斯基坚持深入课堂听课。"我给自己定下一条规则:如果我每天不听两节课,就算我这一天什么也没做。"他每天至少听教师两节课,并和教师一起进行分析和探讨。如果有外出或者开会的安排而不能完成这个任务,那么,他就在其他时间增加听课次数来补足。[①]

他认为,校长只有掌握了足够的事实和进行过足够的观察,才能高质量地做好对教育教学的管理工作。否则,"这种校长好比是一个被蒙住眼睛的人在黑暗中徘徊:能听到一点,却什么也看不见,不知道,不理解"。所以他觉得大量的听课是滋养思想的源泉,也才能对教师的教育学、精神世界、视野和兴趣作出正确的结论。这正像我们提倡要对学生进行家访一样,对学生的成长环境有更多了解,才能更多地了解学生。去课堂听教师的课,观察学生的反应,也是最可以了解教师水平的地方。

不过虽然是校长,但苏霍姆林斯基强调听课之后切忌武断地下结论。"因为你在课堂上看到的一切,对于你不可能都那么清楚"。他明确反对用粗暴的干预和行政命令来推进科研工作。"我从没草拟过一道涉及教育过程的指令,这在校长工作是毫无意义的。同样,我也从不把跟某个教师的任何一起最复杂的争论拿到校务会议上去讨论。"[②]他同教师之间从来都是采用"个别的、亲切友好的推心置腹的谈话"。

---

① 苏霍姆林斯基:《和青年校长的谈话》,赵玮等译,教育科学出版社 2009 年版,第 218 页。
② 苏霍姆林斯基:《帕夫雷什中学》,赵玮等译,教育科学出版社 1983 年版,第 33—34 页。

所以,他听课不是去看教师是否遵循大纲的要求,是否完成了教学任务,而是注重教师在教学过程中的独创性和个性化的教学特色,并把有价值的东西吸取过来,变为全体教师的共同财富。更重要的是,他通过听课,来研究教师的眼界、兴趣和精神财富是如何表现出来的。

在追随学生、年轻教师成长的过程中,苏霍姆林斯基并非只是为了应付眼下的工作,而是带着研究的视角不断地深入,在过程中寻找一种规律:孩子是怎么从儿童成长为青年的,年轻教师是怎么发展提高的,等等。所以,苏霍姆林斯基的听课绝不仅仅停留在说几句评语,而是和教师一起开展研究。他建议校长和教导主任都用一本本子,把教学中的点滴收获、成果做法和微小的发现都记录下来。

他非常反对机械的学习方式。譬如,学生日复一日、年复一年地重复着别人的思想,却没有机会表达自己的思想,学生的唯一任务是识记、保持、再现,一切直奔目标,而无视孩子的身心特点和接受能力,这会产生什么样的不良后果?他对此看得非常清楚。"请相信,"他说,"没有比枯燥的教学更可怕的事了,教师只知道要求一件事:快学:从这儿学到那儿。勤奋的孩子就去学习,脱离了大自然去熟记一二页有关大自然的课文,于是孩子最最奇妙的能力——创作童话故事的能力、思索的能力——就渐渐消失了……"

譬如苏霍姆林斯基在听课时,发现学生的回答总是那么贫乏、平淡而又刻板,但是他既不批评学生也不批评老师,他以此为切入点进行研究,详细记录学生的回答,分析他们的词汇量、言语的逻辑性和修辞成分,进而思考:词是怎么进入儿童思维的,儿童是怎样借助词来思考和表达的。结果,他发现教师的课堂语言极大地影响着学生的学习效果。所以,他就和教导主任一起去记录教师的课堂语言,并和教师们进行交流之后召开教学法会议,让每位教师谈自己的观察与思考,并向教师介绍怎样进行词汇教学,从而提出"教师的语言修养问题"这个研究课题,而这个研究工作做了长达 25 年之久! 后来,教师们编写了《大自然课本 300 页》一书,意在教学如何借助大自然多彩的特点来丰富孩子的语言表达。

当然,可能我们现在的校长会对苏霍姆林斯基的工作感到吃惊,这样大量地听课评课,怎么可能,其他工作怎么办?! 的确,目前校长的工作任务更多了,角色定位也更多样化了。但是,无论通过什么途径,校长或者借助其他校级领导的力量,对教学过程有全面而深入的把握,那是必需的。

也有的校长可能会说,苏霍姆林斯基整天待在课堂里,大量地听课,不是成了一个教师专家吗? 哪里还有空搞管理? 但苏霍姆林斯基对这一点说得很明确,他认为,学校教学是根本性的东西,"这是因为我们学校的工作里有一些可称之为奠基石的东西。不砌好这些奠基石,就建不成整个建筑物"。

### (三)校长率先示范

苏霍姆林斯基的这句话经常被引用:"如果你想使教育工作给教师带来欢乐,使每天的上课不致变成单调乏味的苦差,那就请你把每个教师引上进行研究的幸福之路吧。"①

说起搞研究,教师都有些敬畏:一是以为这是专家的工作;二是不知如何入手开展研究,所以感觉研究是一种压力和负担。在这里,苏霍姆林斯基强调说,研究并非是那种"作出科学概括的研究工作",而是成为"理论与实践之间的中介人",产生新的发现。

为什么搞研究,原谅在此大段地引用苏霍姆林斯基的话,因为说得实在真挚而深刻:

> 当我回忆自己担任校长工作的岁月时,什么东西留给我的印象最鲜明呢?首先就是教师的辛苦而细琐的工作,这些工作充满着令人焦虑的有时是痛苦的探索、思虑和挫折。在这项劳动中,也有一些令人感到幸福的发现,它们就像晶莹的宝石一样闪闪发光,不仅鼓舞着校长本人,而且尤为重要的是,鼓舞着与他一起工作的教师。毫无疑问,这些发现和创造精神的发扬,犹如星星之火,能驱散教师当中对工作的冷漠和惰性,点燃创造精神的火花。②

学校每年都举行理论讨论会,专门研究学生的脑力劳动,每个教师都为这类讨论会作准备。校长在会上作报告,分析课堂教学中教师的讲解、学生的回答等情况;教师则向大家报告自己的创造性探索和收获。

譬如有个学生上课注意力不容易集中,比较懒惰,大家都断定他要留级了。但是,最后学校发现这孩子体质不好,通过帮助他调整作息时间,使他的学习情况大为好转。像这种情况非常多,学校总是力图追根究底,找到结果背后的原因,进而对症下药。对于神经官能症的儿童,容易激动,坐不住,就让他学习嫁接果树,用柳条编制用品,意在通过这种细心操作的方式提升注意力的品质。对于身体发展不良的学生,在校医参与下,另外编排体操让他们锻炼。对体育比赛,学校强调的是比漂亮、优雅、协调,而不是速度。

而校长自己就是以身作则的楷模。他自己一生研究了 3700 多名学生,并给每个学生写了观察日记。他能指名道姓地说出 25 年中 78 名"最难教育"的

---

① 苏霍姆林斯基:《和青年校长的谈话》,赵玮等译,教育科学出版社 2009 年版,第 89 页。
② 苏霍姆林斯基:《和青年校长的谈话》,赵玮等译,教育科学出版社 2009 年版,第 5 页。

学生的曲折成长过程。他对于学校管理有着精心的研究和丰富的经验。他的很多论述,现在读来依然有着令人拍案叫绝的效果。"多年来,我对一些学生从一年级到十年级在课堂上的脑力劳动情况进行了跟踪观察。进行这些观察的目的,是要弄清儿童智力和才能发展的最佳条件。"

在我们看来,苏霍姆林斯基实在够忙,他要当班主任、上语文课、每天起码两节听课评课,写论文写专著,管理学校。他每天很早起床,撰写教育笔记,到校门口迎接孩子们的到来,白天从事教育、教学和行政领导工作,放学时又把孩子们送出校门,晚上从事科学研究,整理积累的素材,撰写教育论著。

《难教儿童》《公民的诞生》《把整个心灵献给孩子》《和青年校长的谈话》《帕夫雷什中学》,这些让我们深感敬佩的著作,就是在这样的背景下产生的。

他的著作反映的就是他的工作内容,而工作内容都成为他研究的有机组成部分。这使他的理论如此具有说服力和引领性,具有生命力和鲜活性,因为那是真正来源于实践,服务于实践,并被实践所印证了的内容。

当一个人全程参与、细心观察、深入研究与精细分析,对于各个年龄阶段的不同类型的学生心理,各种不同情境中学生的心理特点,可以说,估计世界上没有一个人能比他更有发言权了。

事实上,苏霍姆林斯基从来没有把科研和教学分成两个任务来完成,在教学的推进中,一直伴随着科学研究。怎么提高教学质量,那就通过科研来解答。显然,这个研究是真正从问题出发,从实际出发,为教育质量服务的。

所以有时我们的中小学老师发牢骚说,现在学生难教。但到底怎么个难教法,你采用过哪些方法去尝试,效果如何,这些却又说不清楚。所以,苏霍姆林斯基的做法真的是非常值得学习。勤于记录,详尽地分析研究,当你沉浸其中并能够作为旁观者来冷静分析时,这样工作才能进入到一个更高的程度,即研究的层面,也才会有更多的收获,这是从事务性教师走向研究型教师的最好路径。

显然,帕夫雷什中学的科研是真正源自实践,为了实践。校长带领教师们针对问题一起开展研究,寻找方法,进而推进教育教学质量的提高,这才是我们所要追求的真正的"教育科研"。而不是像现在很多论文、课题,其出发点在于评职称、求荣誉,这种异化的"繁荣"的教育科研,其价值就可想而知了。

所以,在校长这种理念的倡导下,帕夫雷什中学的科研就显得如此自觉而深入。"十年树木,百年树人。"教师工作是长期的,琐碎的,而科研就是赋予了工作更高层次的意义,科研不是任务,而是提升工作幸福感和成就感的途径。但我们不得不承认,很多时候,我们为研究而研究,为职称而研究,研究成为让人焦虑的一件事，这实在是本末倒置。如果我们能还原研究的本质，真像苏霍姆林斯基所表达的意思：只有带着研究心态去工作，才能使自己的工作获得乐趣，获得工作的价值，而不至于成为教书匠，成为琐碎重复劳动的工具。

# 六、学校管理是集体管理

苏霍姆林斯基一边上课、一边听课，同时还要从事教育著述。而学校也被他调理得井然有序，生机盎然。当然，这其中是有奥秘的，可以肯定的是，他深谙管理之道。

## （一）校务会议的作用

在帕夫雷什中学，有这样一种常识，学校管理是集体管理，而不是对教师集体的管理，学校事务通过集体、通过校务会议，而不是通过校长或者行政命令来落实。

苏霍姆林斯基认为，学校的校务会议是学校集体处理各种问题的一个重要方式，主要解决学校生存与发展的问题。校务会议应由教师、少先队总辅导员、图书馆管理员、长日班教导员、校医、课外小组辅导员、校长、教导主任、总务副校长、5～7名家长委员会委员以及共青团组织的代表所组成。

这样，在帕夫雷什中学就形成这样的工作流程：每周一校务会议，大家交流彼此间的教育心得，对难教学生的问题进行探讨，寻找解决方法。接下来是开展理论报告，预定主题，由教师或校长主讲。校长再与总务主任交流十分钟，之后一天时间里他就不再过问总务问题。校长和教务主任的重头戏在教学工作，就是帮助教师改进教学技巧。两人分头负责，每周用两三个小时进行交流。

事实上，学校的主要工作都是由校务会议来决定。包括教务工作的分配、作息时间的安排、每科的作业量与资料的配置等等。所以，"校务会议的某项决议都是集体集思广益的产物，每个教师都把它当作集体的意志去执行"。他们在分配教学任务时，总是先考虑教师的利益，包括他们的工资，使教师的工资总收入能接近于校长和教导主任的工资。

学校管理不仅是学校内部的工作，也已经把涉及学校方方面面的工作包括在内，就是说，在这个组织，可以聆听到与学生发展直接相关的各方的声音，尤其是来自家长、社区的建议与要求，这是一个大的学校管理的概念。

## （二）分工明确，责任到人

这又是一句我们非常熟悉的话。帕夫雷什中学这一点做得毫不含糊。

学校领导之间需要进行明确的分工。苏霍姆林斯基认为,校长与教导主任之间的分工需要明确,哪些是校长的事务,哪些是教导主任和其他教育管理人员的职责。学校领导之间的管理职责到位,才有利于顺利地开展学校工作。

苏霍姆林斯基认为教师及其团队的教育素养,是领导教育和教学工作的一个重要方面,但不能通过行政命令的方法,而是要有对实际情况的科学分析和对改进教学过程的规划,"据我所知,某些学校的总结报告是由教师们的汇报材料和工作总结拼凑起来的。这还谈得上什么领导素养呢?"

在年度分工时,对过去几年中遇到困难和挫折较多的那一部分工作,特别加以商议并明确由谁来负责,以便今后有个突破。平日里学校的决策、学校的日常工作甚至相关研究,基本就可以在周一解决,接下来就是部门的执行与落实。在这个过程中,校长就不必事无巨细事事操心,或者教师眼巴巴地等着校长下指令。学校的工作就是集体智慧的结晶,而这个集体因为人员组成的科学性,因而这个"结晶"就更显得科学而合理,富有生命力。

明确分工,责任到人,这也正是苏霍姆林斯基能从繁复的学校事务中脱身出来,做了大量事关学校大事和学生发展的研究性工作之关键。

在这种民主合作的良好工作氛围里,25 年中只有 5 名教师离开学校,"因为不符合学校的要求"。从这句话里看出,他们是被辞退的,当然这都是由校务委员会在本人自认为不合适的情况下作出的决定。没有人主动离开或调离学校,由此可以想见学校的凝聚力。

### (三)推进学校工作的另一条途径

随着学校影响力的扩大,学校管理所面临的还要接待来自校外的很多教育考察团。对此,学校表示非常欢迎。

帕夫雷什中学安排人员每个月两次接待来访的学校校长和教导主任,每次用两三天时间开展座谈会、听课、与师生交流。苏霍姆林斯基并不认为这种接待任务是一种压力或负担,相反,这是推动学校发展的一个很好的途径。他说:"这样,就形成了一个提高教育素养的'学校'。"[①]的确,接待外来考察学习者,这是一种旁观者清的视角,能提供给学校不少建议,也促使学校不断提炼与改进,自然对学校而言,也是一种很好的质量提升的契机。

在此基础上,他考虑经验的推广问题。他对来学习取经的年轻校长有个建议,运用别人的经验,从来就是一种创造性的工作。他打了个比方,譬如移植玫

---

① 苏霍姆林斯基:《和青年校长的谈话》,赵玮等译,教育科学出版社 2009 年版,第 2 页。

瑰,就要考察并改善自己这块地的土质,要连土一起移栽,不要伤根。① 这个提法很容易理解,也很科学。

目前,大家经常外出考察、取经,但也常会说这样一句话,"这个经验当然好,但是我们学校不适用"。甚至会说得很绝对,"师资不一样,生源不一样,根本没法用"。但苏霍姆林斯基认为,校长该做好这方面的"嫁接"工作,"校长应当像精心的园丁为玫瑰花准备土壤那样,为借鉴优秀教师所创造的先进经验准备条件"。

# 七、科学定位校长角色

## (一)首先是教育思想的领导

确立培养目标、明确办学思路,在这些事关学生终身发展的重大问题上,苏霍姆林斯基对校长的作用强调得很清楚。他指出,在学校这个集体中,校长是灵魂所在,校长的定位应是:"领导学校,首先是教育思想上的领导,其次才是行政上的领导。"

这一论点得到了教育界的广泛认可与推崇,也成为论述校长作用时引用频率很高的一句话。的确,作为一校之长,是一所学校的行政首脑,肩负管理、教育、发展创新等多种职能,而在学校教育目标的实现和学校自身发展中,办学思想起着至关重要的核心作用。

而事实也证明,我们所接触到的名优校长,可以说无不具有鲜明的办学思想,对学校办学与学生发展有着清晰的认识与把握。

那么,如何保证教育思想的真正落实?苏霍姆林斯基认为,校长要以一个教育者的姿态,在学校的每一个领域发挥强有力的领导作用,将自己的思想变为全体教师的思想,进而推动各项工作的运行。这个过程必须辅之以大量的深入细致的工作,到学生中去,到教师中去,通过学校教育教学及全部工作,将它变为教师的共同信念。苏霍姆林斯基指出:"我们总是力求做到使学校全体工作人员——从校长到看门工人——都来实现教育思想,使全体人员都全神贯注这些思想。"②

在此,我们可以注意到,教育家总是强调学校集体的作用,无论是苏霍姆林斯基还是蔡元培、陶行知,都非常重视发挥学校中每个人的作用,包括每一名校工。

---

① 苏霍姆林斯基:《和青年校长的谈话》,赵玮等译,教育科学出版社 2009 年版,第 13 页。
② 苏霍姆林斯基:《帕夫雷什中学》,赵玮等译,教育科学出版社 1983 年版,第 43 页。

在苏霍姆林斯基担任校长的过程中,他从不把自己的工作局限在行政领导和处理日常事务性工作上,他花了更多的精力与时间,关注与从事教育教学最核心的内容,把"学校工作的最本职的东西——教学、教育、教师和学生——摆在第一位"。在担任校长的同时,还坚持教语文、担任班主任,每天听课、撰写教育日记,这些在我们看来难以想象的事,苏霍姆林斯基用行动表明,这是可行的,也是作为一个有教育理想的校长必须做的。

为了组建优秀的教师队伍,从教学工作出发,苏霍姆林斯基在挑选教师时,非常注意了解教师的兴趣、眼界、精神生活,了解是什么因素促使对方投身教育工作。他了解到一个复员军人颇具教师潜质,就建议他去函授学习以拿到规定学历,并在学校为他设立课外技术活动室,后来这位复员军人成为帕夫雷什中学一名出色的物理教师;还有区里一位编辑部同志热爱园艺,苏霍姆林斯基就想方设法把他"挖"过来,为他创造工作条件,通过这位教师的努力,学校的生物科学、生化科学小组就红红火火地开办起来了。

像这样的例子不胜枚举。在苏霍姆林斯基的著作中,他用大量的篇幅谈到教学工作、分析学生的学习特点。如果我们不预先知道,一定会以为这是一个专家型教师、学者,而不像个校长。事实上,苏霍姆林斯基的做法是抓住了学校管理之"最":教育思想—最宏观,教学课堂—最微观。我们可以简单地梳理一下苏霍姆林斯基作为校长所做的:确立基本的培养目标—深入到学校内部去—让每个人都领会并认可办学理念—做一线的工作—从中不断完善办学理念与培养目标——……显然,这样就形成了从实践中概括理论、又以理论指导实践、再在新的实践基础上发展理论的轨迹。

这些教育实践进一步完善了校长的教育思想,也就能为办好学校提供更坚实的支撑,这样就形成了一个很好的良性循环。这是否就是校长工作取得成功的真谛呢?苏霍姆林斯基一生写了41部专著,600多篇论文,1200多篇文艺作品,有不少教育著作在世界上用30多种文字进行介绍。翻译到我国的有《给教师的一百条建议》、《把整个心灵献给孩子》、《帕夫雷什中学》等。他的书中有大量生动活泼的事例,又有深思熟虑的理论概括,因此被誉为"活的教育学"、"学校生活的百科全书。"

### (二)校长应是个多面手

教学是学校的中心工作,教学质量是学校的生命线。在这个过程中,校长的作用至关重要,但每个人对校长的角色定位都有所不同。有的人认为,校长首先应是个教学能手;有的人认为,校长首先应是个管理专家;有的人认为,校长就应该是个社会活动家。

首先,我们都承认好校长的特长与个性各有千秋,但肯定在某些方面甚至某一方面特别突出的,譬如有的是教学行家,有的处事冷静果断,有的很有创新精神。所以,关于这一点,校长角色该如何定位,倒不妨参照邓小平的理论:"不管白猫黑猫,抓到老鼠就是好猫"。当然,有的校长几乎成了学校的"局外人",不上课,也常不在校,这就有点不合适了。

而苏霍姆林斯基又是一个怎样的校长呢? 如果在当下,他可以被称作为"业务型"校长、"专家型"校长或者"研究型"校长,而他的伟大之处,在于他兼具这三者之优点,而他的教学管理简直达到了"零距离管理"、"贴身管理"的程度。

苏霍姆林斯基对校长角色有着明确的定位。校长首先是一个好组织者、好教育者和好教师,作为一个校长不仅需要懂得广泛的科学文化知识,更要有扎实的专业学科知识,而且还需要精通教育科学知识,掌握影响儿童和青少年的艺术,成为教育教学过程的能手,懂得关于教育艺术的知识,懂得关于如何影响教师和学生的意识、情感等方面的心理学知识。

他认为,"校长应当深刻理解学生的精神世界,理解学生的脑力劳动的特点,理解掌握知识和形成信念的过程。他应当既是一个熟悉业务、经验丰富的教育学家,又是一个心理学家。""校长如果把主要精力放在行政事务工作方面,他就有跟不上教育科学最新进展的危险。"他自己坚持担任一个班的班主任,从快乐学校开始,一直到学生高中毕业。他在 10 年内跟踪研究了学生在童年、少年和青年期的各种表现,目的是想了解孩子是怎样成长起来的。他给孩子们上作文课的时候,凡是布置学生写作文,他总要事先写一篇给孩子们看,而且不同的文体,他都要示范写作。

他甚至说,校长必须懂得中小学教学计划里的所有科目。"我花费了整整一年的时间,分析了一个学生在学校学习的十年期间必须认识的那些概念。"而分析的结果使他深为吃惊,他意识到,如果这么多内容要死记硬背的话,那么学习就会成为学生力图摆脱的沉重负担。这样,他对教师的工作和学生的学习有了更深入的认识,并开始对这些情况予以关注与研究。

我们一直希望老师出成绩,给孩子们"加班加点",可是因为我们没有亲身去体会与体验,所以就难以把握孩子们的课业负担和心理压力到了何种程度,所以也难以使学校管理达到"以人为本"的程度。而苏霍姆林斯基如此深入的研究,就会获得更多的信息,并找到问题的症结所在,这样他也就有更大的决心与信心去改变这一切。

显然,苏霍姆林斯基对教学在校长工作中的重要性如此强调,也有基于现状的考虑。因为当时学校重建,师资质量明显跟不上,如果校长不是内行,那提高教学质量真的就无从谈起。"作为学校的主要教育者,必须经常地、有意识地发展自己的这种能力:善于看出各种现象之间的联系,并且善于进行理论上的概括。"当苏霍姆林斯基在观察、交谈、思考的同时,他用文字详尽全面地记录着这一切、研究着这一切。

苏霍姆林斯基正是基于这样的理念去实践的。

# 八、想象一下这样的学校

对于帕夫雷什中学,我们可以有一个初步的想象:

在学校里,绿树成荫,果园飘香,这都是师生们共同努力的结果。

每个走廊都贴有名人名言,校园环境经过有心的布置,很有文化氛围,极具教育意义,各种教学实验室设备齐全。

学校不大,但是课堂很大很多,不仅在校内,也延伸到校外。学生们上午认真地上课,有时还选择到野外、大自然中上课;下午则有丰富多彩的活动,参加田园劳动、开展体育活动、读书活动、小组合作学习,有时静静地读书思考、写写心得体会。学生吃得好、睡得好。

这是手脑并用、劳逸结合、张弛有道、充满乐趣的学校生活,相信这也是容易让孩子们喜欢的学校生活。

当苏霍姆林斯基撰写《帕夫雷什中学》时,学校有 35 名教师,受过高等师范教育的有 25 人,25 人工作 10 年以上。无论是谁,都不曾想过要到别的地方去或者脱离教育工作。学校有 276 个学生,他们的父母过去也是该校的学生,而且已经有第三代进入这所学校读书了。

其他没什么变化,一样的老师,一脉相承的学生,在苏霍姆林斯基看来,这样的熟悉程度,对教育非常有利。他甚至描述了这样一个温馨的场景:"当你朝小孩子或者少年看去……便会情不自禁把他跟他那位当年同样坐在这个教室里乃至坐在同一张课桌的父亲或母亲相对照。"[1]

苏霍姆林斯基的女儿回忆说,他父亲是一个让人感到温暖的老师,很温和,他绝不会粗暴地触碰孩子的心灵。他是具有独立人格、自由思想的知识分子,他首先忠于的不是上级的文件,而是学生的心灵。在 20 世纪五六十年代,苏维埃教育理念中可谓"没有儿童"、"没有课余时间",而帕夫雷什中学则特立独行并坚定不移地弥补了这一缺失,为此承担了来自外界、行政上的不小压力。他多次对违背教育规律、侵犯儿童心灵的指令予以坚决的抵制,同一切形式主义的教育作毫不妥协的斗争,因而曾遭到粗暴的批判。[2]

---

① 苏霍姆林斯基:《帕夫雷什中学》,赵玮等译,教育科学出版社 1983 年版,第 49 页。
② 李镇西:《追随苏霍姆林斯基》,华东师范大学出版社 2009 年版,第 166 页。

所以在这里,我们可以发现,像蔡元培、陶行知、蒙台梭利这些教育家在办学时,都不可避免地遭受到来自外界的各种压力,社会舆论、上级行政干预,有时压力还非常大,但是这些教育家都是把校长职位、自身安危置之度外,而把他们认准的教育理想坚定地落实下去,其独立人格可见一斑。

苏霍姆林斯基,这位教育界的巨擘,在成为苏联教育科学院院士和世界知名人士后,仍留在农村。如果说,他把人生的分分秒秒都奉献给了教育事业,那是毫不夸张的。当然他的工作实在太拼命了,到了太不爱惜身体的地步,这是我们唯一不能够提倡和学习的。他的中年过世,也让无数人为之扼腕叹息。

现在的帕夫雷什中学,曾前往该校考察的李镇西老师这么描述:"帕夫雷什中学是在大路边的一个高坡上,学校朴素而精巧。远远看去,绿树掩映中的白墙红楼,明快而和谐。"

这样的学校真令人向往!

## 小结:期待这样的校长和学校

有位被保送到香港科技大学交流的清华学生曾在文中这样写道:"我已经二十出头,可是见女孩子就一身不自在;会解各式各样的方程,却不能解决自己的困惑。""多年来,我成功地通过了一次次考试,最终却不知道为什么要通过这些占据人生的考试。所谓的优秀学生,只是在不停地让自己去符合那个优秀的外在标准来满足自己的虚荣心。而自己,那个真正的自己却从来没有存在过,没有发育过。"①

我们的教育一直都在"四五十"中"打转":四五十个学生、四五十分钟教学、四五十平方教室。没有空闲思考,与外界脱离,甚至都没有空去看看天空的颜色、留心花朵的绽放。满脑子的作业与试卷,埋头苦读,使学生身心俱损。可以肯定,一味停留在课堂内的学生,要拓展对学习的热忱与深度,是勉为其难的。这一点,我们现在的学生"厌学"情绪之严重,就是明证。

但是中小学校长、教育行政部门也各有苦衷,大家都难以说清,导致这个困境与恶性循环的症结在哪里。也正因为这个突破的难度,社会各界才格外期待并呼唤教育家的诞生,来挑战这个教育的瓶颈。

我们现在每年都会有一个话题非常热门,就是"哪一所学校更好"?大家都在打听和交流,大家都非常向往让孩子既获得学业上的长进,也希望得到健康的成长。面对这样的问题,我们作为教育工作者经常一时也难以回答,但是我

---

① 一个清华学生在香港留学受到的心灵震撼. [EB/OL]. http://blog. csdn. net/DaNmarner/article/details/1327846 2006-10-9

相信，面对帕夫雷什中学，相信我们的内心会涌出深深的信任感；我非常愿意把孩子交给这样的学校。这样的学校会是无数家长愿意选择的对象。

真的，也实在不能想象，这样的一所小学校处在战后这样的办学条件，竟然能搞得如此丰富多彩，真是太了不起了！有句话仿佛就是为帕夫雷什中学而说，"学校的成败，最起作用的因素是'人'在其中产生的作用，而不是人数和场地"。

苏霍姆林斯基关于个性全面和谐发展的教育思想深得人心，而这些内容与途径并非是因为一时脑热，而是基于对学生发展的深刻了解与把握。可以说，唯有对个体发展有深切研究的人才能意识到这一点，也唯有具有独立见解的人才能做到这一点，这正是体现了作为一名教育家的特质。业务型、专家型、研究型的校长，可以说是三类校长，也可以说是一个校长的三个方面，显然，苏霍姆林斯基属于后者，而这就是成就他成为教育家的"基座"。

在苏霍姆林斯基的著作中，精彩描述比比皆是，不但切中当时的问题，对于几十年后的教育，依然有着切中时弊的精确，也击中了我们难以言说的忧虑。几乎他的每一句话，都如此贴切而到位，几乎都可以作为"引经据典"的一部分，具有"名人名言"的效果，字字珠玑，都有价值，都值得引用和推介。

当然，苏霍姆林斯基当时所面临的行政环境总的来说还是比较单纯，没有像现在那么多的"评估"、"考核"、"达标"等任务，当时的主要任务就是怎么把学校办好。而且毕竟处在偏远乡村，受到行政干预的力量会相对小些。李镇西老师说，苏霍姆林斯基的学生即使"最坏"，可能也不过是懒惰、调皮、顽劣等，而不是我们现在所面临的"差生"。的确，时代发展到今天，学生中出现的问题，譬如我们现在的校长就难以有这样了然于心的熟悉，譬如大量外来务工人员子女，来自全国各地，流动性大，复杂的家庭环境、文化背景，教育处在不断调整与适应的过程中。这显然远远超过了苏霍姆林斯基的预见，他的教育思想显然不能包治百病。

而从另一个角度来看，任何时候都有办学的困难，其难度的表现形式不同，也许没有可类比性。只因为我们所面对的是成长中的学生，而这些学生的成长背景就是社会大背景，如果说，社会的复杂性导致了教育的复杂性，那么因此而导致的变幻莫测，许正是教育的魅力所在，也是每一个校长所必须回答的一个问题。

对于教育家，从来就没有一个非常明确的规定。学历高、知识渊博可以成为教育家，起点低、努力发奋的，也可以成为教育家型校长；一心扑在课堂里，在孩子们中间的，可以成为教育家型校长；不上课但善于规划、长于设计的，也可以成为教育家型校长。每个人在教育的一个方面有突破，都可以成为教育家型校长。这没有统一的定论，但是热爱、投入和执着，应该是首要条件。他们的教育，是在实践中而不是书斋中思考和探索教育问题，是真正充满人性的教育。

一个真正的教育家总是能在教育瓶颈、困境中闯出一条新路来。这也正是政府和社会对此深怀期待的原因吧。

# 附　录

## 教师集体的创造性工作中的研究因素

### 苏霍姆林斯基

只有在教师不仅向儿童传授知识，而且也研究儿童的精神世界，探索脑力劳动和人的个性形成的复杂过程的规律性的情况下，书籍才会进入教师集体的精神生活。前面几章里已经讲过，由于教师集体有了教育信念，所以在他们的日常工作中便产生了研究的因素。教师的工作就其本身的逻辑、哲学基础和创造性质来说，不可能不带有研究因素。这首先是因为，我们与之交往的每一个个体，在一定程度上都是一个具有自己的思想、情感和兴趣的独一无二的世界。如果你想使教育工作给教师带来欢乐，使每天的上课不致变成单调乏味的苦差，那就请你把每个教师引上进行研究的幸福之路吧。在这里，校长对教师进行个别工作有着广阔的天地；在这里，有收获和发现，也有快乐和苦恼。谁能感到自己是在进行研究，谁就会更快地成为教育工作的能手。

应当附带说明的是，这里指的并不是按其严格意义来说的那种科学研究工作。一个人可以创造性地工作，但是并不一定进行那种通过大量事实而作出科学概括的研究工作。我们这里讲的是研究那些已被教育科学解决了的问题。一个能创造性地工作的教师，一旦成为理论与实践之间的中介人，他对上述那些问题就会经常有新的发现。

这里讲的是我们的工作性质本身要求我们进行的那种创造性研究。这样的研究能丰富集体的精神生活。10多年来，我们学校的每一个教师都在对教育和教学过程的某一个问题进行研究。下面就是部分教师在一学年中研究的课题："诗歌及其在当代青年精神生活中的作用"，"男女青年道德理想的形成"，"爱国主义情感与爱国主义信念"，"如何培养学龄中期学生的有道德价值的需求"，"如何在学习新教材时使学生的思维过程积极化"，"如何培养学龄后期学生的有道德价值的需求"，"美育和智育"，"学龄中期学生的个人荣誉感和自尊感的培养"，"学龄中期学生集体中的道德关系"，"随意注意和不随意注意"，"个人与集体的相互关系"，"如何把我们社会的道德财富传给青年一代"，"一年级学生的善恶概念的形成"，"一年级学生公正和不公正观念的形成"，"学龄初期学生集体中的道德关系"，"学龄初期儿童教育中的审美情感","思维过程迟钝的儿童","大自然在学龄初期儿童的美育中的作用","学龄初期儿童劳动中的美感","少年的个人爱好的培养","学龄初期儿童思维的个人特点"。

读者可能要问:是否每个教师集体都能胜任这些研究工作呢?刚担任领导工作的青年校长,是否可以向教师提出在教育和教学过程中做一些研究工作呢?一个教师只要善于分析自己的工作,他就能成为有才干、有经验的行家。一个校长尽管缺乏经验,但总要先从某一点上做起,踏上教育智慧的第一个阶梯。而这第一个阶梯,就是分析自己工作中遇到的种种教育现象。

对教师来说,研究工作并不是什么神秘的、高不可攀的事。不要一听说研究就胆怯。教育工作(只要是真正创造性的劳动),就其实质来说,已经接近于科学研究。这种亲缘关系首先表现在两者都要对事实进行分析,并且都必须有预见性。一个教师只要善于深入思考事实的本质,把握事实之间的因果关系,他就可以防止许多困难和挫折,避免教育工作中那些令人伤脑筋的意外事件。这些意外事件在学校里是多么经常地发生,多么严重地干扰着教育和教学工作的正常进行啊!例如,一个学生一向被认为是安分守己的,可是他突然做出了流氓行为;另一个学生一直到四年级学习都不差,但是突然间落进了差生的行列。而如果教师能根据对于事实的分析,预见到学生在明天、一年乃至三年之后会成为什么样的人,那么这种意外事件就会大大减少。如果缺乏预见能力,教育工作对教师来说就会变成一种很苦的差使了。

给教师在日常工作中的创造性研究创造条件,这是学校领导工作的一项任务。这项任务对于每一位善于思考和分析事实的校长来说,都是可以做到的。我认为,要引导教师去进行创造性研究,最好先从向他们展示观察、研究和分析事实的方法做起。事实——这是教育过程的客观规律的现实的表现。只有善于弄清事实的本质,才能弄清下面三个因素的相互依存关系:第一,生活本身所给予的东西(即儿童入学时客观上已经具有的特性和特点);第二,教师所做的事情;第三,将要达到的目的。

教育现象就是上述三种因素的逻辑上的共性和一致性。教师只有不是消极地承认所发生的一切,而是自己去积极地影响它们,创造它们,他才能成为对学生个性发生积极作用的力量,他的劳动才具有创造性。创造性研究的一个极其重要的因素——预见性,正在于教师通过对事实的观察、研究和分析而创造出教育现象。不研究事实,就没有预见性,就没有创造性,就没有丰富而完满的精神生活,也就没有对教育工作的兴趣。不研究事实,不积累和分析事实,就会产生像某些校长忧心忡忡地谈到的那种不良现象——教师得过且过和因循守旧。只有对事实进行分析和研究,教师才能从司空见惯的事情中看出新的东西。从平常的、司空见惯的事物中看到新的方面、新的特点、新的细节,这是养成创造性劳动态度的重要条件。这也是兴趣和灵感的源泉。倘若一个教师没有学会分析事实和创造教育现象,那么对于那些年年重复的事情,他就会觉得枯燥乏味,从而失去对自己工作的兴趣。而如果教师对工作不感兴趣,那么学生对于学习也会觉得索然无味。教育经验的实质就在于每年都有某种新的事物展现在教师的面前,而就在这种对于新事物的探索中教师施展着创造力。

低年级女教师 M·H·维尔霍维妮娜从事创造性研究工作已有 10 多年了。她在校务委员会的会议上,在区和州的讲习班上作过好几次报告。这些报告曾在学术刊物上发表(但她从未把发表当做主要目的)。在刚开始进行创造性研究工作时,她并没有显得比其他教师有什么特别的长处。只是在实际工作中有一个问题使她感到不安,这就是儿童入学前的训练、家庭里的智育和德育问题。有些儿童在入学时,知识面很窄,言语很贫乏,给教师带来许多苦恼。造成这种现实的原因何在,却难以作出回答。我就建议这位女教师研究各种事实,分析孩子们入学时已经具备哪些概念和表象,研究他们的思维特点,同时注意观察他们家庭的精神生活,观察他们在有意识的生活中迈出最初几步时所处的智力的、道德的和审美的环境。

对事实的初步研究、观察和对比进行了几个月。这位女教师把每个孩子的智力发展情况跟他们的父母的爱好、文化水平、见识范围进行了比较。在进行观察的第一年末就作出了这样的结论:儿童的智力发展水平取决于家庭的文化修养。这些结论说明,对儿童入学前的训练必须及早地予以关心。这位女教师跟来年即将上学的孩子们的父母进行谈话,她建议家长要丰富家庭的精神生活,开阔儿童的眼界,扩充儿童的表象、概念和兴趣的范围。家长们接受了女教师的建议,购置了书籍作为家庭藏书,并让学前儿童阅读儿童读物。在儿童入学前的几个月,女教师定期地把她未来的学生集合到学校里来,带他们到田野里,到河边。这是一项很有意义的创造性工作,其意义在于扩大儿童的眼界,丰富他们的积极词汇,发展他们的思维能力。她总结了这项科研工作,写成论文发表在共和国的杂志上。

现在,这位女教师正在研究思维过程迟缓的儿童。她学会了如何观察、分析和研究事实,如何把本质的东西和非本质的东西区分开来。她认为,学生的学习劳动是一种教育现象,其根源不仅在于学生的先天素质,而且取决于教师的积极劳动。经过研究和分析的事实,能为深入思考、进行总结提供丰富的素材。这是每个善于思考的教师都能做到的一种真正创造性的研究。例如,就拿有关感知与思维之间的依存性的初步结论来说吧,对事实的分析表明:思维的个人特点在很大程度上取决于对周围世界的感知的个人特点,而正是后者往往被人们忽略。教学生思考,首先就要求考虑学生的个人特点。

你刚开始担任校长工作时,可能会认为,你的学校里没有经验丰富的、得力的教师,很难激发起教师的首创精神。如果你想培养出这样得力的教师,那么我建议你跟他们一起从研究儿童是怎样感知自然现象、怎样感知周围世界这样一个问题做起。你的面前会展现一幅有趣的图景,你会看到:孩子们如何观看鲜花盛开的果树和雷雨将临的景色,他们察觉到哪些东西,什么使他们激动不安,这一切是在如何决定他们的思维和言语的。你会弄懂一些问题,但同时也会产生大量的疑问。

你遇到的疑问越多,今后就越能成为一个富有探索精神的、细心的观察者。

创造性研究的意义,不仅在于教师发现并研究了教育过程中到目前为止尚未被人注意的某个方面,而且在于这种研究能从根本上改变教师对自己劳动的看法。创造性研究能使教师不再把教育工作看做是同一些事情的单调乏味的重复,看做每天在各个年级里千篇一律地讲课和复习巩固等等,而是看做永远常新的、独一无二的创造活动。哪里的教师看不到教育现象的蓬勃的生命力,感觉不到自己是教育现象的创造者,哪里的怠惰、消极、漠不关心等这些学校生活中的不良现象,就会迅速蔓延开来。

创造性探索和研究的精神是一种娇嫩的、变化莫测的东西,学校领导要以高度的修养来对待它。这种精神不能容忍粗暴的干预和行政命令。如果你想引导教师进行创造性的研究,借以丰富教师集体的精神生活,使每个教师都能确立起作为善于思考的和具有创造精神的个性的自尊感,那你就千万不要忘记,教育创造是永无止境的。你在听课、分析课和给教师提建议的时候,切忌武断地下结论。当你在分析课堂上看到的一切时(这是应当做的),切莫把优点和缺点加以绝对的划分,你应当跟教师一起思考,一起讨论,提出自己的想法和疑问。这是因为你在课堂上看到的一切,对于你不可能都那么清楚。你要善于发现自己还不清楚、不理解的东西,跟教师一起思考这些还不理解的地方,这正是促使教师进行科学探索和科学研究的最初的动力。

还有一点也很重要。如果你想以创造性探索的精神来丰富教师集体的生活,那么你自己就应当是一位探索者和研究者。你自己没有火花,就无法点燃起别人的火焰。你是学校里为首的教师、为首的班主任、教师的教师,你的面前有着进行创造性探索的真正无限广阔的天地。你和其他教师一样,也是一名教师,这是一方面。但另一方面,你是站在指挥岗位的教师,在你的面前展现的教育天地比一般教师要更加广阔。你有一个非常优越的条件:你经常有机会把各种事实和教育现象进行比较。教师和学生之间的精神交往,就在你的眼前发生。这种教育现象的特殊之处在于:它是教育思想、教育观点和教育信念在人们的关系、行为和行动中的体现,是人类智力的、道德的和审美的财富从教师个性向学生个性的传递。其实,你正可以就教育创造中的这个永远常新的问题进行创造性的研究和探索:从极其复杂的、多方面的关系中研究教师和班主任,研究他们深刻的个性特点,因为归根到底,正是这些个性特点决定着作为科学、技巧和艺术三位一体的教育的奥秘。在教育科学研究中,有许多问题吸引着我,而其中一个主要问题,就是教师的个性问题。人道精神、同情心、真诚和严格要求是师生关系的基础,这既是道德思想,也是教育思想。但这种思想在十个教育能手身上就会有十种完全不同的表现。当我研究教师的带有深刻个性的东西的时候,我深入地思考着:究竟这些道德思想和教育思想是怎样在这个人的精神世界中折射出来的,他是怎样成为一个指导教育过程的能手的。

即使你还没有任何经验,更不善于概括教育现象,即使你昨天刚来到学校当校长,你也应当今天立刻开始对这个永不过时的问题进行观察:教师的个性在如何塑造着学生的个性。你的研究可以从这样一条基本真理出发:一个精神丰富、道德高尚、智力突出的教师,是能够尊重和陶冶自己学生的个性的;而一个无任何个性特色的教师,培养的学生也不会有任何个性特色,他只能造成精神的贫乏。你可以仔细观察一下师生之间的相互关系,想一想为什么有的教师能像磁石一般把儿童吸引在自己的周围,而有的教师却使儿童疏远。如果你把自己的思考和观察集中到一点,通过分析把一些片断的事实连接成广阔的教育现象,那么你就会发现一些很有意义的规律。

教师集体的精神财富,就是教师间精神财富的经常交流。只有当每个人对同志们都有所贡献时,集体的生活才能生气蓬勃。没有这种精神贡献,生活就会变成单调的例行义务。

教育书刊中关于教师集体的团结友爱已经谈得很多。那么教育上的这种同心协力从何而来呢?用什么力量才能使集体成为一种统一的起教育作用的因素呢?这种力量在于我们的劳动受着道义的鼓舞,在于有丰富的智力生活,在于有多种的智力兴趣。任何行政命令和指示都不能使一个教师把自己的经验和技巧传递给另一个教师。只有当一个人的奋发精神、聪明才智、博学多识和丰富的智力生活吸引着别人的时候,这种传递才有可能实现。

我坚信只有当学校里有一个由具有创造精神的教师组成的核心时,才能形成一个真正的教师集体。而这个核心必须具有一种伟大的人道思想,即我们手中掌握的是世界上最宝贵的财富——人。我们如同雕刻家雕琢大理石那样在塑造人。这个毫无生气的石块中有美妙的线条,我们要把它们发掘出来,而把所有多余的东西去掉。学校领导者的任务,就是要使具有这种思想的创造核心成为鼓舞全体教师的力量。只有相信人的人,才能成为真正的能手。

教师集体的精神生活,并不局限于教育上的兴趣。我们还有其他的兴趣,其中首先就是对文学艺术和音乐的兴趣。我校教师的读书兴趣是多方面的。用俄文和乌克兰文出版的一切有趣的书,我们都看。我们读书产生的印象、心得和情感,就像一些极细的线把大家联结成一个友爱的大家庭。一本有趣的书,往往争相传阅,把大家带进艺术财富的宝库和社会的、审美的、道德的天地里。大家最爱看的是反映当代生活的文艺作品,对古典文学的兴趣也很浓。大家喜欢在闲暇时间乃至在上课前的时间议论所读的书籍。这已成为我们精神上的需要,满足这种需要使我们感到快乐。我们经常留心新书的出版情况。许多作品引起我们很大的兴趣。我们总是急切地渴望读到苏联作家的最新作品。我们也以很大的兴趣阅读外国进步作家的著作。

对文艺作品的爱好,正是教师和学生在其中相互接触的一个精神领域。我们认为,一个班主任,无论他教的是什么学科,都应当善于通过论述文艺作品的机智的、有趣的谈话,用艺术作品中反映的当代青年的理想来吸引自己的学生。

生活在农村,接触音乐文化很不容易。但是我们力求也不脱离精神财富的这一源泉。夏天,许多教师到莫斯科、列宁格勒、基辅去。他们每一次都利用这个机会去欣赏音乐和歌剧。但是对我们来说,通向音乐世界的主要窗口还是那淡蓝色的荧光屏。几乎所有的教师家中都有电视机。学校也有3台。晚上我们需要有空闲时间,首先是为了欣赏音乐。学校的唱片室里保存着许多优秀音乐作品的录音带。教师可以随时去欣赏他此时感兴趣的音乐。

多种多样的个人爱好也在丰富着教师们的精神生活。有的教师喜欢园艺,有的喜欢养蜂,有的喜欢种植花卉,有的则喜欢到家乡的山林草原去旅行。

教师如果到学年末由于脑力的过度紧张而感到精疲力竭的话,那就谈不上进行创造性的劳动了。让教师有休息的时间,有机会看看书,能在果园里挖挖土,或者到树林里散散步,这些都是完满的精神生活不可缺少的条件。我之所以如此详细地讲到这个问题,因为它是充实的精神生活中非常重要的条件。在任何情况下都不能允许一个教师在执教25~30年之后,当他正要领悟教育的真谛的时候,却感到自己已经精疲力竭。这一点,在教育创造这个大课题中,在把教师集体变为一种统一的教育力量这个大课题中,可以说是一个非常尖锐的问题。一个具有25年到30年教龄的教师,应当仍然是精力充沛、不觉疲倦的人,对他来说,带孩子们一起去行军,在散发着清香气息的干草垛旁露宿,不应当感到是一种负担,而应当感到是一种乐趣。要使我在前面所说的那种教师集体的精神财富的交流成为可能,就必须使那些积累了多年教育经验而头脑精明的人不致变成婚礼席上可尊敬的"证婚人",变成老态龙钟、人们为了尊重他们的白发而把他们选入主席团,给他们献花的人,而应当是好活动的、精力充沛的、新的精神财富的创造者。

(苏霍姆林斯基:《和青年校长的谈话》,教育科学出版社 2009 年版)

# 蒙台梭利:让我们的儿童自己生活

> 新型教育的基本目的就是认识并解放儿童,与之相关的首要问题就是儿童如何幸福地生活。
>
> ——蒙台梭利《童年的秘密》

## 【教育家简介】

蒙台梭利(Maria Montessori,1870—1952),意大利幼儿教育学家,教育史上杰出的幼儿教育思想家和改革家,是继19世纪德国教育家福禄贝尔之后,对西方乃至整个世界的学前教育产生最重要影响的人物,是举世闻名的"儿童之家"的创始人。

作为意大利历史上第一位学医的女性和第一位医学女博士,蒙台梭利怀着对儿童发展深切的关注和热忱,全身心投入教育实践,对儿童早期教育进行了半个多世纪的教育实验与研究,并通过"儿童之家"的教育实践,向世人展示了她的儿童观和儿童教育理念。她撰写了多部幼儿教育理论著作,开办了国际训练班推广她的做法,极大地推动了现代幼儿教育的改革和发展,其影响遍及世界各地。这一点,从我国学前教育的理论与实践中也可见一斑。

蒙台梭利的教育体系深深根植于实验教育学和实验心理学。她认为,儿童具有一种强烈的、天赋的内在潜力,随着个体的不断发展并通过运动而渐渐呈现出来。儿童的运动需要相应的环境。而构建良好的环境,不能从成人的角度出发,而是要从儿童的自然发展角度出发,从儿童的角度和意愿来安排,要求环境(刺激)适合儿童的内在需要和兴趣。给予儿童更多的发展自由,教育必须以儿童为中心,而不是以成人为中心,以课程为中心,这就是蒙台梭利所提出的"让我们的儿童自己生活"的观点。

蒙台梭利认为,教育有生物的和社会的双重目的,体现在不同年龄阶段,各有侧重。教育是促进儿童内在生命力充分发展的过程,在儿童的形成时期,主要帮助儿童自发地发展智力、精神、身体和品格。

蒙台梭利高度重视儿童的早期教育。她指出,儿童发展具有阶段性,儿童个性建设阶段是出现一个又一个的敏感期。她提出了"敏感期"这一重要概念,认为这是一个创造力旺盛的时期,任何发展疏忽和偏差都将导致永久的缺陷。忽视了敏感期的训练,就会造成难以弥补的损失,这正是很多低能儿童之所以低能的主要原因。所以,作为教师应该对此保持警觉并作出适当的反应。儿童只有前期发展良好,后期才能更好地适应环境。

正是看到儿童成长环境的重要性,蒙台梭利经过多年的潜心苦研,为儿童的实际生活练习、感官训练以及初步的知识教育,探索出一条科学而极具可操作的方法与路径,创设了致力于"完美自由"的学习环境,研制了能够促进心智发展的种种教具。她的努力不仅使心智缺陷儿童发展到正常儿童的水平,而且使一些普通贫寒又无秩序的儿童成为一个个聪明自信、有教养、生机勃勃的少年英才。

随着研究与实践的深入,蒙台梭利把关注的目光投向更多的人。她不断拓展自己的研究领域,研究青春期、研究新生儿,并通过开设国际培训班,四处演讲,宣传自己的主张。她的影响力遍布世界各地,在世界范围内引起了一场幼儿教育的革命,可谓为促进儿童智力发展和实现世界和平奋斗了一生。

蒙台梭利的著作主要有:《蒙台梭利方法》、《童年的秘密》、《儿童的发现》、《童年的教育》、《有吸收力的心理》等。


随着学前教育事业的不断推进,如何更好地促进儿童的健康发展,正成为关注与研究的重点。对于广大的学前教育工作者而言,蒙台梭利教育思想的影响力可以说最大最广,她的理论与实践不仅是学习的对象,更是不断落实的内容。

在过去的老观念中,甚至现在有些地方也还有这样的看法,视幼儿教师的工作为简单劳动或保姆式工作,"管管孩子、不出事情"就好。所以不难想见,这种观念在蒙台梭利所处的年代,肯定更为普遍和司空见惯。所以,蒙台梭利能在这个领域作出影响如此深远的贡献,可以说具有划时代的意义。

相比于基础教育发展的广度与深度,与杜威、苏霍姆林斯基比起来,处在学前教育领域的蒙台梭利并不为更多的教育工作者所熟知,也许只闻其名不知其详。而在众多伟大的教育家中,选择蒙台梭利的意义在于:一是因为目前学前教育受关注的程度;二是因为在伟大的教育家队伍中,作为女性的教育家真是太少了。

蒙台梭利,意大利著名幼儿教育家,毕生致力于儿童研究和教育实验,构建了科学的幼儿教育方法,创办了举世闻名的"儿童之家",并通过开办国际训练班,使更多的人受益,可以说,她使现代幼儿教育向前迈了一大步,被誉为"幼儿园的改革家"，"国际公认的进步幼儿教育的先驱"。

她是怎么办幼儿园的？又是怎么在这个领域作出革命性的探索和巨大贡献的？对我们，尤其是学前教育工作者，又有什么启示？这一次，让我们带着一知半解的答案，去好奇地走近蒙台梭利，领略她独特的教育风采。

# 一、医学博士走上教育改造之路

## （一）初显的开拓勇气

从史料上看，蒙台梭利一贯是一个勇于开拓的女性，在青年时期就显露出非凡的勇气，表现出要打破性别歧视的积极倾向。

蒙台梭利是意大利历史上第一位学医的女性，家人的反对与学业的压力都不能使她回头，父亲甚至停了她的经济资助。当时，教师是向女性开放的为数不多的职业之一，但她放弃了，而是选择了当时多数年轻女性闻所未闻的医疗事业。当然最后还是与教育结缘，成为学前教育领域的先驱，这是后话。

蒙台梭利就读医学院，不但要面对男同学的好奇或歧视，而且因为不能混班上课，不得不独自待在实验室解剖尸体。对于一个女孩子而言，的确是一个不小的挑战，所以不难想见蒙台梭利坚定的毅力与为实现理想而产生的决心。

1896年，蒙台梭利成为意大利第一位获得罗马大学医学博士的女性。之后，蒙特梭利在一个精神病诊所担任助理医师，还在罗马大学担任哲学课程、实验心理学课程及人类学的教师职务，并深入小学开展"正常儿童的教育组织方法"的研究工作，这样的发展历程为之后的研究奠定了极为宽厚的基础。

有相当扎实的医学专业功底，一直从事理论研究与知识传授，不断地深入实践一线，对儿童发展怀有深切的关注与关心，具有这种功底的人即使放在今天，也算是凤毛麟角的了。这些工作阅历为她研究儿童发展提供了极为科学全面的视角，并使她今后的研究方向日渐清晰。

## （二）智障儿童的问题是教育问题

在诊所工作时，蒙台梭利发现了一个突出的问题，就是智障儿童的待遇很不好，处境很不妙。他们与精神病患者一起关押在疯人院里，处于被置之不顾的境地，没有任何可致发展的教育环境，几乎任其自生自灭，这使智障儿童的成长雪上加霜。蒙台梭利不忍心看着孩子们受苦，凭她的专业基础，她也敏锐地感觉到，这其中是有一些工作可以做的，极富同情心的蒙台梭利决心要用自己的智慧帮助他们。

但是蒙台梭利意识到,关于如何在特教与幼教的结合方面,她的知识还是比较欠缺的。为此,蒙台梭利开始钻研特教前辈专家的理论及其作出的探索,甚至为了加深理解,她还亲自翻译、亲手抄写他们的著作。为了拓展教育知识,她还去修学了教育学课程,深入学习了所有过去 200 年间的教育哲学论著,尤其是卢梭、裴斯泰洛齐和福禄贝尔的著作。她逐渐意识到,应该把这些孩子视为自身需要学习的人,而不是接受治疗的患者,他们是可以得到很好的发展的。

在钻研过程中,她的思路逐渐清晰,认为弱智和捣乱儿童的过失性行为形成的原因是缺乏足够的预防性措施,她提出了一个发人深省也是引起轰动的观点:"儿童的智力缺陷主要是教育问题,而不是医学问题"①。她呼吁,应对智障儿童转变观念,从医学治疗角度转向教育培养层面,这些儿童应当与正常儿童一样享有同等受教育的权利,学校教育应为儿童提供"有准备的环境"及相应的课程设置。

这一观点显然与当时的想法和做法大相径庭,在社会上引起了强烈反响。人们虽心存疑虑,但也充满期待。是的,如果能使这些智障儿童得到很好的发展,自然是造福社会之事。为此,蒙台梭利的观点引起政府的高度重视,意大利教育部部长委托蒙台梭利对罗马从事低能儿童教育的教师进行培训,并任命她为国际精神治疗学院院长,希冀她在这个方面能作出引领性的探索。

蒙台梭利在那里工作的两年里,有一段时间整天和孩子们在一起,像个小学教师一样,每天从早晨七点到晚上七点,对他们进行观察、引导、比较分析,有时亲自施教。她白天从事教学和观察,晚上撰写心得体会,在这个过程中逐渐形成了一整套对智障儿童进行观察和教育的特殊方法,并制作了相配套的辅助教具。

教育学和医学的完美结合,双管齐下,而贯穿全部的是,蒙台梭利对于儿童深切的关心与理解。最后,令人惊喜的是,这些儿童不仅学会了读和写,和公立小学的儿童放在一起测试,结果比正常儿童还要好。而国家考试结果证明,她的实验成功地使那些儿童在某些方面的发展达到甚至超过了正常儿童的程度,这显然说明,"残疾的心智仍然是可以成长和发展的"。

她成功了! 这的确是令人振奋的消息。可以想象,在这个过程中,蒙台梭利付出了怎样的心血! 我们都愿意说奉献,但是这个奉献,不是一天两天,而是好几年,而在这几年中,你就不可能有别的生活或安排,只能全心投入,天天和这些孩子待在一起,不断地尝试与改进,疲惫、困惑、怀疑、惊喜,这些情绪交叉出现,所以这个辛苦是不难想见,也时时在考验着一个人的信念。蒙台梭利自

---

① 赵祥麟主编:《外国教育家评传》,上海教育出版社 2003 年版,第 527 页。

己也说："但是我要承认，当我努力提高学生的智力时，我自己都感到疲惫，好像已把我自己的一部分给了他们。"

但即便如此，蒙台梭利还是从中发现这项工作的意义之所在，并看到了今后自己的努力方向，"我们所说的鼓励、安慰、爱、尊重，都来自人的灵魂。我们越是慷慨地付出它们，我们周围的生命就越快地恢复元气，获得新生。"为此，她把这两年的实践称之为"我在教育学上的第一个真正的学位"①。

教育家的伟大就体现在这里。

# 二、创办"儿童之家"

## （一）日渐清晰的研究方向

应该说，蒙台梭利对于智障儿童的研究取得了非常显著的成绩，这成绩表明，即使是残疾的心智仍然是可以成长和发展的，如果教育得当，其作用尤其大。这使得人们看到了教育的力量，也使人们对智障儿童的发展重新寄予希望。

蒙台梭利自然也欣喜地看到了孩子们的成功，但她并没有满足，因为随之而来的问题就是：怎么智障孩子的水平能够超过正常儿童呢？"怎么可以让一个健康正常的孩子处于比心智残疾的儿童还要低的发展水平上呢？""我正在研究公立小学中那些幸福又健康的孩子，为什么他们会落到我所教育的不幸孩子们的智力水平？"一个健康正常的孩子处于比心智残疾的儿童还要低的发展水平上，这的确是匪夷所思的事情。蒙台梭利已经感觉到了当时的教育存在着很大的问题，这就引发对蒙台梭利对下一个问题的思考和研究，她进一步想到：既然智障儿童都可以在这样的教育引导下成功，那么我们这些正常儿童是否也可以有更好的发展？

关于这个问题，不独当时蒙台梭利有这样的困惑，现在有位特殊教育专家针对目前教育存在的弊端，也曾有过类似的感叹：我们把特殊儿童培养成了正常人，但我们也把正常儿童"培养"成了"特殊人"。的确，现在宁波的特殊教育进展得相当不错，一些孩子毕业后可以进入企业工作，过上普通人的生活。而我们也看到，一些孩子原本挺正常的，却因为教育不当，结果发展偏颇、身心不健康，成了不正常的孩子。这个问题的确引人深思。

蒙台梭利确信，自己为智力缺陷儿童设计的教育方法也适用于正常儿童，

① 刘华编著：《蒙台梭利》，科学出版社 2009 年版，第 22 页。

而且会获得更为显著的效果。"我更确信同样的方法应用于正常的儿童则必会促进他们的发展或释放他们的个性,而达于不可思议的和令人惊讶的程度"①。蒙台梭利为这个设想以及信心所激动,她决心献身于正常儿童的教育工作。至此,蒙台梭利的研究方向日渐清晰,而为此作出的决定也就开启了学前教育发展的新篇章。

但蒙台梭利不是一个仅凭热情而工作的人,她希望研究有着更深厚的理论基础。因此,她又回到罗马大学,进修哲学、普通教育学、实验心理学和教育人类学,为自己今后的工作扩大和夯实自己的理论基础。

这个阶段值得引人关注,也许可以看做是蒙台梭利人生的转折点,也就是说,她的职业身份开始从医生转变为教育家,并从此为学前教育开辟出一条新路来。

显然,蒙台梭利对儿童发展怀有深切的关怀,深具无私奉献的高贵品质。在成为知名学者之后,她一直努力发挥自己的智慧与能力,为更多的人服务、提供帮助。如果说,开始仅仅是一些智障儿童引发了她的同情心与帮助意愿,而随着研究的推进,她越来越致力于为更多的人奉献智慧。

后来,她还开办了国际培训班,并把研究范围延伸到新生儿和青春期,并力图以教育来拯救世界、进而创造世界和平。也许她也没意识到,开头的工作仅仅是一个楔子,而从此之后,她发现了越来越广阔的研究世界,发现了值得自己一生研究并奋斗的事业,深深地投入并为之着迷。

所以,教育家一定是具有探索精神,并能够锲而不舍地钻研下去的人。在这个过程中,压力、困难都无足道,唯有目标是清晰的。所以伟大的教育家一定不是沉迷于一个小范围成功的人,一定是胸怀人的一生发展的人,一定是胸怀更多人的人。

### (二)担任"儿童之家"的负责人

20世纪初,意大利大多数民众基本上是文盲。罗马有大量的处于社会底层的人口蜗居在贫民窟,后来,贫民窟和棚户区被拆除,代之以新的建筑群。但令房地产商头疼的是如何处置那些6岁以下的儿童,他们到处乱跑,把墙壁和庭院搞得一团糟,最后只好把他们集中起来,关在楼房底层的房间里,由一位妇女看管,可谓不堪其扰。

蒙台梭利知道这一情况之后,主动提出为这些孩子们做点事情。1907年,罗马的"幼儿之家"成立,蒙台梭利因邀出任负责人,指导如何管理这些孩子。

① 刘华编著:《蒙台梭利》,科学出版社2009年版,第21页。

这是一个极富挑战性的工作。这些儿童尽管没有明显的身心缺陷，但生活在棚户区的他们还是在社会化行为方面存在不小问题，说得坦白些，几乎就是没人管教的"野孩子"。而且，这个挑战不仅来自工作本身，更来自对一个人内心的考验：这是针对贫民窟里的穷人孩子的教育，作为当时已有一定声望的全国第一个医学女博士，是否愿意去这样的小地方，在差环境下工作？即使在博士多多的今天看来，也似乎非常"屈才"了。

但是这个工作非常符合蒙台梭利的愿望，"当我得知我有一个由自己支配的幼儿班时，我就想把这个班变成一个科学的实验教育学和儿童心理学的实验场地"，"我希望跟别人的研究保持联系，但同时又坚持自己研究的独立性，不抱任何先入之见地去从事我的工作"①。

显然刚开始时，蒙台梭利把这个当作自己科学研究的一部分，而到后来，蒙台梭利越来越感受到教育的魅力，感受到来自孩子们纯真心灵的冲击。"我，以信仰为证，就像那个单纯的阿拉丁一样，也想手里攥着一盏神灯引领我到一个迄今尚未开发的处女地，但让我意想不到的发现却是隐藏在孩子们灵魂深处的宝藏，它是这样一种新的、令人惊讶的启迪，而不是那种可能被称作'我的具有重要意义的对于正规科学的贡献'的东西，它把我的方法从其起源的地方一直传播到全世界"②。

在这一刻，我们总能发现一个教育家的特质，就是他们的选择一定不是与待遇、环境、地位有关，而是与探索精神、事业心和使命感相连，来自他们内心对教育的执着追求和深深热爱，并愿意为此付出自己的一生。苏霍姆林斯基是这样，蔡元培是这样，蒙台梭利同样如此。

60个3～6岁的孩子，平日里"放羊式"的养育导致种种散漫、不听话，显然这是一群很不好管的孩子。但蒙台梭利显然不是来做"保姆式"的幼教工作，对儿童有着深切关心的教育工作者显然能读出更多的内容。

在"儿童之家"，作为医学博士的蒙台梭利首先着手定期记录人体测量的情况，为此还特地设计了一个人体测量仪和相关的登记表格，并根据观察与检查结果和家长交流，鼓励教师多方面了解家长情况，进而确定必要的治疗方案，或者到儿童家里进行全面的卫生检查。

蒙台梭利很快找到了教育的切入口，她通过深入细致的观察，惊喜地发现：这些儿童有着很好的潜质，譬如他们能够自我约束，有强烈的个人尊严，能够作出明智的选择。"我像一个农人一样开始了我的工作，我已经储藏了小麦的种

① 单中惠、钟文芳、李爱萍：《蒙台梭利幼儿教育著作精选》，原青林等译，华东师范大学出版社2009年版，第3页。

② 刘华编著：《蒙台梭利》，科学出版社2009年版，第84页。

子，而且我开辟了一大片肥沃的土地，这样就可以按照我的愿望播种了。但这并不是我的目的。当我翻开地上的草皮的时候，我发现了金子，而不是小麦。草皮地下隐藏着财宝。"①所以这也是蒙台梭利后来一直提醒的，儿童是"未被了解的人"，教育必须建立在心理学的基础之上。

致力于正常儿童的教育探索开始了，蒙台梭利没有采取任何传统教学行为的典型做法，她决定踏踏实实地对传统的教育来一番真正的改造。

# 三、幼儿教育新思路

每一个教育家虽然研究领域不一，但是他们的办学方式都有着相通的一点，那就是他们对教育都有着明确的定位与方向，这使得他们的整个工作路径极为清晰。我们不妨来看看蒙台梭利的改革思路。

## （一）培养独立而自由的人

蒙台梭利对教育目的是这样设定的，她希望把儿童培养成"强壮的人"，即"独立而自由的人"，而这个"独立"和"自由"的关系是，"如果一个人不能独立，就谈不上自由"。

如果仔细品味这句话，真的是相当经典。从我们当下来说，非常具有启迪性。我们有的人虽然害怕独立，但因为独立要承担很多责任，所以还是不想、不愿独立，后来就变成了没能力独立，而导致结果是，永远失去了享受自由的乐趣。这就像旅游，如果你跟团走，那么你就难以享受自由的快乐；如果你选择自由行，虽然要事必躬亲，但是真的能享受"自由"的乐趣。如果我们能够把这个道理想清楚，也许我们会努力让孩子独立，让更多的人努力学会独立。

在蒙台梭利看来，这一点对儿童的发展相当重要。所以，蒙台梭利一直为之努力的是，就是让儿童独立，学会独立做事、独立生活。

要达到这样的目的，不同阶段的教育定位是不一样的。蒙台梭利认为，教育目的是双重的，即生物的和社会的，但这两者不是并重的，在不同年龄阶段各有侧重。儿童只有在前期良好发展的基础上，后期才能更好地适应环境。从这个角度看，成年人的发展不良，也是与前期基础没有打好有关。蒙台梭利希望教育通过促进人的自发发展，使儿童正常化，进而使成人正常化，最终达到社会的正常化。

那么，怎么教育孩子？蒙台梭利认为，儿童不应该被看做是软弱的无助的，

---

① 刘华编著：《蒙台梭利》，科学出版社 2009 年版，第 36 页。

而应该被看作是一种"精神胚胎"，是一种积极的精神生命。所以在儿童的形成时期，即前期阶段，蒙台梭利对教育是这样定位的："帮助儿童自发地发展智力、精神、身体和品格。"这里要注意的是，蒙台梭利并不是说"帮助儿童发展"，而是"帮助儿童自发地发展"。言下之意，教育的作用绝不是"强制"、"控制"，一定是促进、引导、引发，而发展还是要靠儿童自己，蒙台梭利强调和注重的是儿童的个体主观能动性。

显然，这个"自发"是把儿童放在教育的主体位置，而不是"被动的"、"受压制的"。蒙台梭利认为，儿童具有一种强烈的、天赋的内在潜力，儿童的生命潜力是通过自发冲动表现出来的，这外在表现就是儿童的自由活动。教育应是成年人对儿童发展的积极支持，包括儿童身体的生长发育和灵魂的发展升华。

蒙台梭利在《有吸收力的心理》一书中深刻地分析了儿童心理发展的过程。3岁之后可以说是一个分界线，之后孩子开始了一个真正的构建时期，能够有意识有思考地应付他的环境，而且较多地用双手去"占领"世界。为了让孩子的双手"有去处"，蒙台梭利发现，在欧美国家，人们用玩具来满足儿童的这个需求，但玩具并不太适合触摸和玩弄，最多就是沙子，但又怕沙子弄脏弄湿孩子的衣服，结果就什么都不让孩子去做。

显然，这是个成人的世界，从来没有为儿童考虑他们所需要的东西，结果就出现这样的情况，"在这个对儿童来说无意义的世界中，儿童无目的地漫游，不断地捣蛋闯祸、弄坏自己的玩具，以及徒劳地寻找精神上的满足。"蒙台梭利以此来解释儿童为何总是给家长添乱的原因。不但在当时，就是现在，估计家长们看到这样的结论也会吃惊，也许从来没有意识到，每天因为孩子调皮捣蛋而生气，其实原因和问题还是出在成人自己身上。

所以，在蒙台梭利学校里，就不会有这种事情发展，这里会提供适合孩子的环境和各种用品，这是孩子们所需要和欢迎的。这个时候，孩子就突然发生变化了，他们找到了适合自己的生活环境，并感受到了自己的能力，这使他们快乐、自然，他们在自己的世界里忙碌，也根本不会去跟成人捣乱了。

### （二）发现和解放儿童

蒙台梭利认为，幼儿的心理发展既有一定的进程，又具有隐藏的特点。在适宜的环境刺激下，幼儿会积极和有选择地从外部世界中吸收成长的养分，并内化为他心理的一部分。因此，蒙台梭利认为，幼儿的心理是一种有"有吸收力的心理"。但是，如果儿童在形成时期遇到种种阻力和障碍，那么其身心发展就会产生缺陷，也因此带来成年后的不正常。

关于这个观点，相信不少人会深有同感。的确，每当我们聆听一个成年人的故事,总能在其中发现童年投下的阴影,其养成的性格、其为人处世的方式,都与童年的经历息息相关。可以说所有的人都带着历史而来,这个历史就是童年的记忆与遭遇,直接或间接地影响着今后的人生。

在这个过程中,难辞其咎的是成人和教育,"儿童所有的心理畸变都有一个原因,即儿童不能采取他发展的独特形式,因为他在自己的形成时期遇到一个有敌意的环境"。蒙台梭利不解的是,家长为孩子所做的事甚至比蜜蜂和其他昆虫为它们的后代所做的要少得多,即使做了也不恰当。

譬如,蒙台梭利对孩子为何发脾气有个很有意思的解释:"儿童每一次发脾气都是某种根深蒂固的冲突的外部表现……是对阻碍儿童心灵秘密显露的一种无奈的流露"①。蒙台梭利很坦率地指出,"对儿童来说,成人的环境不是一种适宜的环境,而是一群障碍物"。

的确,我们时常能看到这样的情况:在孩子成长的自然环境里,为何孩子容易受伤害? 烫伤、磕破了头、摔倒,就是因为孩子所处的是成人的环境。譬如孩子额头经常撞到桌角,就是因为这桌子适合的是成人的高度,而不是孩子的高度;再从孩子成长的心理环境方面看,家长要求孩子的,往往是他们自己未曾实现的梦想,孩子一出生,家长就已经预设了他们的未来,每天押着孩子学这学那。甚至有个仅6岁的孩子就得了胃炎,其背后的原因就是因为参加很多培训班导致孩子高度紧张,胃液大量分泌腐蚀胃壁所致。

我们对这样亲子关系的情形屡见不鲜:家长经常强迫孩子学这学那,希望把孩子塑造成自己所期待的那种人,而没有考虑孩子的特点与需求,导致孩子发脾气,与父母抗争,但开始因为年龄小,只能顺从和屈服,然后到了一定阶段,到了能够与父母抗争的年龄,特别是青春期,孩子就开始爆发出来,与父母争吵、厌学,甚至离家出走。这个时候父母就会非常困惑、痛苦,于是开始找机构或者专家咨询指导,殊不知孩子的很多问题正是源自父母,源自童年大量积累的被忽视。

而孩子的问题也不仅仅是家庭教育的问题,蒙台梭利认为,教育理论同样犯有类似的毛病,"作为教育基础的儿童心理学一直是从成人的角度而不是从儿童的特性出发来进行研究的"②。无视儿童的存在,不尊重儿童的天性,这是当时教育理论和教育实践存在的最大问题。所以,作为一个教育家,一定是对现状或者现实有敏锐的洞察力,能找到问题的所在,然后提出自己的主张与观

---

① 单中惠、钟文芳、李爱萍:《蒙台梭利幼儿教育著作精选》,原青林等译,华东师范大学出版社2009年版,第205页。

② 单中惠、钟文芳、李爱萍:《蒙台梭利幼儿教育著作精选》,原青林等译,华东师范大学出版社2009年版,第205页。

点并找到合适路径的人。

针对传统教育无视儿童的问题，蒙台梭利发出这样振聋发聩的呼声："新教育的基本目的就是发现和解放儿童。"那么，如何发现和解放儿童？蒙台梭利认为，"人是通过工作而塑造他自己的"，"工作应该是使人得到充分满足的一个源泉，是儿童健康和新生的一条原则"。对儿童而言，可以通过工作使他自己恢复到正常状态，这是展现儿童个性的一个最重要途径。

也许我们会困惑，为何让这么小的孩子去"工作"？因为我们一提到工作，就会觉得压力、辛苦、繁重。在这里需要说明的是，首先，蒙台梭利对于工作的定义，与我们传统的理解不一，它这是广义上的工作，孩子的工作就是"在环境中的体验"，就是发展，实质上就是儿童自身的成长。根据"儿童之家"的情况，我们可以理解为这种工作是一种有规划的活动与体验。

自然，没有人能承担儿童的工作并代替他长大，我们也不能人为加快其发展速度，做拔苗助长的事。儿童工作有其自身的发展规律，谁也不能包办代替，他的工作是对一种内部需要的满足，这是一种心理成熟的表现。其次，蒙台梭利认为，工作之所以带来负担和压力，关键在于环境设置不合理。不从儿童特点出发设计的环境，自然会让儿童不舒服。如果是适合儿童特点的，能引起儿童兴趣的事情，自然就不会觉得辛苦。

所以，后来当人们赞叹蒙台梭利能给予儿童快乐时，她说，她只是让孩子们去工作、去体验，为他们创设适合他们工作与体验的环境，而这快乐则是来自其内在的生命。这一点与我们现在提到的"减负就是减心理负担"，有较多的相似性。现在学生觉得课业负担重，很大的原因在于这些作业重复、繁琐、单调，引不起兴趣，令人厌倦所致，作业本身并不是问题。

## （三）让儿童工作

那么如何推进儿童的工作？蒙台梭利认为，教育的发生是由感觉引起的，而不是由知识引起的，其中触觉是最基本的感觉。为此，蒙台梭利非常强调运动的重要性，教育要顺应儿童的发展，"运动是生命必不可少的部分，儿童的发展是通过肌肉的自主活动实现的。人的心理潜能和机体运动必须协调，传统学校的错误是企图在机体静止的情况下发展智力，这种身心的分离导致了人的不正常发展"。

但儿童在何时工作、工作的内容是什么，这是有讲究的。蒙台梭利发现，在学前阶段，儿童处在各种感觉的敏感期，各种感觉特别敏锐，一旦疏忽，就可能永久失去。所以她提出了一个重要概念，就是关于儿童的"敏感期"。简单地说，就是在某一个阶段，儿童表现出对学习某种特定知识的最佳状态，这种状态是伴随着成长过程而产生的，不是一种过渡性的好奇心，而更像是一种痴迷的状态，这个时候，儿童接受某种刺激的能力是异乎寻常的。

关于这样的情况，我们在孩子身上的确会经常发现，譬如在某个阶段，孩子特别关注或者喜欢某个东西、热衷于学习某种技能，欲罢不能，并体现出高度的敏感性。譬如，2～3岁就是学习口头语言的最佳时期，对于教育而言，这个阶段的确是事半功倍的好时机。

为了更好地把握这个阶段，蒙台梭利特别重视感官教育，并针对人的各种感官发展特点，设计了一系列教具。"要帮助一个儿童，我们就必须给他提供一个能使他自己自由发展的环境"。

所以，蒙台梭利对学前教育的构想已经非常清晰，可以用几个关键词来描述：感觉、工作、关键期、运动。而贯穿这个教育过程的，就是自始至终"以儿童为中心"来思考、设计和实践的。

这些话其实我们都非常熟悉，用我们现在熟悉的话语体系而言，就是说教育要遵循儿童的发展规律，不要剥夺他们的发展权利，成人要做的就是提供好的帮助，避免成为蒙台梭利所说的"儿童心理发展中最隐蔽的和最强大的障碍"。

对这样的观点，我们现在耳熟能详，在当时却是震惊世人的。而蒙台梭利最伟大的一点是，她不仅意识并强调这一点，而且她是努力在实践了。譬如，现在我们虽然承认教育要以儿童为中心，要充分发挥儿童的积极性和主动性，但是在实践中，成人中心主义的痕迹还是处处可见。

# 四、"儿童之家"的环境改造

## （一）从问题意识到执行力

发现了问题，明确了目标，找到了方向，接下来就是选择路径了。我们经常会发现这样的情况，有的人善于发现问题，但是对解决问题缺乏方法，或者有了方法，缺乏执行力；也有的人很有执行力，但是没有问题意识，所以办学层次也难以达到一定境界。对于校长，其实这些方面都是比较需要的。而教育家的伟大之处，就是能把这些做得层层深入，不断推进，如行云流水，没有断层。

蒙台梭利既然深深认识到，一个恶劣的环境是怎样扼制并恶化了智障儿童的发展，所以她一直致力于研究如何提供给儿童一个支持发展的环境，尽可能排除有害于生命力呈现的任何外界的不利因素。所以幼儿园就一定是以儿童为中心去建设，环境布置就一定是以适应儿童的自然发展为基本原则，使他们能够按自己的意愿生活，并且秩序井然、有条有理。

围绕这样的教育思想，蒙台梭利对幼儿园作了全新的构建。我们可以作一个对比，来感受这种因理念转变而给幼儿园带来的变化。在旧的教育体系中，只包括教师和儿童两个要素，教师是中心，而在蒙台梭利的教育体系中，环境是其中重要的组成。"我们教育体系的最根本特征是对环境的强调"①。

为了保证"儿童之家"的正常运作，需要配套一系列的规章制度，其中一份可以说是简要的说明，贴在"儿童之家"的墙上，主要是针对外人及家长表明"儿童之家"以下几点信息：一是免费的；二是针对 3～7 岁儿童；三是设一位教师、一位医生和一位保育员；三是家长要给予所有工作人员最大的尊重；四是母亲必须每周去"儿童之家"一次，与女教师交流，告诉她孩子的家庭生活情况，并接受教师的有益建议；五是家长要让孩子衣着整洁，穿上合身的围裙，在指定时间送来；六、衣着不洁、屡教不改的、父母不尊重教师或破坏教学的，都将被除名。

从这个信息可以看出，"儿童之家"对家长有明确要求，注重和家长的交流，同心协力开展教育。估计蒙台梭利也是考虑到改革之难度，所以预先作了强调与声明。

### （二）以孩子适用为原则的设施改造

我们可以看看蒙台梭利是怎么改造幼儿园环境的？可以与原来的做法比较一下：

原来：书桌和椅子都是固定在地板上，因为人们相信，"儿童应该在静止不动中成长"。

现在：既然所有的物品都是给孩子用的，设计、安放和色彩自然是以孩子是否适用为标准。所以，首先就是撤除原有的书桌、长凳和固定椅子。新的桌椅是轻便的，易于儿童搬动，也易于清洗；黑板、脸盆架都低低的，以适合儿童的使用高度；每个地方配备有小橱柜，让孩子可以有放小物品的地方；放教具的橱柜由孩子来负责保管；孩子可以选择自己喜欢的一角，按照自己的口味来布置家具。

孩子的用品都是被制成适合幼儿使用的尺寸，很轻便，方便孩子移动，孩子使用的物品"伸手能轻松够到"、"幼儿触手可及的地方"，就是镜子的摆放，也是一定恰到好处地让儿童坐下刚好可以照到。现在我们在幼儿园看到适合孩子的小桌子、小椅子，原来以为一直都是这样的，并不以为奇，而其内在所蕴含的理念实在要深刻得多。

---

① 单中惠主编：《西方教育思想史》，山西人民出版社 2000 年版，第 558 页。

这一些变化,现在我们在小学和幼儿园都比较多见,也许觉得天经地义,但在当时,自然是可以称之为革命性的举动。"那些习惯于旧的教育方法的人们首先会反对的是:这些学校的儿童会跑来跑去、掀翻小桌和椅子、制造噪音和混乱。"

蒙台梭利认为,这是一种没有真实根据的偏见。她选择这样做,是希望这个能成为教育的手段。譬如不固定的椅子容易被儿童弄翻,这没关系,之后儿童就会寻找怎么不弄翻椅子的方法,然后逐渐学会懂得支配自己的活动,这样儿童的感知觉就能发展起来了。如果是固定的长凳,就不可能有这样的体验与学习。所以这样做是有理念支撑的,是能说出所以然的。静止不动自然是可以减少很多麻烦的,但是也使孩子减少了学习与成长的机会。所以思考问题的角度真的非常重要,角度一转变,整个结果就完全不一样了。

现在,如果我们以这样的理念去考察幼儿园、中小学,还是会发现其中的一些不足,也就是说,我们有些设施与安排不是针对儿童提供的,而是按照我们成人的需求设置的。譬如我们会发现,有的小学里走廊文化的布置可能适合成人的高度,却不方便儿童阅读。

这样,幼儿园里通过设施的改变,使儿童可以凭自己的能力生活,这使得儿童获得了更多的自由,并在大量的基于现实生活的训练中,儿童逐渐脱离对成人的依赖而获得自身的独立。

我们可以发现,现在幼儿园环境大都做得非常好,很有创意、很有视觉效果,如果每个教师都明白这种创设的意义所在,那么这才是真正成功的办学。

### (三)"混龄"组班的人际环境

对于组班,蒙台梭利采用了颇为独特的"混龄"形式,就是把包括3~6岁、6~9岁、9~12岁的不同年龄段的孩子放在一起,这样做不是因为教室不够或者人数不够,而是因为蒙台梭利确信不同年龄的儿童之间可以相互帮助,一个5岁儿童的心理比成人更接近3岁儿童的心理。

孩子们之间存在着"一种人们在成人与幼儿之间很少发现的交流与和谐"。蒙台梭利把这个称之为"自然的心理'渗透'"。她发现,一个孩子看到一个同龄人做得好,容易产生嫉妒;而看到一个比他大的孩子做得好,却会产生爱和羡慕。混龄教室里孩子们之间的交流、学习、模仿,容易构建出一个类似于学习者社区的氛围。

的确,有些教育影响的确是成人无法替代的。用我们现在的词语来说,同伴互助、同辈文化所构成的潜移默化的影响力是比较大的。这也是我们经常看到的,一个兄弟姐妹多的孩子比一个独生子女同龄人更显得成熟些,因为他在平时就有这样的责任，所以能力也就慢慢锻炼出来了；一个五六年级的调皮学生牵起一个一二年级小弟弟小妹妹的手时，瞬间脸上会表现出稳重懂事的神态，都是一样的道理。

这种同伴文化对于儿童心理的细微影响，蒙台梭利都已经注意到了，并在实践中加以调整。由此可见，蒙台梭利对改革在实践中的推进，细致到了何等程度！"直到那时，我才懂得，儿童的心灵有其自身的满足方式和特殊的快乐源泉。"在这个过程中，蒙台梭利不断地充实和丰富着自己对儿童的理解，并为此感到欣喜与快乐。

# 五、创新日常生活安排

## （一）培养健康卫生的习惯

蒙台梭利对儿童发展的方方面面都作了精心的设计。她一方面通过日常生活中的检查与教导，引导儿童养成良好的卫生习惯，形成端正的仪表仪态。另一方面作为一个医学博士，蒙台梭利非常懂得如何让孩子健康地发展。

她对儿童的饮食、肌肉训练进行了科学而周到的设计，并对于贫困儿童有专门的安排。她的工作可以细到这个份上，就是连孩子吃的菜都有详细要求，譬如肉汤应现吃现做，炖肉汤后应把油脂去掉，而加入黄油或者橄榄油，禁止使用人造黄油等替代品。她还要求4岁或5岁的儿童要早点学会去果核、削果皮，并特别提醒果核可能对儿童造成的危险性。蒙台梭利认为，儿童应学会照顾自己，学会如何对待他们所在的环境，诸如烹饪、洗刷、园艺等，学会有礼貌地说话、优雅地做事。

## （二）注重感知觉训练

相比于智力教育，"幼儿之家"更注重运动和人格教育。

作为一名医生出身的教育家，蒙台梭利非常重视幼儿的身体发育和体操活动的作用。对于传统的儿童体操，蒙台梭利认为存在很多弊端，譬如容易形成弓形腿。所以她也对此作了改进，她把体操和一般肌肉训练定位为"一系列有助于生理活动（如走路、呼吸、讲话）的正常发展的训练"。为此，她分析了儿童的生长特点，设计了一些专门器械和设施，创建了新的锻炼方法。

为了促进儿童的感知觉发展，蒙台梭利重新制作了一套教材、教具，再用字母、数字等材料来启发儿童的智力，并逐渐从感官训练过渡到智力教育。精心设计的教具"使自我教育成为可能，也使各种感觉训练井井有条"。

对于声音辨别训练,蒙台梭利把它和陶冶美感结合起来,设计了很多"安静游戏",让儿童体会噪音的不舒适感,感受声音悦耳的美感,享受生活的诗意与美妙,进而能够自觉地遵守纪律。幼儿园在感觉训练方面作了很多探索,譬如为测验儿童听觉的灵敏度,让孩子蒙上眼睛,教师从不同距离呼唤他,或者在教室里拉上窗帘,让儿童把头低下放在眼前的双手上,然后老师呼唤孩子的名字。"每个儿童都在黑暗中等待呼叫自己名字的微弱声音,他们专心地聆听着,兴趣浓厚地准备好奔向这神秘而令人神往的呼叫声"①。

这就很像我们小时候的"捉迷藏",我们不难想象孩子们兴奋的心情。显然,幼儿园为孩子的感觉发展做了很多工作,尽可能地在各方面给予"刺激",以打开孩子的各种潜能。尤其这些感官训练、声音辨别训练、视觉训练等感性丰富的内容,为他们将来的音乐课、数学课等学科学习打下了非常好的基础。他们一旦接触这些抽象的内容,马上就会有幼年丰富感性的记忆来补充,使理解变得快速而准确。

对于音乐训练,蒙台梭利希望教师既要通过演奏的姿势,也要通过演奏时的眼神,来进入与儿童心灵交流的状态,"一个背对着学生弹奏的教师,绝不会成为他们乐感的训练者"。

蒙台梭利认为,除非由政府要求为某些特殊的儿童提出要求,否则就不需要有意设置课程。所有学科应相互交织在一起,而不是独立教授。教师主要是指导个别化的发展,而不是对集体授课和布置作业。在儿童成长的过程中,也尽可能减少成人的有意识指导。

就像没有做好充分准备工作的运动员,急急忙忙地投入训练之中,结果容易造成种种损伤。现在由于社会压力和家长的认识偏差,幼儿园趋向小学化的倾向日渐严重,忙于让孩子认字、写字、做计算,这不仅对孩子的现在不利,譬如对儿童小肌肉发展造成损伤,对他进入学校生活同样带来负面影响,过早被发动不是好事。"不让孩子输在起跑线上"是没错,可惜我们却忘了孩子参加的是长跑,而不是短跑,重要的不是起跑姿势,而是耐力、体质和毅力。

### (三)关于玩具与游戏

不过,蒙台梭利对于玩具的态度倒是比较出乎意料。她认为,玩具给儿童提供的环境并没有实用的目的,除了产生幻觉外,它们并不能使儿童在精神上全神贯注,反而使儿童的心理走上幻觉的歧途。

有意思的是,蒙台梭利接下来的这段话和我们目前对于"网瘾"的解说非常

———

① 单中惠等译:《蒙台梭利幼儿教育著作精选》,华东师范大学出版社 2009 年版,第 60 页。

接近，"心理分析学家用一种出色的洞察力，把这种反常的想象力和过分热衷于游戏描述成'心灵的神游'。'神游'是一种逃避，逃入游戏或幻想世界常常会掩盖已经分裂了的心理能力。'神游'代表了儿童自我的一种潜意识的防御，这个自我逃离苦难或危险，把他自己躲藏在一个面具之后。""教师在学校里发现，非常富于想象力的儿童并非像人们所期望的那样是班级中最好的学生，相反地，他们有时似乎是一无所获。"①

蒙台梭利认为，过多的游戏会使孩子慢慢形成心理障碍，导致难以接受和理解来自外界的观念。的确，我们有时会发现，孩子根本听不进你的话，事实是他满脑子都是别的东西，你的内容根本就很难进去或者他们已经有了抵触情绪，问题就在于这里。

蒙台梭利认为这个引发的后果比较严重："最初儿童是对某一特定科目的抵触，然后是对一般科目的抵触，再以后是对学校、教师和其他儿童的抵触。那时，就不再有关爱和热诚，儿童害怕去学校，以致最后他完全脱离学校。"②

这段话对于我们解读为何学生厌学，也是一个很好的参考。

我们经常纳闷，孩子是从什么时候开始厌学的，其实就可能是因为某一次、某一点没有处理好，然后慢慢蔓延开来，最后变得不可收拾。当然很多时候，孩子也会自我调整，但有时没力量了，就可能整个儿崩溃了，或者心灵某处堵死了，出不来了。就像有的孩子厌学，可能源于童年的一次刺激，譬如老师的过激言行或者脾气不好，导致讨厌这个教师教的这门课，进而渐渐地讨厌学校生活，如果他在游戏里找到安慰与鼓励，那么情况就可能变本加厉。所以关注孩子的一点一滴变化，是一定需要的。

所以，蒙台梭利并不是反对游戏和玩具本身，反对的是过度的迷恋。

当我们阅读教育家的著作时，总会忍不住拍案叫绝，因为把我们有点意识又说不出来的思想明确地表达出来了。我们也会看到儿童存在这样那样的问题，觉得这里存在一些原因，有什么不妥，但总是说不清楚。也许这就是教育家与一般教师的区别吧。

---

① 单中惠等译：《蒙台梭利幼儿教育著作精选》，华东师范大学出版社 2009 年版，第 216 页。
② 单中惠等译：《蒙台梭利幼儿教育著作精选》，华东师范大学出版社 2009 年版，第 217 页。

# 六、"儿童之家"的纪律管理

## (一)怎样算是有纪律的人?

原来在幼儿园里,纪律就是约束、不容讨论,儿童被要求一动不动地坐着,保持肃静,被动和顺从是被赞许的行为,"所有一切都控制太严,范围太窄,障碍太多,节奏太快"。

而在"儿童之家",关于纪律这个概念是需要重新认识和界定的。蒙台梭利一针见血地指出:"我们并不认为,一个由于人为的约束而像哑巴一样安静、像瘫痪者一样不活动的人就是一个有纪律的人。其实,他是一个被扼杀了个性的人,而不是有纪律的人。"[①]

那什么算是有纪律的人?蒙台梭利说:"我们把一个自主的、在必须遵循某种生活准则时能够控制自己行为的人称为有纪律的人。"所以,蒙台梭利注重培养的是儿童的自主性、自觉性,而不是盲目被动的人。

显然,如果按照传统的看法,活泼好动的行为一定是要被控制的。而从蒙台梭利的界定来看,像哑巴一样默不作声才是不正常的,是失去个性的人。她提倡儿童要活动,"活动是生命不可缺少的一部分……教育应该允许幼儿的精力得到正常的释放,并帮助幼儿更好地去活动。""只要我们想到实际生活提供了丰富的练习机会,那么,完善一个人活动的场所就应该是他生活的真正环境。"[②]

当然我们也承认,活动对于儿童来说是天性的展现。但是我们往往也会有担心,就是怕孩子一活动,导致纪律不好掌控,甚至乱了套。在幼儿园,教师们最头疼的也许就是纪律问题,小孩子好动,人一多就更管不住。所以,我们去幼儿园听课时,的确会发现缺乏经验的教师经常顾此失彼。当孩子还不懂得自律的时候,自由和纪律是很不好处理的一对关系。教师往往因为要加强纪律而极大地束缚了孩子的自由,而变得如蒙台梭利所比喻的,像是被钉子固定的蝴蝶标本。这一点,不仅是幼儿园,小学低段也存在这个问题。

对此,我们可以看看蒙台梭利的幼儿园里,是怎么处理纪律与自由这对关系的。

---

① 单中惠等译:《蒙台梭利幼儿教育著作精选》,华东师范大学出版社 2009 年版,第 270 页。
② 单中惠等译:《蒙台梭利幼儿教育著作精选》,华东师范大学出版社 2009 年版,第 269 页。

### (二)儿童问题行为的处理

蒙台梭利认为,纪律是为了活动、为了工作、为了美德,纪律通过自由而实现。孩子可以选择自以为最舒适的姿势,文雅而正确地行走,而不守纪律的儿童会被孤立开来,他们被当做病人、婴儿,成为师生特别照顾的对象,以此来触动他们意识到自己的问题,学会约束自己,并回到集体中来。

蒙台梭利不赞成任何形式的公开或暗示性的奖励或惩罚,也不主张教师集中对孩子们训话。"屈从与依赖的危险不仅在于导致生活不能自理的'无意义的浪费生命',而且在于表明正常人个性发展的一种可悲的变态和退化。关于专横和暴虐表现的例子屡见不鲜。专横的习惯与生活不能自理是平行发展的。这是那种借别人的力量而成功的人的心理状态的外在表现。"①

对于儿童的问题行为,"幼儿之家"具体是这样做的,在教室角落放一张桌子,专门是给不守纪律的孩子坐的,把他与集体隔离开来,但这不是惩罚性的,只是表明孩子更适合自个儿待着,桌上放有孩子最喜欢的玩具,边上有舒适的椅子。教师的态度对他像对待小病人或者婴儿,而对其他儿童则像对待小大人。这样既保证了这个孩子的自由,又保证他不侵犯他人。同时通过教师的言行明确表明对其他儿童的赞赏态度,使该儿童懂得什么是成熟的行为。

让儿童"学会聆听",学会在合适的时机表达自己的看法,而不是不顾场合胡乱表现,这一点的确非常重要。这种对于纪律的态度也是我们非常欠缺的,也许是从小就没有重视培养,所以现在即使在成人培训时,一有交流互动,学员也很难有足够的耐心听别人把话说完,并保持相对的安静。

所以,我们经常说教育理念和方法都非常重要,原因也就在于此。如果认识不到位,那么对孩子发展的影响会是非常负面的,甚至可能南辕北辙。

### (三)儿童的"三小时工作期"

蒙台梭利有一个关于儿童学习时间安排的重要概念,即"三小时工作期",就是指在3～6岁的混合班上,儿童每天必须有一个单独的不受干扰的三小时连续活动时间,这样孩子就可以选择自己喜欢的内容和活动的方式。

蒙台梭利的这种做法,是对儿童的兴趣和自主发展的尊重。我们不妨用绘画中的"留白"来理解这个做法,如果一幅画填充得满满的,那一定没有美感,所以美术里非常讲究"留白"的运用。同样,如果孩子的教育全部是被来自外界的东西所填充,那发展肯定成问题。所以我们可以体会到蒙台梭利教育思想的先

---

① 单中惠等译:《蒙台梭利幼儿教育著作精选》,华东师范大学出版社2009年版,第23页。

进性,其实苏霍姆林斯基也是这么做的,帕夫雷什中学无论对学生,还是对老师,都是保证有相当的空闲时间留给他们,做自己喜欢的事,闲暇娱乐,修身养性。要培养一个独立的个体,说得高一点,就是要有"慎独"的时间,对于儿童来说,就是要给他们满足自己兴趣的时间。

所以,相比之下我们现在这方面的问题真的很严重,学生整天埋头作业,教师忙于备课、上课、培训,留给自己独处的时间真的很少。而这对于学生、老师的可持续发展来说,真的问题很大。所以,作为一名校长,不妨看看能不能在这个方面帮助师生,这实在是很有必要的事情。

# 七、重新定义幼儿教师角色

## (一)教师作为指导者

蒙台梭利认为,教师要有服务意识,不是服务于儿童的清洁卫生之类,这一点,孩子必须自己学会做这些事情,以生活自立来获得身体上的独立,教师要服务的,是儿童的精神。教师角色要重新定位,教师要提供的服务应体现为:布置环境、发现潜质、适时指导。

在传统学校,教师是学校中唯一的自由活动者,往往注意学生的直接行为,并主要做好两件事:管住他们;教给知识。实际上,压制学生的活动一直是教师的职责,有的教师会为没有维持好纪律而尴尬和羞愧。

蒙台梭利心目中的幼儿园教师绝对不是保姆角色,但也不是整天忙于教导孩子的人,而是不断寻找学生潜质的人。在"儿童之家",教师被称为"指导者",教师的任务主要是引导儿童的心理和生理活动发展,把教室布置得漂亮干净有序,能使儿童便于开展活动与工作,这就是"有准备的环境"。同时,教师自己也应该仪表整洁、和蔼可亲,因为这也是环境的一部分。

而当孩子对一些事情开始产生兴趣,或者孩子在做的过程中遇到困难,在他提出请求前,教师不要去打扰他,因为能否克服困难,也是孩子维持兴趣的影响因素。蒙台梭利具有非常敏感细腻的心灵,她希望大家能理解孩子的心理,就像我们正在做事情时,如果有人盯着我们看或者急于插手,那我们也会感到被打扰而无法继续做下去。

为了发展幼儿敏锐的感觉力和观察力,必须对幼儿进行系统的和多方面的感官训练,加强同外部世界的直接接触。在蒙台梭利看来,感觉训练是儿童自己工作、自己纠正和自我教育的过程,所以教师绝不应该进行丝毫的干预,"人之所以为人,不是因为他的老师,而是因为他自己所做的努力"。像原来老师一看到儿童遇到了困难，就按捺不住伸手帮助的做法，是不理智的，也是不值得提倡的。所以，"在我们的教育体系中，她必须成为被动的观察者，而绝不是主动的带头人。她的被动应该包括热切的科学好奇心及对被观察现象的绝对尊重"。

"儿童之家"开展个别教学，蒙台梭利一直告诫教师要近乎谨慎的尝试，教师的教学语言必须简明易懂，要具有客观性。因为对于儿童而言，如果泛滥的无价值的语言和错误的信息，会使得幼儿不知所措。蒙台梭利也举过例子，譬如老师常用"孩子们，你们能猜出我手里有什么吗？"接下来就是一大段话以引出主题，结果幼儿的大脑根本就无法跟上教师的长篇大论，脑子反而一片混乱。

关于这一点，我们在小学听课时，也时有发现，就是一节课下来，教师的有些课堂用语完全可以删去，可以说毫无意义。而有的环节设置，则带有明显的表演性质，学生都知道答案，但是为了配合老师，他们也愿意作个演员。"要使任何一种教育活动有效，它就应当促进这种生命的全部展开。"

为此，蒙台梭利在指导教师时，经常会通过举例子来说明问题，而这个例子往往就是要求对方懂得设身处地为幼儿想想，从而发现自己原来行为的不妥。幼儿在教育活动中是处于主动地位的，教师则是幼儿活动的观察者和指导者，这是对传统教育师生角色关系的重新定位。

**（二）教师必须能"透视童年之秘"**

蒙台梭利指出，教师必须能"透视童年之秘"，因为其工作"是为心灵服务的艺术"。

蒙台梭利对心理畸变的表现，包括"依附"、"占有欲"、"神游"等都作了深入的分析。"成人由于不断地羞辱儿童，使儿童感到自己软弱无能，从而压制了他努力去行动的欲望。""尽管心理畸变表现出个别特征，但它就像一棵繁茂大树的分枝，会朝四面八方伸展出去，它们都来自同一个深层的根部，只有在那里，才能找到正常化的秘密。"[1]蒙台梭利看得很清楚，她认为，所有的疾病都会有一种心理的因素，因为人的心理生活与生理现象是紧密相连的。

"当儿童被安置在一个能使他们返回到以正常的方式进行生活和活动的自由环境时，像许多道德缺陷一样，许多疾病和病态才会消失。今天，许多儿童专家把我们的学校看作是'健康之家'。他们把患有功能性疾病和抵制常规治疗的儿童送到这些学校中来，由此获得了惊人的治疗效果。"[2]显而易见，在蒙台梭利眼里，不少儿童的身心问题是因为没有拥有一个正常化的成长环境。

---

[1] 单中惠等译：《蒙台梭利幼儿教育著作精选》，华东师范大学出版社 2009 年版，第 230 页。
[2] 单中惠等译：《蒙台梭利幼儿教育著作精选》，华东师范大学出版社 2009 年版，第 238 页。

我们目前的教育也存在这样的弊病,就是抑制了孩子的发展。有的厌学的孩子出国后获得很好的发展,有的孩子不能适应学校,只能在家接受教育等等,都从一个侧面印证了这一点:就是很多孩子的问题不是孩子自己带来的,而是我们的教育环境的问题,我们不能提供或提供了妨碍学生发展的环境。

由于蒙台梭利专业的特点,使得她能很好地结合对身体和心理的研究,进而揭示出儿童发展的困扰所在,并作了更全面的解答。"通过长期和反复练习,儿童可以成为自己行动的主人,他为参加愉快而有趣的活动所鼓舞。""这些自我的战胜者也就获得了自由。"

"如果他不体验一种提供正确教育的社会生活,他将永远不能获得在我们的幼儿中引人注目的优雅的自然性。正如,摩擦力终究会使沿平面滚动的、哪怕最光滑和最光亮的球停下来。"[1]

当然任何教育并不能简单地说是对的或是错的,都是要放在时代背景下而谈。蒙台梭利的时代是这样的:儿童一方面是受忽视的,缺少调教;另一方面,就是调教也是强制性的。所以蒙台梭利就是特别重视儿童的主动性,强调要调教得法。而我们现在的教育是有点"过度"了,"调教"过头导致儿童缺乏生命活力,所以需要"放手","任何对于儿童的帮助超过了一定的界限就会成为其发展的障碍"。

这一点与我们在实践工作中运用"启发式教学"的问题相类似,我们总是不断地"启发"学生,却不知学生并没有做好这方面的准备,自身也没有产生这方面的需求,老师就急于求成,过早介入教学或辅导,使得学生很被动地跟着老师的思路走,结果学生的思考最后又变成了老师的思考,学生还是一知半解。而真正意义上的"启发"是"不愤不启,不悱不发"。就是说学生如果不经过思考并有所体会,想说却说不出来时,就不去开导他;如果不是经过冥思苦想而又想不通时,就不去启发他。所以,教师轻易而急切地"出手相助",反而挤压了学生的思维空间和发展潜力。

所以蒙台梭利指出:"掌握干预的时机与方式,是教育者的个人艺术所在。"

### (三)幼儿教师培训很重要

当然,要一个成年人去适应儿童的节奏和精神视野,蒙台梭利承认这的确有相当难度,也正因为这个原因,她非常重视教师培训的重要性。她认为教师应该接受大量的儿童心理学培训,以全面彻底地了解儿童的发展。这一点不但是对普通教师,对优秀教师也是如此,"事实上,那些在不断地追求他们自己内

---

① 单中惠等译:《蒙台梭利幼儿教育著作精选》,华东师范大学出版社 2009 年版,第 281 页。

心生活完美的人，有可能继续在潜意识中阻碍他们去理解儿童的那些缺点。这就是我们为什么必须受到教育，必须接受指导，必须受到幼儿教师所必需的训练。"所以，教育的成功与失败，教师的作用至关重要。蒙台梭利对教师的工作作了非常深刻的剖析和定位："真正的教师不仅仅是一个不断努力使自己变得更好的人，还应该是一个能消除内心障碍的人，因为这种内心障碍使得他不能理解儿童"。[①] 为此，教师应做好充分的心理准备，系统地研究自我，不断反思，以便发现某些具体的缺点。

的确，我们会看到这种情形，有的教师会以"我是为了你好"的理由对学生训斥、责罚，"有时甚至成功地使儿童相信这样的专制是为了他好"，导致学生产生恐惧和逃避，"成人是正确的，仅仅因为他是成人"。蒙台梭利认为，这会导致儿童出现一种无意识的防御反应，会用胆怯、说谎、任性、无理取闹、失眠和恐惧表现出来，因为儿童还不能真正了解与成人的关系。

事实上，我们是经常会这么对待孩子，有一个中学生在谈到为何与父母无话可说时，就说，"大人总是对的，我们说了也白说，所以干脆就不说了"。所以，当我们遇到儿童胆怯、说谎、任性时，真的有必要问一下：是什么导致了孩子这样？估计背后会有一系列的原因，而有些原因的确是需要我们成人反思并改进的。

当然，给予孩子充分的发展自由，并不意味着必须赞成儿童所做的每一件事，或者避免评判儿童，忽视他的智力和情感的发展。蒙台梭利强调的是，"我们必须使自己的内心发生一次根本的变化，防止从成人的角度出发去理解儿童。"因为教师是儿童的一位真正教育者，他的使命是去教育儿童。蒙台梭利希望教师要记住每天面对的孩子是不可藐视的，必须理解他们、尊重他们，要对孩子充满信心，不要在意孩子的问题与困难，相信环境必能使他痊愈。

# 八、不断扩大的影响力

## （一）投身于思想的传播

"儿童之家"迅速声名远扬，世界各地的教育工作者都听说了这种极具革命性而成效显著的方法。人们怀着强烈的渴望，希望从"儿童之家"获得更多的发现和解释，慕名而来的参观者越来越多，"儿童之家"的方法，被系统地提炼和发展出来，并迅速运用到其他地区的"儿童之家"。在这个过程中，蒙台梭利希望

---

① 单中惠等译：《蒙台梭利幼儿教育著作精选》，华东师范大学出版社 2009 年版，第 207 页。

能造福于更多的儿童,因此,以"儿童之家"为中心,蒙台梭利的研究领域与工作范围不断扩大。

为了进一步传播自己的教育思想,使人们真正了解、掌握和运用自己的教育思想和方法,以惠及更多的儿童,蒙台梭利逐步投身于传播她所发明的方法。她开始在国内开办培训班并亲自讲课,影响面很大。

当时赴罗马接受培训的学生来自40多个国家,人数多达四五千人。教师培训班的教学活动分三个部分:一是由蒙台梭利亲自授课,介绍她的教育思想与管理方法;二是全面系统地研究教具;三是参观"儿童之家"。后来,逐渐形成较为标准的培训模式:50小时的讲座,50小时教授教学玩具操作,50小时参观蒙台梭利班级。眼见为实,在参观中,人们看到的幼儿园秩序井然,小小的孩子认真做事,尊重他人,自理自立,令人感动。理论与实践得到了很好的验证。

来自1919年的《每日新闻》显示,"英格兰首开国际培训课程班",限招250人,但申请人数超过了2000人。① 可见,当时人们都在寻求幼儿教育的方法与途径,而蒙台梭利的教育思想和实践成效显然获得了同行们的由衷赞同。此外,蒙台梭利还先后在美、英、法等国开办国际培训班,首期国际培训班学员人数就达近百名,数年后,几名学员就已经开设了实验学校。1913年,在美国的蒙台梭利学校就已达到100多所。1936年,荷兰大约有200所蒙台梭利学校。《蒙台梭利方法》一书就售出17410册。

这说明当时世界上幼儿教育逐渐开始实施,但是人们不满足于当时的现状,但又找不到更好的方式,蒙台梭利教学法的出现,无疑是一面旗帜。虽然影响不断扩大,但蒙台梭利还是很谦虚,希望其他国家避免使用"蒙台梭利"这个名字。

在世界各地演讲、开办培训班,这对蒙台梭利思想及实践的推动,是起到了很大的作用。除了让世人参观蒙台梭利幼儿园,蒙台梭利甚至专门作了"样本",向世人展示其教育思想,使对方心悦诚服。

1915年,蒙台梭利应邀参加"巴拿马和平国际博览会",她在那里搭建了一个用玻璃墙做成的教室,挑选了21名从未上过学的儿童作为展示的对象,展示连续进行了40天。其成功的结果就是该次博览会仅有的两枚教育金牌奖都授予了蒙台梭利的玻璃墙教室。②

当然,这个实验从现在的眼光来看,还颇有值得商榷之处:一是把儿童置于众目睽睽之下接受如此透明的审视,总显得不大尊重儿童;二是儿童被放在这个特定的地方,会不由自主地表现出好的一面,类似"皮格马利翁效应"。但是

---

① 刘华编著:《蒙台梭利》,科学出版社2009年版,第156页。
② 刘华编著:《蒙台梭利》,科学出版社2009年版,第67页。

由于当时对幼儿教育正处于起步阶段,人们学习的渴望非常强烈,所以这样的做法放在当时的环境下,还是可以理解的。而且,这种直观的效果,使人们对蒙台梭利方法再一次坚信不疑,进一步扩大了影响力。

蒙台梭利对当时的中国也产生了一定的影响。由于中国当时正处于新文化运动、"五四"运动酝酿形成和发展的时期,蒙台梭利主张尊重儿童、强调儿童自由发展的理念因此引起关注。1914 年,当时商务印书馆的主要负责人高凤谦曾到意大利罗马拜访蒙台梭利,并参观了"儿童之家",对那里活泼、生动的气氛深有感触。20 世纪 30 年代蒙台梭利博士也曾致函中国教育部部长,邀请中国派员赴罗马参加教师培训,但没有成行。① 主要原因是,当时教育界包括我国教育家陈鹤琴也认为,蒙台梭利教学法对于教师的数量与质量要求很高,教具、教材需求大,这个在当时中国这样的社会与经济背景下,难度很大。可见面对蒙台梭利在世界上的极大影响,当时我国教育界还是采取了极具务实而不盲从的态度。

我们现在已经具有这样的经济与物质的条件,师资力量也强了,所以全国各地采用蒙台梭利教学法办园的日渐增多,这是很好的现象,说明我们对儿童的地位与天性越来越重视。但是现在也应该防止一种倾向,就是过度的问题,所谓言必称"蒙台梭利",仿佛有了这个名字,就马上沾染上了国际化的气息,实在也是浮躁的表现。如果我们真正读懂蒙台梭利的教育思想,批判性地吸收,那么这才是儿童的福音。

### (二)研究领域进一步拓宽

蒙台梭利积极参与各种教育活动与相关组织,这使得她获得更广阔的视野,并使她的声音能被更多的人听到,这可以更好地促进思想的提炼与传播。

我们可以列举一些,感受蒙台梭利的学习与传播足迹:1896 年,作为意大利代表团成员,参加了在柏林召开的国际妇女权益大会;1898 年,参加在都灵召开的国家医学大会、初级学校教师大会;1899 年,国家教育大会;1921 年,新教育协会(现为世界教育协会)成员,她积极参与其中的活动,与当时的教育改革运动专家们交流看法,这使她的改革视野更为开阔;1929 年,国际蒙台梭利协会成立,她亲自担任协会主席,这些协会的成立,对于她的理念的传播,捍卫她对于儿童事业原创性贡献的价值,的确起到了很大的作用。1924 年,她参加联合国教科文组织第四次会员大会并在会上发言,受到全体参会者长时间热烈的起立鼓掌。

---

① 田正平:《蒙台梭利教育思想在近代中国》,选自刘华编著:《蒙台梭利》,科学出版社 2009 年版,第 156 页。

设在阿姆斯特丹的蒙台梭利学校得到蒙台梭利的悉心指导。在应邀来指导的两个星期，她天天来学校，即使学生已经离校。这所学校也逐渐成为一个学术中心，几所大学的教授和科学家在此聚会，针对办学实践开展现场研讨。显然，蒙台梭利学校并不是仅仅满足儿童的求学需要，它一直处在改革的显微镜下，不断地朝这个方向推进——怎么使儿童发展得更好？

显然，不局限在自己的改革小天地中，有"仰望星空"的宽阔视野，立足实践，时时追踪改革动态，置身改革前沿，领略最先进的教育理念，是作为一名教育家应有的专业基础。一个埋头苦干的人，虽然是敬业的楷模，但离教育家还是有相当的距离。办学，一定需要登高望远。

蒙台梭利并没有沉醉在成功中，她希望能使更多的人受惠，她把目光投向一个人发展的各个阶段。后来，蒙台梭利投身于青春期的研究，提出了促进学生身心发展的方法，创造出适用于小学和中学的教具；她还探讨了新生儿的身心发展问题。蒙台梭利对中学的构想，至今读来，仍是现在的我们觉得很不够并值得去做的，譬如坚持给予学生更多的自由权利，允许他们在学习方面作出选择，等等。

蒙台梭利在羁旅印度期间，越来越认识到教育是一个相互关联的有机整体，因此提出了"全域教育"这个构想，旨在构建一个可以支撑 6 岁以上儿童的正规发展的理想模式。她也提出过关于青少年发展的课程规划——"大地之子"，以作为全域教育的具体化。这个时候她已经是 70 岁的老人了，还是一直致力于教育，希望能够惠泽更多的人。在印度期间，在她儿子的协助下，她还培训了 1000 多名教师，创办了一所学校，设立了多所蒙台梭利幼儿园，并在各地访问演讲。

自此我们可以看到，从偶尔一次对智障儿童的工作，到后来蒙台梭利的人生逐渐被教育所占满，仿佛一个点，无限地蔓延和延伸开去，所做的一切都是为了使更多的儿童获得更好的发展。我们只能承认，一个教育家的视野一定是无比开阔的，内心一定是个大世界。

由于蒙台梭利亲身经历了两次世界大战，她对人与社会的发展的思考进一步深化。1933 年，蒙台梭利拒绝与意大利独裁统治者墨索里尼合作，于是意大利的所有蒙台梭利学校和机构全部被捣毁，她也因此流亡他国并不断思考着现代教育的意义与功能。她萌发了利用教育改造社会，实现世界和平的思想。她把教育能否促进儿童的自然发展，视为改造人类、改造社会的根本途径。

从接触一些智障儿童，到造福世界上越来越多的儿童、到民主精神的深化，蒙台梭利的一生，随着人生经历的丰富和不断地研究反思，她的教育思想具有原来越宏大的内涵。"对于民主与自由我们能说什么呢？是从生命的一开始我们就把儿童塑造成为承受专制、服从独裁吗？当我们已经把他们培养成为奴隶之后，我们还能期望民主的出现吗？"①这是蒙台梭利在 1949 年的《为了一个新世界而教育》一文中的一段话，在这里我们可以深刻地感受到，蒙台梭利的教育思想在不断地加入新的内容。她四处演讲，呼吁教育要为儿童提供适宜的环境，培养出能理解、控制和建设现代社会的新人。因为这个，她连续三年获得"诺贝尔和平奖"候选人的资格。

### （三）更多的支持与不同的声音

与其他几位教育家不同的是，蒙台梭利在国际上得到的支持，尤其是来自官方或者有影响力的民间组织的支持力度是特别大的，这使得她的影响力进一步扩大，教育思想很好地得到实践与落实，而且相对较少地受到办学经费这种实际问题的困扰。

譬如弱智儿童学校是受国家弱智儿童教育联合会的任命去主持的；"儿童之家"是因被罗马良好住房协会聘为顾问去办的；为了办好在西班牙的培训班，巴塞罗那市一直为她保留着住房，直到 1936 年内战爆发；1922 年被意大利政府任命为学校观察员；1947 年，返回罗马重组蒙台梭利协会，也是在意大利政府的恳请之下回来的。

在这个过程中，国际蒙台梭利协会在世界各地持续召开大会，美国、法国、西班牙等多国各地蒙台梭利协会的成立，蒙台梭利学校在世界各地生根开花，英国、阿根廷、瑞士、意大利的公立学校都在其标准的教育体系中采用了蒙台梭利方法。我们所熟知的世界名人，如印度圣雄甘地、奥地利著名心理学家弗洛伊德、英国哲学家罗素、印度诗人泰戈尔等，都与蒙台梭利有过交流或交往。这些都使得蒙台梭利的教育思想更广更深地影响着世界学前教育。

作为一名教育家，办一所学校仅仅是一个试点或者起点，让更多的人获益一定是心中的梦想。较之于其他教育家，蒙台梭利能得到这么多的支持，对她教育思想的传播起到了非常好的作用，这种成功是值得引起我们关注的。有一部分原因是到了后期，尤其二战结束后，教育进入恢复重建阶段，蒙台梭利有了更大的发展空间。另一方面，如此多的培训班、适合推广的实践操作、世界各地的讲演，也是一个重要的原因。而像杜威，我们更多的是学习他的教育理念，而他的学校中途夭折，课程方面一直没有得到很好的解决，导致推广还是成问题。所以，实践推广方面还是蒙台梭利显得更成功些。

蒙台梭利使学前教育迈出了一大步，而且其思想与实践也传播得相当成

---

① 刘华编著：《蒙台梭利》，科学出版社 2009 年版，第 156 页。

功,这使世界上更多的儿童获益,当然也遭遇到一些相反的声音。譬如美国教育理论家克伯屈认为,蒙台梭利过分注重感官训练、过分依赖机械化的操作器材、不注重开发儿童的创造性和想象力,虽然注重儿童自己的实践生活,但对真实生活世界强调不够。杜威对蒙台梭利的教育也有评论,他认为,在蒙台梭利幼儿园,儿童的玩具都是成人设计的,所以,儿童"智力上的卓越是由成人造成的","为玩具而玩具,一切都为了在智力上实现完美:玩玩具的目的跟学习书本知识的目的并无二致"[①]。一切都是预设的,学生只能往这个方向努力,这显然与杜威的"教育即生长"的教育理念相左。

杜威的话是非常尖锐的,但是的确对我们深刻理解蒙台梭利的思想大有帮助。我们可以理解为,传统教育给儿童提供现成的课程与教材,远离经验和活动体验,只靠死记硬背;蒙台梭利有一点是和传统教育相似的,就是她的课程同样是成人预设的。所以,从这一点来说,杜威显然比蒙台梭利走得更远。

《蒙台梭利传》的作者评论说,每一位教育家心中都有一种理想人物。一般来说,这种人总跟教育家本人惊人地相似,蒙台梭利的理想人物正是她自己——一个自我控制、有能力、能独立发挥作用的人。蒙台梭利教育显然致力于培养这样的人,而具有这种特点的人也正是为社会所欢迎和推崇的,这正是蒙台梭利之所以在世界引起极大反响的原因。

任何一种教育思想与教育实践都不可能是完美的,因为时代背景与教育理想的不同,必然会有不同的路径。杜威同样曾遭受抨击,譬如过于注重直接经验。当然,我们仍然要肯定蒙台梭利的伟大成就,因为当时在世界各地都处于摸索的时候,她走出了一条符合儿童发展的幼儿教育之路。而且到了后来,蒙台梭利发现,虽然这方法是针对学前教育提出来的,但是它很受欢迎地被各地同行渗透到了中小学甚至大学里。

正如克伯屈所指出的:蒙台梭利和杜威的相似之处是:都开办了实验学校,都强调儿童的自由、自我活动和自我教育。两人在反对传统的教育习俗方面是一致的。[②]

的确,在强调儿童的中心地位、珍视儿童的发展、反对成人自以为是等这些方面,蒙台梭利是做了很多工作,尤其因为她在国际上的巨大影响力,她到处的宣讲和呼吁,无疑帮助了更多的儿童呼吸到更自由的空气,获得更适合发展的环境,这个可以说是无与伦比的贡献。

所以这样巨大的突破与领先,已经足以使它们在历史上熠熠生辉,并在当下都极具价值。

---

① 刘华编著:《蒙台梭利》,科学出版社 2009 年版,第 70 页。

② 刘华编著:《蒙台梭利》,科学出版社 2009 年版,第 65—66 页。

# 小结:我们怎么学习蒙台梭利?

每个教育家的成就,我们都需要放在当时的时代背景下,才能看出其价值,以及对于历史进程的意义。

从蒙台梭利办学历程中,我们可以发现作为她一名教育家值得我们学习的伟大品质:

第一,能敏锐地发现教育问题,并能找到其问题的症结所在,然后找到解决问题的途径。蒙台梭利不仅尖锐地批判旧的传统教育理论和方法,而且全面构建出新的教育思想与体系,注重教育实验,并亲自进行了教育实践,以实践证明其行之有效,并在实践中进一步丰富和完善起来。

19 世纪末的意大利可以说满目疮痍,大多数民众基本上是文盲,大量的人口蜗居在贫民窟里,那时候,不要说对孩子的教育,就是能管住不出问题就算不错了,所以蒙台梭利不仅使孩子受到教育,而且其发展水平大大高于其他儿童,这自然是非常了不起的事情。

苏格兰教育研究院院长如此评价蒙台梭利:"教学是一种需要谨慎的职业,但是一旦在一代人中产生一个杰出的人物,就必将带来一种新的生活气息,激发人们去作出新的努力和新的行为。这些人就是教育史上的伟人。在这些伟人中间,没有人在我们时代站得比蒙台梭利夫人更高。"[1]

第二,把准了教育规律最深层的内核,那就是热爱和尊重儿童,对儿童个性自由发展的充分尊重,致力于使儿童的个性在自由和自发的活动中得到发展。蒙台梭利的教育思想立足于儿童发展,一切从儿童发展的角度开展思考与实践,这是她成功的关键因素。任何一项教育改革,唯有搞清对象与目标,才能显出成效。康乃尔说:"蒙台梭利之所以能在教育界产生巨大影响,秘密在于她对儿童真诚的爱。她敏锐地感觉到他们的需要和兴趣,把他们置于她生活的中心。"[2]其教育思想一定是有明确的科学的儿童观、教师观、教学观,有着明确清晰的教育目的,有着对传统弊端鲜明的反对。蒙台梭利学校可谓是真正的"儿童的家园"。

第三,丰厚的理论功底与不断的学习研究。蒙台梭利自身有着极为扎实的理论功底,生物学、生理学和心理学无不精通,而她又是一个勤于学习反思的人,在实践中遇到问题,不断地探索,反复地自我"充电",这种理论与实践紧密结合的结果是保证她的教育改革获得成功的关键,她的基本理论和方法已为当

---

① 刘华编著:《蒙台梭利》,科学出版社 2009 年版,第 147 页。
② 赵祥麟主编:《外国教育家评传》,上海教育出版社 2003 年版,第 555 页。

代儿童心理学所肯定。

第四，积极推广，著书立说。作为一名教育家，都是具有博大胸怀的人，并不满足于"一亩三分地"的成功。在实践的基础上，勤奋撰写教育著作来阐述自己的思想；致力通过举办国际培训班，到处演讲来传播思想。而且，蒙台梭利的幼儿园无私地开放，为来自世界各地的教育人士提供观摩与参照。尽可能使更多的儿童受益，这是作为教育家的极为可贵的品质。

第五，对教育细节的高度重视。教育是一个很大的概念，但是构成和影响教育的，往往都是由细节构成。蒙台梭利的伟大就在于她不仅有宏伟的构想，更有落实到每个细节的设计，包括桌子的高度、用具的大小。在"儿童之家"，蒙台梭利首先开始定期记录人体测量的情况，为此还特地设计了一个人体测量仪和相关的登记表格，并根据观察与检查结果和家长交流，进而确定必要的治疗方案，或者到儿童家里进行全面的卫生检查。

"教育者的任务就是去发现儿童，何以善小而不为，何以恶小而为之？而这正是为旧时教育原则所常常忽视的。"①

近年来，关于蒙台梭利的研究论文非常多，以她冠名的幼儿园各种方法、活动也越来越多，这都是很好的现象。但是我们要深入学习的，一方面应在于改造并使之本土化，另一方面应是她对儿童发展所持有的严谨而系统的科学精神。"我到底为什么要这么做？""这么做的意义与价值何在？"搞清楚这个所以然，才是真正对儿童负责的态度。如果只是把蒙台梭利的做法搬用到自己的幼儿园，并不清楚其意义何在，那么这还是不能属于"很好地学习了蒙台梭利"。

其实对于这一点，印度圣雄甘地在 1931 年到伦敦蒙台梭利学院发表演讲时，就曾说："我发现很容易找出这样的学校，他们不是按照您的教导的精神在运作，而是冠了个'蒙台梭利'的名字，但却没有取得真实的效果——或多或少都是不真实的，我看到太多的华而不实。"②

第六，高度重视教师的作用。教师工作是教育家的教育思想中极为关注的一部分。他们对教师在教育教学过程中的角色定位、教育理念都有着明确的界定。教师的儿童观应是什么样的，什么是教师该做的，什么是教师要关注的，都有非常明确的说明。蒙台梭利曾说："我们研究的对象是人性；我们的目的是成为教师。现在，真正造就一个教师的是对人类儿童的热爱；因为这种爱把教育者的社会义务转变为高度的使命意识。"③事实上，教育家不仅是这么要求教师的，他们自己率先就做到了这些，这就是他们能够鞠躬尽瘁的精神力量。

---

① 刘华编著：《蒙台梭利》，科学出版社 2009 年版，第 40 页。
② 刘华编著：《蒙台梭利》，科学出版社 2009 年版，第 92 页。
③ 刘华编著：《蒙台梭利》，科学出版社 2009 年版，第 26 页。

# 附　录

# 教师的任务

## 蒙台梭利

　　事实上，我们希望强调的是，教师必须使他自己内心做好准备。他必须系统地研究自我，以便发现某些具体的缺点。这些缺点会成为他对待儿童时的障碍。为了发现这些已成为教师潜意识的一部分的缺点，我们需要帮助和教导，正像我们需要其他人观察我们并把观察到的结果告诉我们一样。

　　在这一方面，教师需要得到引导并使内心做好准备。他必须先研究他自己的缺点和坏脾性，而不要只注意儿童的坏脾性和如何纠正儿童错误的行为，不要认为那是原罪的影响。

　　首先让教师清除他自己眼中的沙粒，然后他才能更清楚地知道如何消除儿童眼中的尘埃。教师内心的准备与宗教信徒所追求的"完美"是截然不同的。一位好教师未必是"完美"的，也未必没有过失和缺点。事实上，那些在不断地追求他们自己内心生活完美的人，有可能继续在潜意识中阻碍他们去理解儿童的那些缺点。这就是我们为什么必须受到教育，必须接受指导，必须受到成为幼儿教师所必需的训练。

　　我们遇到来自矫饰的阻力并不大，这说明我们正在继续战斗，还没有获得一种十分完美的方式。正如在所有的战斗中一样，我们不久就会发现，组织无疑是需要的，个人的脾性淹没在共同的脾性之中。一些具有同样缺点的人本能地通过联合去寻求欢乐。但事实上，他们建立防御工事，抵抗与他们的基本观点相冲突的那些人。

　　例如，一种公平的财富分配会使富人感到不高兴，因为他们是贪婪的和懒惰的。然而，这样的一种财富分配对所有人来讲都是有益的，也是社会进步所必需的，因此，我们甚至将会发现许多富人宣称他们为了公共利益而愿意这样做。我们具有一种本能倾向，那就是在一些崇高的和必要的责任的借口下掩饰了我们自己的罪恶，正如在战争中用挖战壕来掠夺土地或把进攻性武器描绘成保卫和平的工具。对我们缺点抵制的外部力量越软弱，我们就越容易编造掩饰我们缺点的借口。

　　通过这些思考，我们逐渐认识到，我们关心自己的缺点甚于我们去思考。我们逐渐发现，当我们由于自己的缺点而遭受指责时，我们容易潜意识地掩饰它们。但实际上,我们并不在保护自己,而是在为自己的罪恶辩护。我们使它披上被称之为"需要"、"责任"、"公共利益"等的伪装。渐渐地,我们把虚假的东西看作是真实的东西,陷入一种错误的境地而很难自拔。

教师以及一般与儿童教育有关的所有人,必须使自己从这种错误的境地中解放出来,这种错误使他们不能正确地对待儿童。他们必须努力克服掉由傲慢和发怒组成的那些缺点,傲慢和发怒这两种罪恶是紧密相连的。实际上,发怒是主要的罪恶;傲慢随后给它提供一个漂亮的伪装。傲慢使成人的个性有一个合法的借口,使它看起来是那么可爱,甚至是令人尊敬的。

……

新教育要求教师在精神上做好准备。那就是说,他必须检查自己,摒弃他的专制;他必须消除他心里用外壳包住的傲慢和发怒;他必须变得谦逊和慈爱。这些就是教师必须获得的美德。这种精神的准备将给予他所需要的平衡。这就是教师训练的出发点和目的。

这并不意味着,我们必须赞成儿童所做的每一件事,或者我们必须避免评判儿童,或者我们可以忽视他的智力和情感的发展。完全相反,教师必须牢记他是儿童的一位真正教育者,他的使命是去教育儿童。

我们首先必须谦虚,根除潜藏在我们心中的偏见。但我们不能这样认为:当儿童接受教育时,他应该拒绝接受帮助。我们必须使自己的内心发生一次根本的变化,防止从成人的角度出发去理解儿童。

（单中惠等译:《蒙台梭利幼儿教育著作精选》,华东师范大学出版社 2009 年版）

# 结束语　追随教育家足迹　践行教育家办学

当我们对教育家办学的故事有了更多的了解，相信我们不仅感动于他们的精神，也感动于他们的智慧，更感受到他们的崇高人格。他们不是高高在上的圣人，而是可亲可敬可学的。

随着社会倡导"教育家办学"的呼声日渐高涨，教育界对于这一问题的研究不断深入，这个问题随之而来：我们离教育家有多远？我们离教育家办学有多远？

对此，我们不必以为高不可攀，因为在我们的教育工作者队伍中，已经涌现了不少极具教育家品质的人，他们敬业奉献、开拓创新，引领着教育事业更好地向前迈进。当然，比照蔡元培等这些教育家所为，我们还是有许多值得学习的地方。

## 一、学习教育家的精神

教育家的精神体现在办学中的方方面面。我们首先要学习的，是教育家的博大胸怀，这其中一定有着这么几个关键词：

第一，有强大的社会责任感。这些教育家深深懂得教育对于社会发展的影响力，他们对人类命运有着深切的关怀，他们希望教育能够改变社会和人民的命运，给民众带来福祉，给社会带来更好的发展。正因为有这样的精神，使他们的办学也就有了更高的境界。也正因为有这样的精神引领，他们对我们一般人都比较关注的，譬如生活条件、物质待遇等等，在他们眼里，虽都是存在的，但却是不足道的。而他们因为自己的努力，看到社会的点滴进步，他们也因此感受到为之奋斗的幸福。这种幸福也使他们拥有了更多的勇气，来直面办学的种种艰辛。

第二，对个体发展有深切的关爱。这些教育家深深懂得教育对于一个人发展的意义，所以当他们发现时下教育的诸多弊病对于个体发展的不利影响时，他们一定不会熟视无睹，一定会担心和焦虑，虽然明知前路有非常多的困难，这个困难自己都觉得不一定能够解决，但是他们能够放下身段，不顾一切，挺身而出。他们相信，自己只要能够尽力做一些，就会给个体发展带来好处。在他们的教育世界里，尊重学生、热爱儿童是中心词，而且是真正落到实处的。他们从不以自己为权威，从不俯视学生，而是真正能够从学生特点出发，设身处地为他们着想，为他们提供更好的发展。

第三，有坚定的信念与执着的追求。改造本身就是一项极富探索意义的工程，没有一个人可以对此胸有成竹，过程中的困难与艰辛难以想象，我们可以看到这些教育家为达成目标而付出的努力。这些教育家都具有深厚的知识底蕴，文化功底深厚，见多识广，所以他们能够很快很准地发现教育的问题，找到问题的症结之所在。但同样重要的是，他们还有着顽强的意志、坚定的信念和执着追求的精神。这些教育家热爱学习，不耻下问，孜孜以求，四处访学求教，不断更新着自己的知识库，把改造推向深入。

所以，正因为这些，办学对教育家们来说，就是一个途径，是他们为社会而披荆斩棘的一条探索之路。也正因为这个，他们致力于一所学校的改造，但又不满足于一所学校，而是努力以此为"火种"照亮更多地方。所以他们不辞辛苦，四处演讲宣传，用自己的影响力唤起更多人对于教育改革的关注，努力使更多的人受益。事实上，他们做到了，凭一己之力，影响了教育的某个领域，甚至影响了整个社会。

所以，要走向教育家办学，必须要努力向教育家的这个境界靠拢。

# 二、把握改造学校的方法

教育家改造学校，因背景与对象不同，各有各的方法和路径。但是无一例外，这个过程一定会有以下的要素，值得我们学习与借鉴的：

第一，有清晰的办学愿景。我们理想中的学校应该是什么样的？我们到底要把学校办成什么样子？教育家改造学校，我们一定能够体会到，他们有着清晰的办学愿景，这个愿景是基于他们丰厚而广博的知识基础，基于他们对社会与个体发展的分析，基于他们对世界发展趋势的把握。所以，不断的学习取经与研究是必不可少的。

第二，有强大的合作团队。改造学校不是一个人的事情，这是一项复杂的工程，其中牵涉到方方面面的人与事。所以一定要组建一个强大的团队，并要获得多方的支持力量。在教育家办学的工程中，我们可以看到，他们都拥有团队的力量,这个力量包括专家学术上的支持与合作、学校教师的赞同与投入、家长的理解与合作、教育行政部门的认同与支持,等等。这些力量有些是自然而然逐渐形成的,有些是通过教育家的不懈努力争取来的。

第三,有著书立说的能力。著书立说的作用在于能够让更多的人听到你的"声音",了解你的想法和做法,从而成为改革力量的一部分。改造学校是一项需要逐一落实的工程,所以要争取身边人的理解与合作;改造学校的成果要走向推广,就更要得到社会舆论的认同。我们可以看到,在这个方面,教育家们无疑是做了大量工作,他们写了很多书,到全国乃至世界各地作了很多演讲,他们让各种平台成为他们的"扩音器",把声音传出去。为了使更多的人不但听到,更要听懂,面对不同的受众,他们选择了相应的话语方式,用对方听得懂的语言向对方宣讲,这一点也至关重要。

我们不少校长比较低调,不大喜欢出头露面,在著书立说方面也做得很少。所以我们为着学校的发展,就需要历练一种研究提炼的能力、历练一种勇于"亮相"的能力,譬如校内的各种会议,包括家长会;校外的各种论坛、研讨会,都要积极参加。在交流中获得碰撞,让自己的办学思想更加成熟,并获得社会各界更多的支持力量。

第四,有强势推进的执行力。办学,关键在"办";改造,既要改又要造。所以教育家的办学是一个实践的过程,而这个实践,具有开辟道路的特质,充满了艰辛的探索历程。所以,在这个过程中,需要有强势推进的执行力。这个执行力包括以下的内容:能够把愿景化解为具体而科学的行动方案,所以要懂得选择合适的人和合适的方法去落实;能够有坚定的毅力抵挡来自各方的压力与阻挠,把工作落实下去;具有"条条大路通罗马"的灵活性,能够智慧地找到化解问题的办法。

现在,我们的办学条件越来越好,教育发展也越来越规范。当然,面对社会形势与个体需求,教育工作者还有许多事情要做。我们也经常体会到,学校教育存在不少问题,譬如"减负"一直是悬而未决的难题。有的人经常会说,社会大环境不变或者高考制度不改,我们有什么办法?也的确是这样。但即便如此,在这个过程中,我们还是能发现这么一些校长,他们具有这样的执行力,能够把别人望而生畏的难题给化解掉,虽然不一定是全部,但也是一步步在推进,这就已经足够。正如杜威所言,"进步是一点一滴的,是零售而不是批发"。这个时候,办学的层次与水平就体现出来了。所以,有时我们会由衷地感叹,孩子在这样的学校学习,是幸运的也是幸福的,因为他比同龄人得到了更多的发展空间。为此,我们也期待能够有更多教育工作者,努力以教育家办学的精神去实践、去改进。

　　陶行知的话值得铭记在心:"能就事实生理想,凭理想正事实。"所以,如果我们能在这些方面修炼自己,相信我们会离教育家更近些,相信我们能为社会的发展、为学生的成长做得更好更多,这也是我们作为教育工作者的幸福。

# 参考文献

[1]蔡元培.我在北京大学的经历.武汉:湖北人民出版社,2003.

[2]马燕.蔡元培讲演录.石家庄:河北人民出版社,2004.

[3]蔡元培.蔡子民先生言行录.桂林:广西师范大学出版社,2005.

[4]张彬,等.浙江教育家和中国近代教育.杭州:浙江大学出版社,2008.

[5]施龙.蔡元培只手缔造新北大.北京:中国发展出版社,2008.

[6]吴家莹.跟蔡元培学当校长.北京:首都师范大学出版社,2010.

[7]张晓唯.蔡元培评传.南昌:百花洲文艺出版社,2010.

[8]余立.校长——教育家.上海:同济大学出版社,1988.

[9]智效民.六位教育家.武汉:湖北人民出版社,2008.

[10]梁柱.蔡元培与北京大学.北京:北京大学出版社,1996.

[11]孙培青.中国教育史.上海:华东师范大学出版社,2000.

[12]陶行知.陶行知文集.南京:江苏教育出版社,2008.

[13]徐莹晖,徐志辉.陶行知论乡村教育.成都:四川教育出版社,2010.

[14]黄仁贤,洪明.中外著名教育家简介.福州:福建教育出版社,2008.

[15]王一心.最后的圣人.北京:团结出版社,2010.

[16]凯瑟琳·坎普·梅休.杜威学校.王承绪,赵祥麟,赵端瑛,顾岳中译.北京:教育科学出版社,2007.

[17]简·杜威.杜威传.单中惠编译.合肥:安徽教育出版社,1992.

[18]约翰·杜威.民主主义与教育.王承绪译.北京:人民教育出版社,2005.

[19]约翰·杜威.学校与社会明日之学校.赵祥麟等译.北京:人民教育出版社,2005.

[20]赵祥麟.外国教育家评传.上海:上海教育出版社,2003.

[21]单中惠.西方教育思想史.太原:山西人民出版社,2000.

[22]苏霍姆林斯基.和青年校长的谈话.赵玮等译.北京:教育科学出版

社,2009.

[23]苏霍姆林斯基.帕夫雷什中学.赵玮等译.北京:教育科学出版社,1983.

[24]李镇西.追随苏霍姆林斯基.上海:华东师范大学出版社,2009.

[25]刘华.蒙台梭利.北京:科学出版社,2009.

[26]单中惠,钟文芳,李爱萍,原青林,等译.蒙台梭利幼儿教育著作精选.上海:
    华东师范大学出版社,2009.

[27]弗兰克·M·弗拉纳根.最伟大的教育家——从苏格拉底到杜威.卢立涛,
    安传达译.上海:华东师范大学出版社,2009.

[28]周洪宇.继承中的超越与超越中的继承——陶行知与杜威关系略论.教育
    研究与实验,1993(4).

[29]单中惠.约翰·杜威的心路历程探析——纪念当代西方教育思想大师杜威诞
    辰 150 周年.外国教育史研究.河北师范大学学报(教育科学版),2010(1).

# 后　记

阳春三月,我终于完成了这本书稿。

因为平日里工作繁忙,这本书稿断断续续写了两年,主要是利用寒暑假时间来写。

经常与女儿相对而坐,她一本本地看书,做她的作业;我也一本一本地看书,写我的书稿。有时候两人会议论一番,玩笑一番,所以虽然辛苦,但也是非常温馨与幸福的时光。

教育家真是非常伟大,他们的理论现在读来,仍是那样深具穿透力,仿佛就是为当下的教育所说;他们的行为,现在看来,更是让人感佩不已。所以,有时候,我会情不自禁地把他们的话或者做法读给女儿听。孩子虽然对教育并没有什么研究,但作为一个高中生,对正亲历的教育,自有一肚子话要说。女儿经常以 90 后特有的表达方式来评论,而她曾经提的一个问题,也让我深受启发:"这些学生后来怎么样了?"是的,学校无论办得如何,他们的学生是最有发言权的。这提醒了我去寻找这方面的相关材料。

自己虽是教育系毕业,也当了 20 多年教师,但对这些教育家,这次才是最全面最深度的研读。曾经在学校图书馆里查阅资料,其中有苏霍姆林斯基的《帕夫雷什中学》,1983 年的版本,书价 1.5 元,书已泛黄,带有浓浓的历史气息,握在手里,颇有感觉。虽然距现在几十年过去,但很多话仿佛为当下而说,很多建议就像是为现在所提。细读教育家的所言所为,有时深深感动或者拍案叫绝;有时则不胜郁闷,对照当下的教育,其中差距真的不小。"教育家办学",政府的倡导、社会的期待,也真是越来越能理解了。所以,在写稿的过程中,常忍不住要大发议论,但从书稿的整体考虑,只能时时在提醒与克制自己别写太多感想。

由此亦可见教育家之打动人心。

所以,我很庆幸选择了这样一个专题来写。作为一名高校教师,总是希望有自己的研究成果,能出专著。但写一本纯学术专著,自己没这个能力与水平,也没这个兴趣,当然主因还是前者。自己一向对教育家心怀崇敬,对教育家办学故事深感好奇,而撰写情境性内容算是自己的长处,这次因工作推动,定了这个选题。能把工作与兴趣很好地结合起来,算是非常幸福的事情。

虽然自己之前也算出了两本书,但一本来自教育随笔,平日里积累而成,结集出版并不费太大的劲儿;第二本是关于家庭教育的读本,是伴随女儿成长记录下来的心得体会,所以完工的难度也不是很大。而这一本,显然最费心力。

由于自己的能力水平有限,写作时间不多。所以,虽然有兴趣在做底子,但仍是非常辛苦,尤其在节假日,譬如春节的氛围下写作,人是很容易懒散的,稍一放松,就会一事无成。我终于知道"码字"这说法大有意味,老实说,我就是经常一边写,一边在看字数统计,以此来给自己信心,一天里又多了几百几千字,这种"幼稚"的举动常令女儿发笑。

书,终于是完成了。当然,我心里知道,这是我自己逼迫自己写出来的;也是一些人关心出来的,他们中有的是我的师长,有的是我的领导,有的是同事或朋友,他们对于我专业发展的真诚关心,使我不敢懈怠。真的很感谢他们。

在追溯教育家办学的过程中,自己也算是经历了一次专业思想的洗礼,对教育有了更多的感悟,这是最大的收获了。如果能让读者你也从此对教育家办学产生深度研究的兴趣,那更是我所欣慰的事情了。

期待来自你的"声音",书中存在的很多不足与问题,请多多批评指正!
Ewjj0755@yahoo.cn

王晶晶

2013 年 3 月 14 日